Novos Avanços do Direito do Trabalho

LUIZ ALBERTO DE VARGAS
RICARDO CARVALHO FRAGA
Coordenadores

Novos Avanços do Direito do Trabalho

EDITORA LTDA.

© Todos os direitos reservados

Rua Jaguaribe, 571
CEP 01224-001
São Paulo, SP — Brasil

Fone (11) 2167-1101

LTr 4449.4
Junho, 2011

Visite nosso site
www.ltr.com.br

Dados Internacionais de Catalogação na Publicação (CIP)
(Câmara Brasileira do Livro, SP, Brasil)

Novos avanços do direito do trabalho / Luiz
    Alberto de Vargas, Ricardo Carvalho Fraga,
coordenadores . — São Paulo : LTr, 2011.

   Vários autores.
   Bibliografia.
   ISBN 978-85-361-1751-5

   1. Direito do trabalho 2. Direito do trabalho —
Brasil I. Vargas, Luiz Aberto de. II. Fraga,
Ricardo Carvalho.

11-04850   CDU-34:331(81)

Índice para catálogo sistemático:

1. Direito do trabalho : Brasil 34:331(81)

ÍNDICE

Prefácio — *José Fernando Ehlers de Moura* 7

Acidente de trabalho e riscos psicossociais 11
José Fernando Lousada Arochena — ESPANHA

Valor adequado nas ações de indenização por dano moral 22
João Ghisleni Filho
Flávia Lorena Pacheco
Luiz Alberto de Vargas
Ricardo Carvalho Fraga

O direito do trabalho e a intimidade do empregado 40
Juraci Galvão Junior

Direito como signo — vinte anos 42
Francisco Rossal de Araújo
Luiz Alberto de Vargas
Maria Helena Mallmann
Ricardo Carvalho Fraga

Direito do trabalho e inclusão 51
Francisco Rossal de Araújo
Luiz Alberto de Vargas
Maria Helena Mallmann
Ricardo Carvalho Fraga

Avanços tecnológicos — acesso ao judiciário e outros temas 60
Francisco Rossal de Araújo
Luiz Alberto de Vargas
Maria Helena Mallmann
Ricardo Carvalho Fraga

A necessidade de repensar os embargos de declaração 67
João Ghisleni Filho
Ricardo Carvalho Fraga
Flávia Lorena Pacheco
Luiz Alberto de Vargas

Greve dos servidores públicos e STF — O direito de greve dos servidores públicos
após a decisão do Supremo Tribunal Federal 79
Ricardo Carvalho Fraga
Luiz Alberto de Vargas

Da comunicação dos atos processuais no processo do trabalho: especificidades e
procedimentos 99
Joe Ernando Deszuta

Aposentadoria e ação rescisória 114
Ricardo Carvalo Fraga

CLT — fundamentos ideológico-politicos: fascista ou liberal-democrática? 126
Camile Balbinot

Os acidentes de trabalho no Peru 137
Manuel Martín Pino Estrada

Tratamento mais favorável. E art. 4º, n. 1, do código do trabalho português: o fim de um princípio 145
João Leal Amado

Incorporação dos tribunais laborais ao poder judiciário 154
Sergio Pallares y Lara

Juízes e professores 160
Luiz Alberto de Vargas
Ricardo Carvalho Fraga

Chile: A Alegria do Resgate e Dúvidas para o futuro 168
Álvaro Flores Monardes

PREFÁCIO

Em quinze ensaios, nas páginas que seguem, juízes, desembargadores federais do trabalho do Rio Grande do Sul, professores e juristas, alguns estrangeiros, versam temas que irrompem com insistência, nos dias atuais, na sua atividade, desenvolvida no âmbito da Justiça e do Direito do Trabalho. A temática reflete a crise — que se entremostra sem dificuldade — de construção e desconstrução do Direito material e das instituições da sociedade na pós--modernidade. Construção da reparação mais justa das violações dos institutos de tutela e, no processo, construção da efetividade e celeridade da justiça. Desconstrução do mecanismo de tutela do trabalhador, engendrado entre os séculos XVIII e XIX, para obstar a escravidão e assegurar a autonomia e igualdade jurídica para contratar com o empregador, em posição isonômica, o formato do trabalho livre que substituiu o trabalho escravo. Desconstrução inspirada na ideologia neoliberal, que preconizou a iniciativa privada, sem peias, como única forma de produção econômica, baseada na autorregulação automática dos mercados e dos contratos e consequente desregulação do regramento estatal, com o desmanche da tutela legal ao hipossuficiente econômico, sob o canto de sereia de que tal implicará o aumento da produtividade e dos empregos. Essa promessa lembra o dito popular que expressa a irrealidade da atitude ingênua que significa libertar os dois pássaros que alguém detém para apanhar outro solto no espaço.

As duas tendências opostas — a de construir e a de desconstruir — manifestam-se no direito contemporâneo e nos ensaios deste livro, o que denota a profunda crise do pensamento atual, pois enquanto se busca ampliar, aperfeiçoar ou especializar a tutela nos acidentes do trabalho e na dignidade do trabalhador, como nos ensaios **Acidente de Trabalho e Riscos Psicossociais**, de José Fernando Lousada Arochena; **Valor Adequado das Indenizações por Dano Moral**, de João Ghisleni Filho, Flávia Lorena Pacheco, Luiz Alberto de Vargas e Ricardo Carvalho Fraga; **O Direito do Trabalho e a Intimidade do Empregado**, de Juraci Galvão Junior; **Direito como Signo — Vinte Anos**, de Francisco Rossal de Araújo, Luiz Alberto de Vargas, Maria Helena Mallmann e Ricardo Carvalho Fraga, **Direito do Trabalho e Inclusão**, de Francisco Rossal de Araújo, Luiz Alberto de Vargas, Maria Helena Mallmann e Ricardo Carvalho Fraga; **Greve dos Servidores Públicos e STF — O Direito de Greve dos Servidores Públicos após a decisão do Supremo Tribunal**, de Luiz Alberto de Vargas e Ricardo Carvalho Fraga; **Os Acidentes de Trabalho no Peru**, de Manuel Martín Pino Estrada e, de outra parte, João Leal Amado em **Tratamento mais favorável e Código do Trabalho**

Português, denuncia e lamenta a alteração introduzida com a aprovação do Código do Trabalho português, no seu art. 4º, n. 1, pela qual as normas imperativas do Código podem ser afastadas por instrumento de regulação coletiva de trabalho, modificação que aniquila o *favor laboratoris*, facultando a desaplicação da norma mais favorável ao trabalhador por meio do instrumento do pacto coletivo concertado pelo sindicato. Ora, assim se desconstrói o Direito do Trabalho ao se excetuar o seu princípio mais transcendente, qual seja a inderrogabilidade legal da norma mais favorável ao trabalhador, fazendo com que o Direito do Trabalho "perca sua alma", como afirmou o autor. Eis aí a obra da flexibilização preconizada universalmente pela ideologia neoliberal, que vingou em vários países, mas não no Brasil. Tal desconstrução, ditada pelo pensamento econômico e político, que reivindica acumulação rígida do capital para enfrentar a crise surgida em fins do século passado, aproveitou-se do enfraquecimento mundial do sindicalismo, sem condições de assegurar emprego para muitos, ensejando que sindicatos, nas celebrações coletivas, abrissem mão de aumentos e outras garantias para conservar empregos. Essa desconstrução abriu caminho para o trabalho precário e indecente.

No âmbito do processo, os ensaios **Avanços Tecnológicos – Acesso ao Judiciário e Outros Temas**, de Francisco Rossal de Araújo, Luiz Alberto de Vargas, Maria Helena Mallmann e Ricardo Carvalho Fraga; **Embargos Declaratórios**, de João Ghisleni Filho, Flávia Lorena Pacheco, Luiz Alberto de Vargas e Ricardo Carvalho Fraga, e **Da Comunicação dos Atos Processuais no Processo do Trabalho: especificidades e procedimentos**, de Joe Ernando Deszuta, intentam a reconstrução ou melhoria do Processo do Trabalho em segmentos que apontam como deficientes, visando sua efetividade maior.

No texto **Aposentadoria e Ação Rescisória**, Ricardo Carvalho Fraga busca reconstruir o direito daqueles que se aposentaram voluntariamente por tempo de serviço e foram privados do emprego compulsoriamente sem que o desejassem, pois, durante vários anos, entendeu o Tribunal Superior do Trabalho, na leitura do art. 453 da CLT, que a aposentadoria era incompatível com a permanência no emprego. Pretende o autor, nessa hipótese, por força da despedida, que a liberação do FGTS com o adicional de 40% incida sobre os períodos contratuais descontínuos anteriores, bem como se entenda a unidade e continuidade do vínculo dos servidores públicos, não se exigindo novo concurso nem nova investidura para a permanência no emprego e, por fim, que, dada a existência de contrato único, se afaste a prescrição sobre os períodos contratuais descontínuos.

Camile Balbinot, em **CLT e Fundamentos Ideológico-políticos: Fascista ou Liberal-democrática**, lança luzes sobre as origens da legislação trabalhista no Brasil, rejeitando a crítica apregoada por muitos de que tivesse natureza fascista.

O magistrado mexicano Sergio Pallares y Lara, no ensaio **Incorporación de los Tribunales Laborales al Poder Judicial**, foca as peculiaridades dos tribunais do trabalho no México e a proposta de sua integração nos Poderes Judiciais federais e locais, sustentando que a mudança se faça apenas na estrutura daqueles órgãos e das Juntas de Conciliación y Arbitraje, mas jamais da filosofia do Direito do Trabalho nem dos princípios com os quais o constituinte de 1917 concebeu as Juntas de Conciliación y Arbitraje como tribunais de consciência, isto é, afastados do rigorismo técnico com que julgam os juízes de direito.

Por fim, Luiz Alberto de Vargas e Ricardo Carvalho Fraga, no artigo **Juízes e Professores**, abordam as atribuições de juízes e professores, suas peculiaridades, e concluem que, quanto mais precisamente estiverem definidos os respectivos papéis, melhor poderão cumprir suas importantes missões sociais, e que "os desacertos de uns e outros realimentam-se", enquanto que "os acertos, ainda que não tão visíveis, têm um potencial imensamente maior". E, assim, ambos constroem o Direito.

Aos que folhearem estas páginas, almejamos uma boa leitura.

Porto Alegre, março de 2011.

José Fernando Ehlers de Moura
Desembargador Federal do Trabalho aposentado.
Diretor da Fundação Escola da Magistratura do Trabalho do Rio Grande do Sul João Antônio Guilhembernard Pereira Leite — FEMARGS.

ACIDENTE DE TRABALHO E RISCOS PSICOSSOCIAIS

José Fernando Lousada Arochena[*]

1. Os riscos psicossociais, os eternos esquecidos

Até há pouco tempo, a qualificação de um acidente como de trabalho parecia estar reservada à perda da saúde física dos trabalhadores. Ninguém parecia atentar para o fato de que o estado de saúde de uma pessoa depende tanto da saúde física como da psíquica. De outra parte, nenhuma lei obrigava considerar a perda da saúde psíquica do trabalhador como uma enfermidade comum. Em realidade, tanto o legislador como os operadores jurídicos vinculavam os acidentes de trabalho unicamente aos casos de perda de saúde física. Basta ver as complexas normativas existentes em qualquer ordenamento jurídico sobre prevenção de riscos laborais para se comprovar que os únicos riscos previstos são os que podem causar danos físicos aos trabalhadores.

Porém, as estatísticas demonstram a importância dos riscos psicosociais como geradores de enfermidades profissionais e acidentes de trabalho, sobretudo no setor terciário da economia. Progressivamente, os estudiosos têm identificado os diferentes riscos psicossociais e aquilo que, antigamente, se denominava genericamente como *stress* laboral agora já se conhece como uma variada gama de patologias : o *burn out* ou a síndrome de estar queimado; a *work-addiction*, a gripe do *yuppie*, ou a adição ao trabalho; o *tecnostress* ou a dificuldade de adaptação a novas tecnologias. Mas os avanços mais significativos nessa tarefa de identificação de novas patologias estão relacionados à violência psíquica no trabalho, sendo exemplo prototípico o assédio moral.

2. O assédio moral

a) sua identificação e sua prova

Ainda que não seja difícil rastrear casos de assédio moral na história da Humanidade, é certo que se trata de uma forma de violência de recente identificação. O fenômeno foi observado pelo etólogos ao constatar como certas espécies de animais, agrupadas em manadas, hostilizavam seus indivíduos mais débeis com a intenção de

---

[*] Juiz Laboral em La Coruña, Espanha, traduzido por Luiz Alberto de Vargas, Juiz do Trabalho no TRT-RS.

expulsá-los do grupo. Assim, a expressão anglo-saxônica *mobbing*, que provêm do substantivo inglês *mob* (multidão) evoca diretamente a ideia de pressão de grupo.

Um dos pioneiros na identificação do fenômeno no âmbito das relações humanas foi Heinz Leymann (*Mobbing*, Editorial Seuil, Paris, 1996), cuja definição de *mobbing* gira sobre diversos dados objetivos: uma atuação sistemática, recorrente e prolongada entre sujeitos com poder assimétrico. A finalidade última é destruir as redes sociais da vítima, acabando com sua reputação e provocando o abandono do local de trabalho.

A vitimóloga francesa Marie-France Hirigoyen realiza uma aproximação algo diferente, ao vincular o fenômeno do assédio moral à perversidade humana e, já no começo do seu interessantíssimo livro, afirma que "mediante um processo de assédio moral ou de maltrato psicológico, um indivíduo pode fazer o outro em pedaços", acrescentando que "a sanha pode levar mesmo a um verdadeiro assassinato psicológico ("O assédio moral, Ed. Paidós Ibérica, Barcelona, 1999).

Tais aproximações ao fenômeno do *mobbing* ou, utilizando uma expressão menos anglo-saxônica, assédio moral, não são exatamente idênticas. A de Leymann incide mais em dados objetivos e a definição de Hirigoyen incide mais em dados subjetivos. Nenhuma delas deve ser adotada como dogma de fé em uma aplicação judicial, devendo-se considerar diferentes visões do mesmo fenômeno, cuja identificação obriga à sua utilização combinada.

Uma incidência exagerada nos dados objetivos poderia descartar, por exemplo, o assédio quando a situação não persiste por, pelo menos, seis meses, ainda quando existam outras evidências de que esteja ocorrendo uma situação perversa. Ao mesmo tempo, obrigar a uma demonstração plena dos dados subjetivos poderia dificultar significativamente a prova da situação de assédio. Daí a necessidade de avaliar, em cada caso concreto, os dados objetivos e os dados subjetivos, de forma complementar e em uma análise conjunta.

Se examinarmos a jurisprudência espanhola sobre assédio moral neste trabalho, comprovaremos que se trata de uma jurisprudência de indícios que avalia conjuntamente, em cada caso concreto, os dados objetivos e os dados subjetivos de uma forma complementar numa análise conjunta. Os indícios mais significativos — não exaustivos — habitualmente utilizados são:

— a existência dos atos típicos de hostilidade, tais como são descritos nas construções teóricas dos estudiosos das ciências sociais: o descrédito, o menosprezo, a situação de ambiguidade dos papéis a serem desempenhados pelo trabalhador (sem que este saiba exatamente quais são suas funções), o insulto indireto, a propagação de boatos ou o isolamento social, entre outros.

— a reiteração, a persistência a proximidade temporal e a conexão lógica no tempo dos comportamentos provados, obrigando a determinar se, desde uma valorização conjunta das condutas, estas somente podem ser entendidas dentro de um plano perverso ou podem ter outras justificações.

— a natureza distinta de comportamentos provados, em que as condutas do assediador, ainda que diversas, incidem sempre sobre a vítima, de modo que se pode deduzir, de forma racional, uma intenção de camuflar a finalidade destrutiva da ação sobre a vítima do assédio.

— a existência de um tratamento distinto para com o trabalhador em relação a outros empregados ou a afetação individualizada de determinadas circunstâncias, ordens ou condições de trabalho ou de suas modificações, ou seja, a potencialidade lesiva do ato em relação à dignidade da vítima.

— a existência de patologias ou outros possíveis efeitos sobre o sujeito passivo como consequência de comportamentos provados. Trata-se de um indício bastante significativo, já que, sendo o efeito buscado por quem assedia, sua aparição é indício de que, efetivamente, existe uma perversão.

Nenhum dos indícios — nem estes nem outros suscetíveis de aparição conforme uma infinidade de casos possíveis deverão ser considerados como indícios decisivos — ainda que algum deles possa ser decisivo no caso concreto —, sendo determinante a avaliação, em cada caso concreto, dos dados objetivos e dos dados subjetivos de uma forma complementar em uma análise conjunta. O juiz do trabalho, nesse contexto, tem a importante tarefa de deslindar entre o que deve e o que não deve ser considerado assédio moral.

b) o assédio moral como acidente do trabalho

Nem a doutrina científica nem a jurisprudência têm duvidado, na Espanha, da possibilidade de se qualificar as moléstias físicas e, especialmente, as psíquicas geradas por um assédio moral como acidente do trabalho.[1] Deve-se citar, entre as pioneiras, a Sentença 18.05.2001 do Tribunal Superior de Justiça de Navarra, que conceitua o *mobbing* como sendo "uma forma de assédio no trabalho pela qual uma pessoa ou um grupo de pessoas se comportam abusivamente com palavras, gestos ou de outro modo (com) empregados tendo como consequência a degradação do ambiente laboral".

Agora bem, esta afirmação geral não pode ocultar as dificuldades práticas que encontram as vítimas para reclamar judicialmente, às vezes motivadas por correntes jurisprudenciais um tanto restritivas. Não podemos esquecer que,

---

(1) O texto original usa a expressão "acidente de trabalho", referindo-se às enfermidades decorrentes de assédio moral ocorrido no ambiente de trabalho, ressaltando sua natureza trabalhista e previdenciária. Na legislação espanhola, tal como na brasileira, a doença profissional se equipara a acidente de trabalho.

usualmente, as dolências físicas e, especialmente, psíquicas geradas por um assédio moral se manifestam como uma doença comum, sendo necessário demonstrar, como exige o art. 115 da Lei Geral de Seguridade Social de Espanha, que estas moléstias tenham sido causadas por ocasião e por consequência do trabalho.

Justamente é no âmbito da prova da causalidade que as decisões judiciais divergem. Algumas sentenças obrigam provar uma causalidade estrita. Assim, exigem uma prova cabal: (1) da existência de assédio moral, partindo da ideia preconcebida de que, inexistindo assédio moral, a doença é comum; (2) de que não existam outras concausas para as moléstias, e, em particular, excluindo a qualificação de acidente de trabalho quando apareça uma personalidade débil suscetível de interiorizar situações de conflito laboral de uma maneira acentuada.

Mais correta nos parece uma aplicação menos estrita. Em primeiro lugar, porque, ainda que não se prove a existência de um assédio moral, se as enfermidades se derivam do trabalho — por exemplo, um *stress* laboral — nada deve impedir a qualificação como acidente do trabalho. A catalogação como assédio laboral — que poderia ter outros efeitos jurídicos — torna-se menos relevante para efeitos de qualificar as enfermidades como acidente de trabalho, sempre que, evidentemente, se demonstre a vinculação causal com o trabalho.

Em segundo lugar, há de se analisar a própria dicção legal. Ali, não se alude tão somente a uma relação de causalidade estrita — quando se diz "por consequência" —, mas a uma relação de causalidade mais difusa — quando se diz "por ocasião"—, o que nos permite qualificar como acidente do trabalho enfermidades que, ainda que o trabalhador as tivesse latentes com anterioridade — manifestaram-se por ocasião da relação de trabalho. Outra solução, ademais, discriminaria aqueles que, por sua diferente personalidade, sejam mais suscetíveis de interiorizar negativamente situações de conflito laboral.

Por isso, encontramos as mais lógicas interpretações como a da Sentença de 03.11.2003, do Tribunal Superior de Justiça de Galícia, onde se relata "um clima hostil e tenso no trabalho", o qual conduz a declarar como acidente do trabalho a síndrome ansiosa-depressiva da trabalhadora. Ou a sentença de 23.03.2004 do Tribunal de Justiça de Navarra, onde — deixando de lado tratar-se de um assédio moral vertical (de superior a inferior, ou *bossing*), horizontal ou, mesmo, de outro risco profissional em que falte a componente intencional —, considera mais relevante considerar sua origem profissional.

A sentença de 20.12.2001 do Tribunal Superior de Justiça de Castilla e Leon, Sala de Valladolid, considera acidente do trabalho a depressão derivada de um conflito causado por uma ordem patronal e isso "ainda que aceitássemos a existência de uma base patológica propiciadora do quadro depressivo" e mesmo que "(o) rechaço pessoal da trabalhadora à mudança ocorrida (seja) por razões total ou absolutamente subjetivas (nenhuma dúvida cabe da legítima atuação empresarial)", resultando decisivo, no caso concreto, que o fator detonador tenha sido laboral.

Concluindo, as enfermidades físicas e, especialmente, psíquicas geradas por causa de um assédio moral, configuram acidente de trabalho, não devendo erigir-se como muralhas obstativas de tal proteção legal privilegiada, característica do acidente do trabalho, exigências de que, de uma maneira acabada, se prove a existência de um assédio moral, bastando provar a causalidade entre as enfermidades e o trabalho. Além disso, não se deve excluir dessa proteção quem, por sua distinta personalidade, fosse mais suscetível de interiorizar negativamente situações de conflito laboral.

3. O assédio moral e o assédio de gênero

Não se compreende a violência contra a mulher senão atentando para o conceito de gênero, ou seja, para os estereótipos sociais associados ao sexo de uma pessoa. O termo provém do inglês "gender" e foi popularizado a partir da IV Conferência Mundial sobre as Mulheres, em Beijing, China (1995). Convém precisar que, nem em inglês, nem em espanhol[2], a utilização do termo nas teorizações femininas se equipara com a divisão entre gênero masculino e gênero feminino. O que alude é aos estereótipos sociais, associados ao sexo de uma pessoa e, com tal significado, trata-se de um neologismo. Distintamente do conceito de "sexo", o "gênero" alude de maneira exclusiva às diferenças socialmente adquiridas — os preconceitos de gênero —, enquanto que o primeiro se refere tanto às diferenças físicas e quanto às socialmente adquiridas — como ocorre com a outrora conhecida frase "os trabalhos próprios para seu sexo". O importante é que o termo "sexo" não se refere de maneira exclusiva às diferenças socialmente adquiridas — daí a utilidade do termo "gênero".

Deste modo, voltando ao ponto, a mulher não sofre violência pelas características físicas de seu sexo, senão pelos estereótipos sociais associados ao seu sexo. Assim, correta a denominação (nem sempre bem aceita) "violência de gênero". Uma explicação, aqui, é necessária: o homem somente excepcionalmente sofre a violência de gênero, como, em exemplo cinematográfico, no caso de uma mulher assediadora ao assumir papéis sexuais masculinos; ou, num exemplo mais usual, no caso do homem rechaçado ao não cumprir com os papéis próprios de seu gênero. Mas, não somente a violência contra a mulher é causada pelos estereótipos sociais associados ao seu sexo, senão que, ademais, estes são transmitidos e perpetuados, da maneira mais reprovável, pela coação física ou psíquica da vítima. Gênero e violência são, em consequência, dois conceitos de bem estreita conjugação na realidade.

Tal esquema não se vê alterado no caso do assédio sexual, o qual obedece não tanto às preferências sexuais do agressor, mas sim, a um estereótipo social a

---

(2) Nem em português (nota do tradutor).

respeito do que entende por sexualidade: o homem é o caçador; a mulher, a presa. Um estereótipo que justifica a existência do assédio sexual e que, por meio do assédio sexual, por sua vez, se transmite e se perpetua. Assim, a afirmação de ser o assédio sexual uma questão de poder — não de sexualidade —, como se pode deduzir do pioneiro estudo de Catherine A. Mackinnon ("Sexual harassment of working women", Yale University Press, New Haven and London, 1979). Exatamente porque o assédio sexual se sustenta em estereótipos — provavelmente os mais arraigados, os estereótipos sexuais —, pode-se entender sua qualificação como manifestação de violência de gênero.

Posta assim a questão, a referência ao gênero explica tanto o assédio sexual com o assédio não sexual, já que ambos aparecem tendo como causa os estereótipos sociais associados ao sexo das pessoas, bem como à diferença entre os sexos. Ainda que, entre o assédio sexual e o assédio não sexual, a diferença seja mais de aparência do que de essência, pode-se dizer que o primeiro tem como causa os estereótipos sexuais, enquanto que o segundo tem como causa os estereótipos não sexuais — pensemos, por exemplo, em um assédio a uma trabalhadora pelo fato de ser mãe; algo, lamentavelmente, muito comum.

Feita tal aproximação às manifestações típicas da violência de gênero na relação laboral, compreender-se-á como o assédio sexual e o assédio de gênero não são, como se tem afirmado em algumas ocasiões, espécies de um conceito mais amplo, de assédio moral. Tratam-se, simplesmente, de realidades distintas, ainda que aparentadas, já que ambas são hipóteses de violência dentro da relação laboral e que, no plano jurídico, operam, às vezes, de forma diferente (em virtude de suas diferenças); outras, de forma semelhante (em virtude de suas semelhanças).

Operam de uma maneira diferente no âmbito da prova do assédio: o assédio moral se prova, habitualmente, de maneira indiciária; já no caso do assédio sexual, a declaração da vítima se erige, habitualmente, em uma autêntica prova decisiva, algo que se explica pela dinâmica prática do delito: o agressor planeja o assédio em um entorno de clandestinidade, deixando a vítima sem provas do assédio que alega. Caso se negasse valor probatório à declaração da vítima, a agressão ficaria impune. Por isso, o Tribunal Supremo já assinalou que "as manifestações da vítima... podem servir para enfraquecer o direito à presunção de inocência do réu, sendo aceitas pelos juízes como verdadeiras quando não há razões objetivas que façam duvidar da credibilidade de quem assim se expressa ou que possam invalidar suas afirmações".

Tal sentença penal, de 02.06.1992, faz referência a um delito sexual e que considera como elementos de convicção que justificam considerar a declaração da vítima como revestida de validade probatória:

1º) A ausência de fatores que levem à falta de credibilidade da vítima, derivada de determinadas relações entre o agressor e a vítima, reveladoras de motivações espúrias — como vingança, fabulação ou outras semelhantes —, levando sempre em conta que o legítimo interesse da vítima na condenação do agressor nunca poderá viciar sua credibilidade.

2º) A verossimilhança objetiva apoiada em corroborações fáticas periféricas, tendo-se presente que a não comprovação plena de tais corroborações pode ser justificada por circunstâncias concorrentes. Em especial quando a vítima está sob o domínio do agressor, este critério não deveria resultar relevante.

3º) A persistência da incriminação do agressor pela vítima, caracterizada por sua prolongação no tempo, sua expressão reiterada e a ausência de contradições, tanto internas — entre os diversos pontos que são objeto da declaração —, como externas — entre esses pontos trazidos pela declaração e outros, que derivem das demais provas produzidas no processo.

Realmente, estes critérios, a serem ponderados em cada caso judicial concreto, são regras de salutar crítica que, segundo o artigo 316 da lei processual civil espanhola, presidem a valoração das declarações das partes, e não apenas em processos penais. Assim, não há óbice para sua aplicação ao processo laboral (hipótese de assédio sexual laboral); ao contencioso administrativo (hipótese de assédio sexual a funcionário (a); e, mesmo, ao processo civil (por exemplo, a hipótese de um caseiro assediador).

Contrariamente ao exposto no que concerne ao tema da prova, o assédio moral, o assédio sexual e o assédio de gênero operam, no plano jurídico, de uma maneira semelhante no que se refere à qualificação das lesões físicas ou, mais habitualmente, psíquicas derivadas da agressão como derivadas de acidente do trabalho. A jurisprudência espanhola tem admitido sem especiais dificuldades a qualificação de um assédio sexual laboral como acidente do trabalho, sempre que, naturalmente, tenham ocorrido sequelas físicas ou psíquicas constitutivas de incapacidade para o trabalho. Podemos remontar à Sentença 16.11.1989 do Superior Tribunal de Justiça de Castilla La Mancha, confirmando a Sentença Real de 29.12.1987, da Magistratura de Trabalho número 2, de Ciudad Real, autêntica pioneira em declarar o assédio sexual como acidente do trabalho. Também se deve destacar, alcançando igual conclusão, a Sentença de 24.01.2000 do Tribunal Superior de Justiça de Galícia.

4. A síndrome do "burn-out"

A expressão *burn out* (ou síndrome de "estar queimado") foi cunhada em meados dos anos setenta e descreve uma síndrome habitual em certas profissões, como as relacionadas com a saúde, com a educação ou com o cuidado de outras pessoas, onde, como explica o Dr. José Luis González de Rivera, se produz "uma desproporção entre a responsabilidade e a capacidade de recuperação e gratificação do indivíduo" ("O maltrato psicológico". Ed. Espasa, Madrid, 2002).

Não encontramos na síndrome do *burn out*, diferentemente do que acontece no assédio moral ou em outras formas de violência laboral, um elemento intencional, o que terá relevância em relação a certos efeitos jurídicos — como a imposição de sanções administrativas ou penais, ou a exigência de responsabilidade civil por perdas e danos causados à vítima —, mas não terá importância na qualificação das enfermidades derivadas do *burn out* como acidente do trabalho.

A Sentença de 02.09.1999 do Tribunal Superior de Justiça do País Vasco, que foi pioneira, não teve dúvidas ao enquadrar como acidente do trabalho um caso em que concorriam diversas doenças psíquicas, acometendo um trabalhador encarregado de organizar as atividades de uma oficina onde trabalhavam deficientes físicos. Ali, afirmou-se a respeito: "(a) enfermidade ... surgiu ao estar o demandante em contato com pessoas com as quais trabalhava, cujas carências psíquicas originaram-lhe um desgaste que foi determinante para a incapacidade temporal".

5. *O suicídio do trabalhador como acidente de trabalho*

Qualquer dos riscos psicossociais podem, lamentavelmente, resultar no suicídio do trabalhador, o que nos leva à questão se seria possível qualificar o suicídio como acidente do trabalho. Um poderoso argumento em contrário é considerar a ruptura do nexo causal em virtude de um ato de auto-lesão que, como ato doloso, está excluído do enquadramento como acidente de trabalho, conforme letra "b" do apartado 4 do artigo 115 da lei geral de seguridade social espanhola. Entretanto, não se pode equiparar o suicídio a um ato doloso. Ainda que a liberdade esteja submetida a determinismos, um ato doloso é sempre voluntário — ou essencialmente voluntário, ao prevalecer a vontade sobre os determinismos. Já, no suicídio, a vontade, como faculdade mental ligada à vida, foi submetida — diga-se redundantemente — a determinismos determinantes de uma intenção suicida, destruidora da vida e da própria vontade. Talvez estas razões ontológicas tenham levado a jurisprudência alemã a entender que a intenção de suicidar-se é um ato não voluntário, não rompendo, em suma, o nexo causal.

Também é comum argumentar-se contra a qualificação do suicídio como acidente de trabalho mencionando a possibilidade de fraude, pois quem já estivesse decidido a suicidar-se o faria em local e horário de trabalho para favorecer os beneficiários da pensão por morte. Tal possibilidade dificulta, no caso do suicídio, a aplicação da presunção de que infortúnios ocorridos no local e horário de trabalho sejam acidentes de trabalho (art. 115, inciso 3º da Lei Geral de Seguridade Social), mas não de todo, pois assim deveria ser considerado um suicídio em que estivesse descartada a hipótese de intenção fraudulenta. Diga-se, a propósito, que, em princípio, a má fé não se presume. Muitas são as sentenças onde se alude à questão do suicídio, ainda que, em bom número, decidam em contrário à pretensão de enquadramento do suicídio como acidente laboral. O Tribunal Supremo, em antigas sentenças de 28.01.1969 e de 29.10.1970 (citada na de 15.12.1972), não reconheceu tal enquadramento, ainda que não negasse, de maneira geral, a possibilidade de qualificar o suicídio como acidente de trabalho em casos diferentes. Assim, ocorreu em suas posteriores sentenças de 12.1.1978 e de 16.11.1983, as quais qualificaram como de trabalho o suicídio do trabalhador em consequência de enfermidade mental derivada de um acidente do trabalho.

As citações judiciais podem ser atualizadas com a mais moderna jurisprudência, em que aparecem sentenças que reconhecem a qualificação do suicídio como acidente de trabalho. Há duas significativas:

Uma, do Tribunal Superior de Catalunha, de 30.05.2003, considerou acidente de trabalho o suicídio de um trabalhador "que de chefe de seção passou a controlar uma máquina cujo manejo desconhecia...o que foi entendido pelo trabalhador como uma situação vexatória, dado que, no posto anterior, tinha certas responsabilidades, que, para um homem como o autor que apenas saiba ler e escrever, era fundamental para afirmação de sua personalidade laboral e para o reconhecimento empresarial de seu trabalho. Segundo próprias palavras do falecido, era uma pessoa ordenada em excesso, com maior dedicação do que exigia o trabalho; não folgava os feriados a que legalmente tinha direito, porque, para ele, o trabalho vinha sempre em primeiro lugar; trabalhava já há 35 anos na empresa e acreditava que a empresa o apoiaria. Havia passado a uma situação de menosprezo ou vexame a partir do momento em que perdeu toda responsabilidade e teve até de aprender com colegas que, antes, eram seus subordinados como utilizar o computador incorporado à máquina que lhe foi destinada; nesse novo posto não se sentia produtivo ... situação depressiva (que) não melhorou ante à falta de alternativas viáveis para o trabalhador – descartou o assessoramento sindical e o enfrentamento com a empresa por temer prejudicar suas filhas, também nela empregadas –, mas, ao contrário, se transformou em uma depressão maior quando passou a suspeitar que a empresa, na verdade, queria que ele antecipasse sua aposentadoria. Tão grave situação concluiu com a auto-agressão como forma de resolver o conflito que a decisão empresarial havia produzido em seu cérebro" Trata-se de um caso do chamado "tecnostress".

Outra decisão do Tribunal Superior de Galícia, de 04.04.2003, considerou acidente de trabalho o suicídio de um trabalhador uma vez que "desde oito dias antes do suicídio o trabalhador havia comentado que não era dono de si (e) que em casa algo estava acontecendo; havia deixado de se alimentar, mais ainda assim teve de seguir trabalhando, fazendo rondas, o que implicava uma acumulação de "stress" laboral; no mesmo dia do acidente tentou infrutiferamente comunicar-se telefonicamente com seu domicílio; e a acumulação de todos estes fatores pessoais e laborais conjuntamente com o padecimento, influenciaram de forma decisiva para o desenlace autolítico, pelo que dito desenlace tem uma conexão causal com o trabalho".

6. Riscos psicossociais e prevenção de riscos

Se as consequências de um assédio moral, sexual ou de gênero ou de um *stress* laboral são acidente de trabalho e se a prevenção dos acidentes de trabalho é uma obrigação do empresário — é a denominada dívida de seguridade — a conclusão evidente é a existência de uma obrigação do empresário em prevenir os riscos psicossociais. É de se notar que os riscos psicossociais, talvez por conta do menor avanço científico no âmbito da saúde psíquica, encontram algumas dificuldades para alcançar uma adequada concreção de medidas preventivas. Não é difícil observar como a doutrina científica costuma acudir a medidas gerais para a prevenção dos riscos psicossociais, como evitar a excessiva hierarquização, criar canais de comunicação ou melhorar as relações humanas na empresa. São medidas que, por sua generalidade, correm o risco de ser ineficazes.

Mais concreção se aprecia em propostas de atuação que decorrem de uma denúncia de assédio moral, quer dizer, não previamente ao ato de violência, mas sim, em uma atuação posterior. O empregador está obrigado a tratar a denúncia de maneira confidencial, séria e sem represálias contra quem denuncia, adotando, depois de colher as informações oportunas, as medidas que, no caso concreto, sejam razoáveis. Em caso de demonstrado o assédio moral, deverá ser imposto ao assediador a sanção disciplinar adequada e a vítima deverá ser apoiada em sua recuperação. Deste modo, não somente se reparam as consequências do ato violento, senão que, além disso, transmite-se uma mensagem de que o assédio não ficará impune.

Com respeito ao assédio sexual, tem-se adotado medidas mais específicas de prevenção, como 1) a publicação de uma declaração de princípios onde se comprometa o empregador a manter "tolerância zero" com o assédio sexual; 2) o estabelecimento de um procedimento informal de solução a instruído por um (a) assessor (a) confidencial; 3) a tipificação das infrações disciplinares aplicáveis em casos de assédio sexual.

Não pretendemos entrar em detalhes mais particulares, o que obrigaria a um estudo mais aprofundado da prevenção dos riscos psicossociais. O que se pretende é deixar claro que, ainda que sua concreção, atualmente, esteja longe do desejável, o empresário possui uma dívida de seguridade ante os riscos psicossociais. Uma dívida de seguridade cujo não cumprimento pode gerar oportunas consequências jurídicas. Deste modo, a adoção de medidas de prevenção do assédio sexual e o adequado tratamento da denúncia da vítima podem exonerar a empresa da responsabilidade indenizatória por perdas e danos que, em caso diverso, poderia recair sobre a empresa em eventual ação de responsabilidade civil, mesmo no caso que o assediador não seja diretamente o empresário, respondendo este por culpa *in eligendo* ou *in vigilando*.

Um exemplo judicial deste modo de argumentar é uma Sentença de 24.07.2003 do Tribunal Superior de Justiça de Andaluzia, onde se confirma a condenação da empresa em indenizar o trabalhador no valor de 6.000 euros por um assédio sexual de um companheiro de trabalho porque "a empresa não adotou medida alguma para pôr fim ao assédio que lhe era denunciado... pelo que essa atitude passiva ... em relação à conduta ilícita do empregado co-réu leva consigo a responsabilidade solidária da empresa".

VALOR ADEQUADO NAS AÇÕES DE INDENIZAÇÃO POR DANO MORAL

João Ghisleni Filho
Flavia Lorena Pacheco
Luiz Alberto de Vargas
Ricardo Carvalho Fraga[*]

1. Introdução

A partir da Emenda Constitucional n. 45/2004, a Justiça do Trabalho definitivamente passou a ser competente para apreciar indenizações por dano material e moral (art. 114). A partir de então, incontáveis ações visando reparação por danos morais ingressaram no Judiciário Trabalhista, versando sobre os mais diversos temas, desde a existência de câmeras de vídeo no banheiro das empregadas de uma loja de departamentos até indenização pela não obtenção de emprego por informações desabonadoras prestadas pelo antigo empregador ("*lista negra*").

O número de acórdãos (decisões colegiadas) envolvendo o termo "*dano moral*" cresceu 12 vezes entre 2004 e 2009, passando de 642 para 8.222, conforme pesquisa de jurisprudência realizada pelo site Gazeta do Povo — Caderno Vida e Cidadania, acesso em 02.10.2010.

A resposta que advém da prestação jurisdicional em todo país é bem variada, parecendo, muitas vezes, que as indenizações são avultadas ou irrisórias para casos aparentemente bem semelhantes. Assim, não por acaso, as dificuldades para a fixação de valores a título de indenização por dano moral estão entre as questões mais debatidas atualmente na doutrina nacional.

Danos morais são "lesões sofridas pelas pessoas físicas ou jurídicas, em certos aspectos da sua personalidade em razão de investidas injustas de outrem. São aquelas que atingem a moralidade e a afetividade da pessoa, causando-lhe constrangimentos, vexames, dores, enfim, sentimentos e sensações negativas". (BITTAR, p. 33).

O presente texto busca o melhor debate sobre possíveis critérios para as indenizações por dano moral nas relações de trabalho. Entre estas, incluem-se aquelas decorrentes de acidentes de trabalho. Algumas questões afins e prévias são apenas referidas.

(*) Os quatro Desembargadores integram a 3ª Turma do Tribunal Regional do Trabalho do Rio Grande do Sul, que é presidida pelo primeiro. Igualmente, contribuiu para o presente texto o Juiz Ricardo Hofmeister de Almeida Martins Costa, que esteve convocado na mesma 3ª Turma, no momento inicial deste estudo.

A exemplificação e justificação com dados da realidade da Turma julgadora que os autores integram representam a tentativa de demonstrar a viabilidade prática dos argumentos explicitados. Desde já se declara que, diferentemente de diversos projetos que tramitam no Congresso Nacional (exemplificativamente citam-se os PLS n. 150/1999 e o PLS N. 7.124/02), não se tem a menor intenção de elaborar qualquer esboço de *"tabela"*, que seria uma tentativa simplista de contornar as dificuldades do tema. Ao contrário, em mais de um momento, afirma-se a crença no estudo e julgamento de cada caso, com suas peculiaridades.

A doutrina, no tema, mostra-se bastante dividida: a intrínseca extrapatrimonialidade do dano moral e a importância de se garantir uma compensação ao lesado parecem ser os únicos aspectos em que existe consenso na doutrina, conforme Maria Celina Bodin de Moraes (MORAES, p. 269). Assim, reconhece que, ao contrário do que ocorre com o dano material, o dano moral não pode ser medido, nem integralmente reparado por indenização pecuniária, sem menoscabo da própria dignidade humana. Por tais motivos, o dano moral não precisa mesmo ser provado, já que sentimentos pessoais não podem ser objeto de comprovação. Tratando-se de dano moral, não faz sentido falar, propriamente, em *"indenização"* – talvez nem mesmo em *"reparação"*, que mais se liga ao dano material —, sendo provavelmente mais correto falar em *"satisfação"* ou *"compensação"*.

Judith Martins-Costa, para diferenciar dos danos patrimoniais, chega a preferir a expressão *"danos extrapatrimoniais"*. De qualquer modo, reconhece a vasta utilização da expressão *"dano moral"*. Aceita a mais utilizada, apenas com o registro do maior acerto da outra. (MARTINS COSTA, p. 419).

Conforme Alexandre Agra Belmonte, *"a ausência de patrimonialidade dos valores morais não impede que a frustração, a indignação, a revolta, a dor e a mágoa causadas pelos atos lesivos aos sentimentos íntimos possam ter reparação pela via econômica"* (BELMONTE, p.79). Assim, admitindo-se que a dor não pode ser substituída/medida por um valor econômico, trata-se de assegurar à vítima uma satisfação/gratificação que, ao menos, sirva como lenitivo à dor que não pode ser suprimida.

O objetivo da indenização é compensar o lesado pela atenuação de seu sofrimento, e não a recomposição do patrimônio do ofendido. Propiciam-se ao lesado *"lenitivos, confortos, prazeres e outras sensações, ou sentimentos aliviadores que, através da moeda, se podem obter, como os experimentados em viagens, terapias, leitura, e outras tantas"* (BITTAR, p. 79).

Desde muito, sabe-se que a reparação do dano material deve ser integral. Quanto à *"satisfação"* ou *"compensação"* do dano moral? Se, como se mencionou, não se pode pretender *"medir"* a dor moral, tampouco se poderá calcular o dano moral causado. Tal fato poderia levar à ideia de que a reparação do dano moral não possa, por definição, ser integral. Ao cuidar-se da satisfação ou compensação, a muitos parece ser difícil afirmar que deva ser plena ou total. Existe, sim, dificuldade para se avaliar acertadamente a extensão do dano moral. Com o avanço do conhecimento, provavelmente, amanhã, o Direito estará menos distante de outras áreas do conhecimento e da ciência. Esta tarefa estará mais realizável.

Sustentando vigorosamente em contrário, ou seja, advogando a possibilidade de integral reparação do dano moral, Ramón Daniel Pizarro pondera que a indenização pecuniária, nesse caso, tem função distinta da do dano material: não de recomposição patrimonial, mas de caráter "satisfativo", de modo que "la razonable armonia entre dado e indemnización no pasa exclusivamente por los carriles de lo econômico, sin que obste a este conclusión el hecho de que termine condenándose al pago de uma suma de dinero" (PIZARRO, p.347).

Ademais, alerta o autor que as dificuldades de avaliação acontecem também nas indenizações por dano material, que, não raramente, ocorrem por arbitramento judicial com base em ponderações destituídas de certeza absoluta ou precisão matemática, sem que a ninguém ocorra duvidar do princípio de reparação plena ou integral.

Sendo assim, ainda que não se alcance a certeza quanto ao montante da indenização que represente essa integralidade, como assegurar que a compensação proporcionada pela indenização possa, ao menos, ser satisfatória? Dizendo de outro modo, como se pode ter alguma certeza de que a indenização fixada seja suficiente?

Por outro lado, para muitos autores, há de se considerar, também, o critério da proporcionalidade, ou seja, que a indenização não deve representar um gravame excessivo, demasiadamente pesado ao ofensor, tendo em conta, especialmente, o grau de sua culpa, preconizando a adoção dos parâmetros previstos no art. 944 do Código Civil.

Por certo, não há uma resposta única — pois dependerá sempre das circunstâncias específicas do caso concreto. Por ora, basta dizer-se que tal compensação é possível e não pode ser meramente simbólica. Superada a ideia inicial de buscar a reparação do dano extrapatrimonial através de condenações simbólicas, passou-se a buscar a minoração do sofrimento da vítima. (MORAES, p. 268).

Além disso, a compensação não pode ser irrisória, sob pena de representar um verdadeiro incentivo ao ofensor e um gravame adicional ao ofendido.

2. Dano Civil e Direito Constitucional

O direito constitucional, hoje, ocupa posição de relevo, tendo papel mais estruturante do que outras áreas do Direito. Por sua vez, devido a estas novas influências, cada vez mais marcantes, é possível falar-se em Direito Civil *"constitucionalizado"* ou *"reconstrução do Direito Privado"* (MARTINS COSTA, p. 408).

Tal influência pode ser identificada nos avanços ocorridos no direito civil. Eugenio Facchini, Juiz de Direito e Professor, tratando especificamente do novo Código Civil, em nosso País, sustenta que este *"insere-se entre os modelos mais avançados"* (FACHINI NETO, p. 168).

Não é pequena a lista de artigos inovadores no novo Código Civil. Próximo ao nosso tema, bastaria mencionar o art. 187:

> Também comete ato ilícito o titular de um direito que, ao exercê-lo, excede manifestamente os limites impostos pelo seu fim econômico ou social, pela boa-fé ou pelos bons costumes.

A principal consequência desta constitucionalização do direito civil, mais especificamente no tema da responsabilidade por danos morais, é de que tal direito adquire uma *"dimensão mais ampla, superior"*, de forma que esse deva ser desenvolvido pelo legislador ordinário, mas jamais ser por ele desnaturalizado. Conforme Pizarro: *"una dimensión superior, más amplia,... (que) assume objeto y contenido propio, de raigambre superior y puede – como todo Drecho constitucional – ser limitado razonablemente mas no desnaturalizado por leyes reglamentarias..."* (PIZARRO, p. 345-53).

O fato de se estar dentro ou no mínimo próximo da abrangência do direito constitucional há de ter a devida consequência, em especial no que tange ao valor constitucional conferido à dignidade humana. Ainda existe resistência, por parte de alguns, em perceber o significado do constitucionalismo mais recente. Tanto isto ocorre que Miguel Carbonell tratou do "tema de las diferencias estructurales entre derechos sociales e civiles". Foi necessário dizer que "no hay, por tanto, "derechos gratuitos" y "derechos caros": todos los derechos tienem um costo y ameritan de uma estructura estatal que, al menos, los proteja de las posible violaciones perpetradas por terceras personas". (CARBONELL, Los Derechos Sociales..., p. 34).

Conforme Clayton Reis, o eixo central das alterações no direito civil pelo direito constitucional se "concentra no fundamento da Ordem Constitucional Brasileira, sedimentado no princípio da dignidade humana", já que o ser humano foi eleito pelo ordenamento constitucional como "centro da dignidade e de uma ordem valorativa maior, a merecer irrestrita tutela do ordenamento jurídico brasileiro. Para corroborar essa ideia, prescreveu no art. 5º, incisos V e X da Constituição Federal, a indenização por dano moral em face da violação à intimidade, vida privada, honra e imagem" (REIS, p. 11).

Na efetivação da tutela dos direitos da personalidade, não se cuida apenas de relações com interesses *"privados"*, devendo ser reconhecido, sim, um objetivo social a ser buscado, ou seja, a dignidade de todos, inclusive dentro do ambiente de trabalho, no caso destas linhas. Mais uma vez, conforme Clayton Reis, "não se justifica na pós-modernidade a ausência de tutela dos direitos da personalidade à pessoa, especialmente neste momento em que as violações se multiplicaram em virtude do aumento dos confrontos de interesses presentes no ambiente social, que sujeitam o ser humano às mais notórias ofensas que violam seus valores, com graves repercussões na personalidade e na dignidade".

Não são mais aceitos os altos números de acidentes de trabalho no Brasil. Nos últimos anos, o número de acidentes de trabalho no Brasil vem crescendo. Enquanto em 2001, foram pouco mais de 340 mil acidentes de trabalho, em 2007 este número subiu para 653 mil ocorrências. Um aumento de 92% no número de acidentes de trabalho (site do Diesat — Departamento Intersindical de Estudos e Pesquisas de Saúde e dos Ambientes de Trabalho (<http://diesat.blogspot.com/2009/01/estatsticas-de-acidente-de-trabalho-no.html>, acesso em 02.10.2010).

A realidade de estarmos diante de um crescimento econômico "*acelerado*" e "*tardio*", em expressões da área econômica e da sociologia, haverá de encontrar solução que preserve a dignidade do trabalhador, não sendo mais compatível com o estágio civilizatório já alcançado pela sociedade brasileira essa verdadeira tragédia representada pelo alto número de trabalhadores acidentados e vítimas de doenças profissionais. Este é um dos aspectos mais relevantes do pequeno índice de civilidade que ainda encontramos nas relações de trabalho entre nós. Bastar ver as informações trazidas no site <www.assediomoral.org>, bastante lembrado em Campanha Pública da Procuradoria do Trabalho, no Rio Grande do Sul, inclusive com prospectos em jornais da grande imprensa.

Não se pode aceitar que a satisfação do ofendido ou a compensação que o Estado lhe garanta deva, necessária e propositalmente, ser insuficiente e incompleta, por alegada ou efetiva impossibilidade. Não se deve propositalmente antecipar ou antever alguma provável impossibilidade. No extremo, ficaríamos na inércia. Se não se pode acreditar, facilmente, na reparação integral, tal como no dano material, que se busque a satisfação ou compensação, que, entre outras, justifique a ação estatal, pela atuação do Poder Judiciário.

3. O conceito de dignidade como central na fixação da indenização por dano moral

Os horrores ocorridos na Segunda Guerra Mundial nos alertaram para a necessidade de novos cuidados, na esfera do Direito. A dignidade da pessoa humana deve ser o objetivo de todos. Esta dignidade, antes de ser respeitada, na verdade, necessita ser "*construída*", na coletividade.

Conforme Rizzatto Nunes, a dignidade humana foi uma conquista da razão ético--jurídica, que não pode ser esquecida em nenhum momento da interpretação do Direito:

> "Está mais do que na hora de o operador do Direito passar a gerir sua atuação social pautado no princípio fundamental estampado no Texto

Constitucional. A dignidade é um 'verdadeiro supraprincípio constitucional' que ilumina a todos os demais princípios e normas constitucionais e infraconstitucionais e por isso o Princípio da Dignidade da Pessoa Humana ser desconsiderado em nenhum ato de interpretação, aplicação ou criação de normas jurídicas". (RIZZATTO NUNES, p. 51).

Judith Martins-Costa lembra que *"antes de a psicanálise instaurar o seu reinado, pondo a nu a relevância da saúde psíquica..."* eram mais difíceis os atuais debates, inclusive, pouco se podendo visualizar muitos danos (MARTINS-COSTA, p. 409).

Assim, a evolução do conceito de dignidade humana decorre do próprio progresso humano, determinando, incessantemente, a emergência de novas demandas, como consequência inevitável do processo de luta dos povos pela conquista de maiores e mais elevados espaços de dignidade no mundo atual (HERRERA FLORES, 2005). Assim, o avanço civilizacional passa a exigir, nas relações interpessoais, novas posturas e novos comportamentos, mais compatíveis com um outro mundo, no qual a dignidade assuma um papel central.

O plano da intimidade de cada pessoa humana passa a ser objeto de proteção por parte do Estado, na perspectiva da renovação e reconstrução conceitual do tema da reparação civil dos danos à pessoa, abrangendo todos os aspectos da vida. Conforme Judith Martins Costa:

> *"Integram e concretizam a dignidade humana, no campo da responsabilidade civil, interesses tais como a vida privada, a intimidade ou 'o direito de estar só, consigo mesmo', a dor e os afetos, as expectativas de vida, as criações do intelecto em seus aspectos não-patrimoniais, a honra e o nome, interesses constitucionalmente garantidos e que servem a renovar o antiquíssimo instituto da responsabilidade civil"*. (MARTINS-COSTA, p. 416).

O avanço da história nem sempre é percebido pelos desatentos. Entre estes desatentos não estava Pontes de Miranda. Tratando de tema mais específico, este jurista observou que:

> "Com a teoria dos direitos de personalidade, começou, para o mundo, nova manhã do direito" (...) "a certo grau de evolução, a pressão política fez os sistemas jurídicos darem entrada a suportes fáticos que antes ficavam de fora, na dimensão moral ou na dimensão religiosa. É isso o que os juristas dizem quando enunciam que só há bem da vida, relevante para o direito, se o direito objetivo tutela" (PONTES DE MIRANDA, p. 6-7).

Conforme Clayton Reis, ainda que tardiamente, tal tempo também se iniciou para o Brasil, marcando a preocupação do legislador em *"resguardar a pessoa em face das múltiplas agressões presentes na sociedade moderna"*, cumprindo a indenização por danos morais "um papel determinante na preservação dos direitos fundamentais da pessoa, como, especialmente na tutela da dignidade do ser humano" (REIS, p. 12).

4. A fixação do dano moral através de arbitramento judicial

O legislador brasileiro optou pelo sistema aberto ou não-tarifado, ou seja, incumbindo ao juiz a fixação da indenização por danos morais, tarefa para a qual deve se desincumbir levando em conta os avanços sociais e a centralidade do conceito de dignidade em nosso ordenamento jurídico.

Ao contrário de outros países, não se estabelecem limites máximos ou mínimos para a indenização, o que evidencia, conforme Carlos Alberto Bittar, a superioridade de nosso sistema em termos de eficiência, já que os sistemas tarifados quase sempre não propiciam cabal satisfação ao lesado (BITTAR, p. 35-6).

Para certos autores, como Lafayette, o dano moral não obrigava à indenização por não ser suscetível de avaliação econômica, pois seria *"uma extravagância do espírito humano a pretensão de reduzir o dano moral a valor monetário"* (MARTINS-COSTA, p. 434) e, portanto, a indenização teria uma natureza simbólica. Tal conceito, que se baseia numa suposta impossibilidade de reparação do dano moral através da pecúnia, encontra-se, hoje, inteiramente superado, de forma que se exige, como se disse, que a indenização seja integral, ou seja, que represente uma compensação adequada à vítima. A jurisprudência nacional que, inicialmente, inclinou-se pela tese da irreparabilidade do dano moral, evoluiu para o acolhimento das teorias limitativas, o que perdurou por muitos anos, terminando, a partir do período próximo à atual Constituição, por abraçar a tese da plena reparação do dano moral, independentemente de diminuição patrimonial (BELMONTE, p. 78-9).

Assim, nada mais afastado do sentido teleológico do instituto da indenização por dano moral previsto em nosso ordenamento jurídico do que a condenação em valores irrisórios. Manifestações jurisprudenciais com esta limitação, lamentavelmente, podem ser geradas por uma insensibilização do Judiciário ante a massificação das demandas, associada *"a uma visão reducionista do alcance da reparação do dano moral"* (ZANETTI, p. 70).

Ainda da mesma autora, mais adiante:

> "quando o sujeito de direito vinculado a um determinado ordenamento jurídico busca nas instituições judiciárias, garantidoras da harmonia da vida em sociedade, a reparação de uma violação à dignidade humana, e recebe como resposta a fixação de uma reparação em valor irrisório, perde a referência social exterior, o que compromete sua noção de sentido de vida" (ZANETTI, p. 87).

No caso específico do processo do trabalho, há de se lembrar, como faz Fátima Zanetti, que a ideia de fixação de valores insuficientes para a integral reparação do dano moral tem vários reflexos nos sujeitos da relação de trabalho:

> "o primeiro deles de oficializar o pouco valor da moral do trabalhador e, depois, o de viabilizar a socialização do risco da reparação pelos infratores que, conhecendo de antemão a possibilidade de determinada condenação, inclui-la-ão, certamente, na taxa de risco do negócio, repassando-o para seus preços, transferindo-o para a sociedade. Mais do que isso, o tabelamento em valores ínfimos servirá de estímulo a práticas que desencadeiam transtornos e doenças mentais no trabalho, cujos custos repercutirão, no final, em toda a sociedade por meio da saúde pública" (ZANETTI, p. 25).

Tampouco parece útil a analogia a normas legais atinentes a danos morais, muitas já antigas e todas incompatíveis com a ampla proteção à dignidade humana prevista nas normas constitucionais que prevêem a indenização por dano moral. Assim, não cabe falar em aplicação analógica da lei de imprensa (Lei n. 5250/67), nem muito menos das revogadas disposições da lei sobre comunicações (Lei n. 4.117/1962) ou dos artigos 1537 e seguintes do Código Civil de 1916.

Não são poucos os recursos processuais e artigos doutrinários que apontam uma suposta exacerbação no arbitramento da indenização por danos morais, inclusive no Judiciário Trabalhista. No Tribunal Superior do Trabalho, recursos sobre montante fixado em indenização por dano moral são recebidos, desde muito, conforme pesquisa do Juiz do Trabalho no TRT de Minas Gerais Sebastião Geraldo de Oliveira. (OLIVEIRA, 2010, p. 274).

Sabe-se do debate ocorrido no Superior Tribunal de Justiça relativamente ao cabimento ou não de reexame dos valores fixados (MORAES, p. 291). Não foi pequena a divergência, valendo registrar o entendimento do ex-Ministro Ruy Rosado de Aguiar. Pretendia que o Superior Tribunal de Justiça somente se manifestasse em situações extremas, diante de valores exorbitantes ou irrisórios. Hoje, percebe-se a apreciação em número não pequeno de situações intermediárias entre estes extremos.

Já se tem notícia, até mesmo, de Ação Rescisória, no Tribunal de Justiça de São Paulo, questionando decisão com valor alegadamente exorbitante, comentado em artigo de Fernando Sacco Neto (SACCO NETO, 2008). Desde logo, registra-se certa curiosidade adiante retomada para melhor análise e proposição. Os julgamentos com valores irrisórios quase passam desapercebidos. Os julgamentos com valores exorbitantes são notícia e objeto de comentários, nos meios jurídicos e fora destes. Ponderação é vista como se fosse sinônimo de "*moderação*", o que não é correto.

Da mesma forma, é preocupante a emergência de certa corrente doutrinária que preconiza um retorno à tarifação legal ou, mesmo, jurisprudencial, criando-se "*tabelas*", a pretexto de uma padronização das decisões judiciais que fixam indenizações por danos morais para casos similares. Entre tantos Projetos de Lei, no atual momento, aquele mais avançado no processo legislativo, é o apresentado em 2003 e que faz acréscimos no art. 953 do Código Civil. Este Projeto de Lei, número 1.914, de 2003, é de autoria do Deputado Marcus Vicente, tendo como Relator o Deputado Regis de Oliveira, havendo aprovação em Comissão da Câmara dos Deputados, em julho de 2010. Embora trate somente dos casos de injúria, difamação e calúnia, pode vir a ser parâmetro para a jurisprudência, em outras situações. De qualquer modo, este Projeto de Lei não estabelece nenhuma tabela ou limite. Fixa alguns critérios, ou seja, *"situação econômica do ofensor, a intensidade do ânimo de ofender, a gravidade e repercussão da ofensa, a posição social ou política do ofendido, bem como o sofrimento por ele experimentado"*.

Não se pode pretender afastar o exame das situações peculiares de cada caso. A semelhança entre mais de um caso, provavelmente, resultará em decisões semelhantes. Não mais do que isto. Os detalhes fáticos e, talvez, mesmo o debate em cada processo levará a decisões não idênticas. Negar isto seria negar a regra constitucional de livre acesso ao Poder Judiciário, Constituição art. 5º, inciso XXXV. Seria, também, numa outra esfera, invalidar a atuação das partes em cada demanda judicial.

Inúmeras são as peculiaridades de cada caso a merecer a devida consideração no momento de fixação do valor da indenização. Mais acertadamente neste ponto, a decisão de Primeiro Grau haverá de ser respeitada com maior frequência. Igualmente, as peculiaridades de cada caso desaconselham valores idênticos em casos diversos, salvo se o debate processual não tiver trazido nada de novo.

A esse respeito, diga-se que a não consideração das peculiaridades de cada caso, talvez, tenha maior poder destrutivo para a organização social do que a fixação de valores distintos para situações iguais. Tanto uma, quanto outra situação deve ser evitada, cuidando-se, acima de tudo, de externar coerência nos julgamentos e, principalmente, que estes aconteçam com o mais completo possível exame das questões trazidas por todos os litigantes, até mesmo, em obediência ao art. 5º, XXXV, da Constituição. Note-se que o inciso lembrado, aqui, mais uma vez, é este mesmo, sobre acesso ao Poder Judiciário.

Certamente, o Direito *"é vivo"*, como já afirmava Alfredo Buzaid (BUZAID, 1985). Provavelmente, ao publicarem-se estas linhas, algum novo caso poderá nos levar a novas considerações e valores superiores, inferiores ou mesmo fora de quaisquer *"tabelas"* que se pretendesse criar. De ninguém se aceita a petrificação. Muito menos, aos juízes é permitido fechar os olhos para os novos casos e situações inéditas.

5. Alguns parâmetros para a fixação do dano moral através de arbitramento judicial

Seria impossível citar todos os critérios apresentados na doutrina. Para citar apenas uma autora, Maria Cecília Bodin de Moraes fala no critério da razoabilidade, do caráter punitivo e do equilíbrio. Mas apresenta, como amplamente aceitos pela doutrina, os critérios da dimensão da culpa (a culpa e a intensidade do dolo do ofensor); a situação econômica do ofensor; a amplitude do dano (a natureza, a gravidade e a repercussão da ofensa, a posição social, política e econômica da vítima e a intensidade de seu sofrimento (MORAES, p. 295).

Em um esquema bastante simplificado, pode-se dizer que, na doutrina, em geral, são apontados os seguintes critérios:

a) quanto ao ofensor

A maior parte da doutrina entende que a responsabilidade do ofensor deve ser levada em conta no momento da fixação da indenização por danos morais, ao menos para que não haja desproporção entre a extensão do dano e a gravidade da culpa (parágrafo único do art. 944 do Código Civil). Em desacordo, Fátima Zanetti chega a sustentar a inaplicabilidade de tal norma excepcional aos danos extrapatrimoniais (ZANETTI, p. 145). De toda sorte, parece curial que a gravidade da culpa do lesante deve ser tomada em conta como fator de agravamento da indenização quando se cuida do caráter inibidor ou pedagógico da mesma.

Um segundo critério é saber da situação financeira do ofensor. No caso trabalhista, se a empresa empregadora se caracteriza ou não como pequeno empreendimento. Não se trata, exatamente, de elevar o valor quando for empresa de grande porte, o que já tem provocado questionamentos sobre tratamento desigual, ainda que em debate mal encaminhado. A dimensão econômica não pequena do ofensor é de ser considerada, até mesmo, para que o valor não seja fixado de modo que a indenização termine não cumprindo o papel inibidor.

Cuida-se, mais acertadamente, de registrar que, por não ser pequeno empregador, teria melhores condições de evitar acidentes e outros motivos de danos, inclusive com mais elaborada política de recursos humanos. Dito de outro modo, o valor deve ser considerável, a ponto de inibir alguma prática ou omissão não desejada. Inexistiria, pois, motivo para não se buscar a mais perfeita reconstrução da dignidade do ofendido, afastando-se totalmente a exceção do parágrafo único do art. 944 do Código Civil, o qual inclusive deve ter uma acolhida ainda bem mais restrita em casos de acidentes.

b) quanto à vítima

Apresenta-se como critérios relativos à vítima, a natureza, a extensão e a gravidade do dano e de suas repercussões. Ou seja, a indenização deve, em tese, ser proporcional à dor sofrida pela vítima — dado subjetivo e de difícil apuração.

Fátima Zanetti, com grande dose de razão, pondera que o critério da extensão do dano deva ser utilizado com cautela. Exemplifica o caso hipotético de um agente social que dedique sua vida em favor dos oprimidos e, num conflito sobre a posse de terras, seja submetido a cárcere privado. Essa pessoa, por suas convicções filosóficas ou religiosas, pode ser capaz de entender a situação e suportar tais privações sem traumas psíquicos. Entretanto, tal fato não diminuiu a gravidade do crime contra ele praticado, nem a violação da dignidade humana ocorrida. Portanto, conclui certeiramente que *"nem sempre no caso do dano moral é possível contrapor a extensão do dano como elemento de fixação do valor da reparação moral"* (ZANETTI, p. 89).

Por outro lado, há de se ter presente que a indenização, para cumprir sua finalidade reparatória, deve ser adequada à realidade objetiva e subjetiva de cada vítima. Como a dor varia de pessoa para pessoa de acordo com suas peculiaridades e não há forma de calcular matematicamente o sofrimento de cada indivíduo, presume-se, de forma algo grosseira, que, em uma mesma situação objetiva, as pessoas sofrem na mesma intensidade, tendendo-se a fixar um valor único para cada tipo de caso, desatendendo-se para as circunstâncias fáticas, certamente distintas em cada situação concreta.

Também é possível o equívoco com base no raciocínio inverso. Na tentativa de *"adequar"* a indenização à dor moral a determinados grupos de indivíduos, em outra forma de simplificação, pode-se pretender classificar a dor moral conforme o nível sócio-econômico da vítima, o que leva ao artificialismo de fixar a indenização conforme o salário da vítima.

Conforme Maria Cecília Bodin de Moraes:

> *"Tanto a suposição de que pessoas de classes diferentes 'sofrem' em valores (quantias) diferentes quanto a de que todas as pessoas têm os mesmos sentimentos (donde concluir que não é cabível especificar-se, no caso concreto, a indenização) decorrem da errônea suposição de que é o 'sentimento' que deve ser avaliado"* (MORAES, p. 300).

Tal raciocínio se baseia em um evidente erro lógico, porque leva à presunção de que a dor moral do rico — ou a gratificação do rico como compensação à dor — deve ser maior que a do pobre.

Em nome da igualdade, não se aceita a consideração da situação econômica da vítima, mas admite-se que se pondere sobre sua situação social, conceito mais amplo, que inclui o ambiente em que é inserida, com todo o cuidado para que não ocorra discriminação ou análise preconceituosa.

Também parece que não é solução totalmente acertada, para o deslinde da questão, a fixação em salários mínimos. Em nosso país, o salário mínimo cumpre basicamente a função de estabelecimento de um *"mínimo existencial"*, conforme previsto no art. 7º, IV da Constituição Federal. A própria norma constitucional veda que o valor do mínimo seja utilizado como base de cálculo para qualquer outro fim. Além do mais, a utilização do salário mínimo como valor de referência trabalha, implicitamente, com a ideia de construção de uma *"tabela geral"* de indenização para danos morais que, a pretexto de *"igualar"* todos os cidadãos em um mesmo patamar econômico (a remuneração mínima nacional), traz o viés de rebaixar as indenizações a valores cada vez menores, desnaturando a finalidade de proteção à dignidade humana do instituto da indenização por danos morais.

Não poucos autores salientam o desacerto de falar-se, sem maiores cuidados, em possível *"enriquecimento sem causa"*, que é vedado pelo art. 884 do Código Civil. Conforme Fátima Zanetti, tal instituto tem caráter nitidamente patrimonial, não sendo adequado para situações, como o dano moral, em que o bem atingido (o patrimônio moral) não pode ser restituído, sendo possível apenas a compensação pela dor sofrida. Assim, "o enriquecimento sem causa pressupõe, portanto, mesmo quando visto como princípio geral do Direito, a possibilidade de mensuração e equivalência entre o patrimônio atribuído a um e a causa justificadora dessa atribuição. Não há, no caso do dano moral, nem possibilidade de mensuração e, em consequência, nem de equivalência". E, mais adiante, citando Ripert e Planiol, afirma que *"o que é proibido não é enriquecer a custa de outrem, é enriquecer injustamente"*. Portanto, sendo o enriquecimento determinado em sentença judicial para abrandar os efeitos nefastos da lesão à dignidade humana, é mais do que justificado — é devido.

Quando um valor da indenização for fixado de modo excessivo terá ocorrido decisão injusta ou equivocada ou arbitrária, a merecer reforma. O conceito de enriquecimento sem causa refere-se a outras situações, que não estas decorrentes de decisões judiciais, ainda que mereçam modificação recursal.

Acredita-se que a expressão *"meros dissabores"*, presente com frequência na jurisprudência do Superior Tribunal de Justiça, merece exame com mais cuidado. Talvez, um dano *"pequeno"* justificasse uma indenização em valor também *"pequeno"*. A improcedência seria mais razoável quando não houvesse nenhum *"dissabor"*. A tese de que os *"meros dissabores"* do *"quotidiano"* devem ser suportados porque não atingem a dignidade carece de justificativas ou, no mínimo, não pode ter acolhida fácil. Quais seriam os limites aceitáveis? Outras áreas do conhecimento, tal como a psicologia, dariam guarida a esta tese? A sociologia convive facilmente com a tolerância das *"pequenas"* lesões? Estas lesões não têm repercussões sociais, talvez graves, pela sua repetição, às vezes, numerosa? Na verdade, já retornado à esfera do Direito, todos absorveram o conceito de *"assédio moral"* ou, lamentavelmente, muitos ainda resistem às novas exigências de maior civilidade? Enfim, a nossa expectativa é de uma sociedade que viabilize a construção da felicidade de todos ou não?

c) do caráter pedagógico da indenização

Os autores concordam que na fixação da indenização do dano moral é de ter-se em conta que a sentença judicial também tem um caráter inibidor ou pedagógico, de forma que represente um reforço negativo para que o ofensor — ou qualquer outro (inclusive "*a própria sociedade*", conforme Fátima Zanetti (ZANETTI, p. 97) — não volte a atentar contra a dignidade alheia. Conforme Bittar, ao lesionar, com sua ação ou omissão, os padrões de equilíbrio e de respeito mútuo que interessam ao Direito nas relações sociais, o lesante deve suportar as consequências de seus atos (BITTAR, p. 35). Tal função, inibidora ou pedagógica, é muitas vezes, mencionada como uma função punitiva incompatível com as regras jurídicas que vedam a presença de penas privadas nas relações privadas (BODIN, p. 305). Talvez devamos analisar diferentemente a função pedagógica e uma suposta função punitiva. Num caso, cuida-se, apenas, de que a manifestação judicial tenha relevância para o agressor, levando-o a pensar ou planejar novas práticas e/ou evitar omissões. Para se afirmar que seja ou não "*punição*", haverá de se avançar mais no exame deste conceito, o que se tentará adiante.

Judith Martins-Costa não rejeita tal função punitiva, pois, sustentando a necessidade de adequar a doutrina às novas realidades, a justifica com base na jurisprudência do Supremo Tribunal alemão que, para o jurista alemão Bernd-Rutinger Kern, assentada em um "aprimorado conceito de expiação, impõe que um pesado prejuízo causado ao ser humano não deva permanecer sem uma reparação, no mínimo simbólica", configurando uma "*expiação de modo simbólico*" na qual "*o pagamento deve atingir os ofensores como um sacrifício palpável*" (MARTINS-COSTA, p. 444).

Para outros autores, entretanto, há de se diferenciar "*sanção*" e "*pena*", que não são sinônimos, mas sim, gênero e espécie. Para Pamplona Filho, a sanção é "*a consequência lógico-jurídica da prática de um ato ilícito*", pelo que "*a natureza jurídica da responsabilidade, seja civil, seja criminal, somente pode ser sancionadora*", ao passo que a pena "*é uma consequência da prática de um delito (o ato ilícito na sua concepção criminal), ou seja, a conduta que lesa ou expõe a perigo um bem jurídico protegido pela lei penal*" (SOUZA, p. 173). Assim, "a pena privada relaciona-se com a vingança pessoal; (...) já a utilização do mecanismo punitivo está longe da pequeneza moral da vingança, mas atua como instrumento para consagrar a intenção social de não repetição da infração" (SOUZA, idem). Assim, não há falar em violação do princípio do "nullum crimen, nulla poena sine lege", já que, por certo, não se está falando nem de crime, nem de pena – mas de ato ilícito e condenação punitiva baseada na responsabilidade civil.

6. A indenização nas hipóteses de dano moral coletivo

O caráter da pena de reparação se torna mais evidente quando se tem presente o dano moral coletivo, caso em que o valor da reparação é "*destinado a um terceiro que nada sofreu e que não teve qualquer vínculo com o agressor*" (ZANETTI, p. 97).

Nesses casos, a tendência é de exacerbação do valor da indenização a fim de que a condenação sirva de exemplo para a sociedade, prevenindo novas condutas ilícitas.

A maior intensificação das condenações relativas ao dano moral, nos EUA, ao início do Século passado, nos casos de incêndios do veículo Ford, *"modelo pinto"*, teve a finalidade de forçar o fabricante a resolver o problema, ao invés de tão somente pré-contabilizar as condenações. Sendo assim, a verificação da repetição dos atos causadores de dano não pode levar simplesmente à mera elevação do valor, em progressão aritmética. Impõe-se a fixação de um valor que exceda aquele a ser recebido pela própria vítima, em alguns casos. Trata-se, talvez já, de função punitiva e não mais, apenas, de providência com cunho *"pedagógico"*.

Aqui, mais do que inibir tal ou qual prática ou omissão, para o futuro, trata-se de penalizar pelo que já aconteceu e repetiu-se. Para tanto, no Brasil, existem os Fundos, criados, respectivamente, pelo Ato Declaratório Executivo Corat n. 72/2004, que disciplina o Fundo de Amparo ao Trabalhador — FAT, e a Resolução n. 16/2005 do CFDD, que disciplina o Fundo de Defesa de Direitos Difusos – FDD, sendo o segundo de vinculação ainda mais direta aos temas de nossos julgamentos. Neste momento, a dimensão econômica do empregador haverá de ter uma bem maior influência.

7. Da necessidade de fundamentação das decisões que fixam indenização por dano moral

Como lembra Maria Celina Bodin de Moraes, o sistema do livre arbitramento como regra geral tem sido considerado o que menos problemas traz e o que mais justiça e segurança oferece, atento que está para todas as peculiaridades do caso concreto, pois permite que o juiz, "o único a ter os meios necessários para analisar o sopesar a matéria de fato, utilize da equidade e aja com prudência e equilíbrio" (MORAES, p. 270).

Em contrapartida, crescem as exigências quanto à fundamentação da decisão judicial. Toda dificuldade de fundamentar o valor fixado há de ser vencida. Sabemos da necessidade de decisões fundamentadas, entre outras, para viabilizar o direito das partes aos recursos processuais, eventualmente cabíveis (GONÇALVES PERO, p. 69). Aqui, já estamos cuidando de evitar decisões arbitrárias, sem controle pelos demais órgãos do Poder Judiciário. Em se tratando de decisão judicial que arbitra indenização por dano moral, há exigência de um arrazoado maior, em que os critérios utilizados sejam "sempre explicitados, de modo a fundamentar adequadamente a decisão e, assim, garantir o controle da racionalidade da sentença", sendo esta a "linha que separa o arbitramento da arbitrariedade" (MORAES, p. 270).

Quanto maior e mais intensa for a explicitação dos motivos da decisão judicial, maior a perfeição destas. Não existem razoabilidade e previsão processual para a circulação de fundamentos implícitos. No caso das lides trabalhistas, acaso exista efetivo risco de a empresa *"fechar"* ou ter dificuldades de funcionamento, em decorrência de uma ou outra condenação, isto não pode influenciar *"implicitamente"*, sem o amplo debate processual, acaso seja efetivamente considerado.

Na análise dos casos concretos tem-se, por óbvio, a preocupação com o sistema jurídico como um todo, incluindo-se, aí, a preservação ou obtenção da *"segurança"*, aliás, já quebrada com a própria lesão. Certamente, poder-se-ia avançar no debate sobre o valor *"segurança"* e sua conquista no Direito Social. Porém, o valor *"segurança"* que se busca não haverá de ser alcançado com o afastamento da ação estatal, via Poder Judiciário.

Os aprendizados do convívio social organizado, civilizado e solidário impregnaram o Direito e não podem mais ser esquecidos. Carmen Lucia Antunes da Rocha bem alertou que não se pode concordar com aqueles, não poucos, que não desejam nenhuma regra estabelecida na coletividade (ROCHA, pp. 21-47).

Além disso, há de se reconhecer que a *"segurança jurídica"* não pode ser óbice à consecução dos amplos objetivos de tutela dos direitos da personalidade previstos na Constituição Federal, mas deve importar, sim, numa maior exigência de fundamentação da decisão judicial, assumindo-se os inevitáveis riscos da incerteza quando o juiz se embrenha na árdua senda de enfrentar temas novos surgidos na turbulência das novas relações sociais. Como bem afirma Rodrigo Souza, *"parece-se acreditar que a 'segurança jurídica' ou a 'segurança social' é preferencialmente alcançada impedindo que já reconhecidos transgressores do direito sejam punidos em demasia"* (SOUZA, p. 202).

No mesmo sentido, Fátima Zanetti:

> "O reconhecimento de que o Direito precisa começar a aprender a lidar com a incerteza: de que a segurança jurídica não pode prevalecer sobre o justo e que pode sim ser construída a cada caso, se o objetivo da justiça social são novos paradigmas que precisam ser incorporados porque melhor respondem aos anseios da sociedade" (ZANETTI, p. 89).

O risco de alguma outra providência legislativa apressada existe, repete-se. Igualmente, a própria natureza e desenvolvimento ao longo da história, até aqui, do dano moral há de ser considerada em novas proposições. Também por isso, é interessante a lembrança da decisão em conhecida tragédia da construção civil, no Rio de Janeiro. Ali, o Tribunal de Justiça daquele Estado fixou um valor idêntico a todos moradores e uma outra parcela, diferenciada, para cada ex-proprietário, diante da peculiaridade de sua situação. A lembrança é de Maria Celina Bodin de Moraes, que chega a mencionar a possibilidade de termos sempre o exame de duas parcelas, uma fixa e outra individualizada, ambas relativas ao dano moral (MORAES, p. 333).

Uma das parcelas foi fixa, igual a todos, em algo próximo a uma *"presunção legal"* de dor. A outra buscou atender a peculiaridade de cada caso, necessitando indicativos da singularidade. Utilizamos a palavra *"indicativo"*, para não adentrarmos em outras controvérsias. Exemplificando, com o risco correspondente de estar abreviando o debate, um pianista com lesão no dedo, deveria provar que era pianista, e não que teve uma dor maior, o que seria presumível.

Com as atuais considerações, se acredita ter salientado, também aqui, no exame deste caso concreto, com suposta *"tabela"*, para uma das parcelas, a relevância do exame de cada caso, com a preocupação de construir uma coerência maior, não simplesmente com os valores de um e outro caso, mas, sim, de dedicado enfrentamento de uma realidade que nos é trazida a exame, quotidianamente. Entre tantas incivilidades a serem superadas, por inteiro, está o primeiro lugar de nosso País, em acidentes de trabalho, ao final do século passado. (OLIVEIRA, p. 217).

8. *Alguns critérios possíveis*

— o objetivo da indenização por danos morais é a compensação não insuficiente do sofrimento da vítima, ao mesmo tempo em que se desestimula o ofensor ou qualquer outro à prática de novos atos ilícitos, contribuindo-se, assim, para a pacificação social;

— a finalidade constitucionalmente atribuída ao instituto da indenização por dano moral é incompatível com condenações irrisórias, que, a pretexto de não favorecer o enriquecimento sem causa, terminam por desatender sua finalidade social, constituindo, muitas vezes, um novo agravo à vítima e um incentivo para que o ofensor reincida no ato ilícito;

— para a dosagem da indenização há de se considerar a gravidade e, com cautela, a extensão do dano causado na vítima; a situação econômica do lesante e, para fins de agravamento, a dimensão de sua culpa, além das circunstâncias do caso; com vistas a prevenir novos ilícitos, a exacerbação da indenização para fins punitivos deve levar em conta a dimensão social dos danos causados e a capacidade econômica do ofensor;

— a necessidade de apreciação individualizada dos casos concretos não admite a fixação de qualquer *"tabela"*, seja legal ou jurisprudencial;

— tampouco se justifica certo entendimento frequente, nos processos trabalhistas, para a fixação do dano moral com base na capacidade econômica da vítima, assim como a modulação da indenização em salários mínimos ou contratuais;

— buscar na fundamentação, mesmo em situação de eventual reforma do primeiro julgamento, revelar o respeito para com aquela decisão de primeiro grau.

Porto Alegre, 05 de fevereiro de 2011.

Referências

BELMONTE, Alexandre Agra. *Danos Morais no direito do trabalho*. 2. ed. Rio de Janeiro: Renovar, 2002,

BITTAR, Carlos Alberto. *Reparação civil por danos morais: a questão da fixação do valor*. Caderno de Doutrina da Tribuna da Magistratura, Informativo da APAMAGIS, São Paulo, julho/96.

BUZAID, Alfredo. *Uniformização da jurisprudência*. Ajuris, Porto Alegre, v. 12, n. 34, p. 189-217, jul. 1985.

CARBONELL, Miguel. *Los Derechos Sociales:* Elementos para una Lectura em Clave Normativa, in Cadernos da Escola Judicial, Porto Alegre: TRT 4ª Região e HS Editora, número 3, ano 2010.

_____. Los Derechos de Igualdad em el Constitucionalismo Contemporaneo, in Revista *Direitos fundamentais e justiça*, Porto Alegre: PUC RS e HS Editora, abr/jun de 2010.

FACHINI NETO, Eugenio. Da responsabilidade civil no novo código, in *O Novo Código Civil e a Constituição*, Organizador Ingo Wolfgang Sarlet, Porto Alegre: Livraria e Editora do Advogado, 2003.

GONÇALVES PERO, Maria Thereza. *A motivação da sentença civil*, São Paulo: Saraiva, 2001.

HERRERA FLORES, Joaquín. *Los derechos humanos como procesos de lucha por la dignidad*. Doc.elec. 2005. Disponível em <http://www.upo.es>.

MARTINS COSTA, Judith. Os Danos à Pessoa no Direito Brasileiro e a Natureza da sua Reparação, in *A Reconstrução do Direito Privado* — reflexos dos princípios, diretrizes e direitos fundamentais constitucionais no direito privado, São Paulo: Editora Revista dos Tribunais, 2002.

MORAES. Maria Celina Bodin. *Danos à pessoa humana* — uma leitura civil — constitucional dos danos morais, Rio de Janeiro: Editora Renovar, 2003, 2ª tiragem, set/2005.

_____. *Indenizações por acidente do trabalho ou doença ocupacional*. 5. ed. São Paulo: LTr, 2009.

OLIVEIRA, Sebastião Geraldo. *Proteção jurídica à saúde do trabalhador*. 5. ed. São Paulo: LTr, 2010.

PIZARRO, Ramón Daniel. *Daño Moral* — prevención, reparación, punición. El daño moral en las diversas ramas del derecho. 2. ed. Buenos Aires: Depalma Editor e Editorial Hammurabi, 2004.

PONTES DE MIRANDA. *Tratado de direito privado*, Rio de Janeiro: Borsoi, 1955, Tomo III.

REIS, Clayton. *Dano moral*. 5. ed. Rio de Janeiro: Forense, 2010, atualizada e ampliada.

RIZATTO NUNES, Luiz Antonio. *O princípio constitucional da dignidade da pessoa humana: doutrina e jurisprudência*. São Paulo: Saraiva, 2002.

ROCHA, Cármen Lúcia Antunes. O princípio da dignidade da pessoa humana e a exclusão social. *Revista Interesse Público*, São Paulo, v. 1, n. 4, out./dez. 1999.

SACCO NETO, Fernando, Do Cabimento de Ação Rescisória com Fundamento em Violação de Princípio Geral de Direito, in *Os poderes do juiz e o controle das decisões judiciais — estudo em homenagem a Professora Teresa Arruda Alvim Wambier"*, Coordenadores MEDINA, José Miguels Garcia *et alli*, São Paulo: Editora Revista dos Tribunais, 2008, p. 1020/1026, referindo-se ao Ac 446.971-4/8-00, DOEstado de 10.11.2006.

SOUZA, Rodrigo Trindade de. *Punitive damages e o direito do trabalho brasileiro:* adequação das condenações punitivas para a necessária repressão da delinquência patronal. Revista do Tribunal Regional do Trabalho da 4ª Região: Porto Alegre. Porto Alegre, n. 38, nov. 2010.

ZANETTI, Fátima. *A problemática da fixação do valor da reparação por dano moral.* São Paulo: LTr, 2009.

O DIREITO DO TRABALHO E A INTIMIDADE DO EMPREGADO

Juraci Galvão Junior[*]

A base dos direitos fundamentais é a dignidade das pessoas e os direitos invioláveis que lhes são inerentes.

Assim sendo, uma das manifestações mais importantes é o direito à intimidade, consagrado em caráter geral pelo art. 5º, inciso X, da Constituição Federal, sendo que, no âmbito do Direito do Trabalho, o principal afetado por este direito é o empregador e sua principal finalidade é garantir a privacidade do empregado no âmbito do trabalho, com a conseqüente limitação das faculdades de organização, direção e controle empresarial.

De todas as formas, o direito à intimidade carece de regulamentação específica dentro da legislação laboral, sendo, pois, necessário socorrer-se de outras disposições legais e também da interpretação da jurisprudência dos Tribunais, como forma de proteção da intimidade do trabalhador.

Em termos gerais, o direito à dignidade e à intimidade trata de preservar a esfera espiritual, afetiva, íntima e familiar da pessoa a quem se concede uma espécie de direito de controle sobre suas vivências e seus dados pessoais.

Com efeito, para o empregado, o direito à dignidade e à intimidade há de ser levado em consideração, em primeiro lugar, como uma garantia de respeito à sua vida privada e à sua pessoalidade, no âmbito do trabalho. Estamos, assim, diante de um direito de amplo e complexo conteúdo com muitas possibilidades e manifestações, porém, caminhando, sempre, no sentido da proteção dada pela norma constitucional.

Uma dessas manifestações é o direito à própria imagem, que se reconhece em caráter geral, que tem proteção, desde logo, sobre a relação de trabalho.

Este direito ampara o empregado para tomar a decisão sobre a aparência física, seu modo de vestir ou seu comportamento, levando em conta as limitações que derivam de suas obrigações profissionais e a boa imagem da empresa.

O direito à própria imagem também impede que a empresa utilize a pessoa do trabalhador com os fins comerciais ou publicitários, salvo se assim foi pactuado entre o empregador e o empregado.

---

[*] Corregedor do TRT-RJ

Está ligado também à dignidade e à intimidade da pessoa, da mesma forma, o direito à honra, que também tem transcendência no local de trabalho, desde o momento, em que o trabalho, para a mulher e o homem de nossa época representa o setor de vital importância e o valor predominante de realização pessoal.

Neste terreno, o direito à honra é, sobretudo, a salvaguarda do prestígio e da reputação profissional do trabalhador, frente a possíveis ataques de terceiros, e, frente a críticas, opiniões ou informações que, carecendo de fundamento ou veracidade, menosprezam sua experiência profissional.

Conecta, ainda, com a dignidade das pessoas e do trabalhador, em especial, o direito à liberdade ideológica, religiosa e de culto, assim como o direito a não declarar sua ideologia, religião ou crença.

No âmbito trabalhista, esse direito permite ao trabalhador decidir, livremente, sobre suas idéias, suas opções sexuais, convicções religiosas, políticas, sindicais, e lhe protege frente a possíveis indagações ou medidas de represálias sobre as mesmas.

O direito à dignidade e à intimidade garante o segredo dos dados que se conhecem em razão do trabalho ou da relação de emprego — cuja violação pode acarretar rigorosas punições, inclusive, passível de sanções penais — estando protegidos os segredos da comunicação, da correspondência, por qualquer meio, seja postal, telegráfico, telefônico, eletrônico, cabendo destacar, que a mais moderna forma de comunicação, expressada através da internet, também protege a inviolabilidade e intimidade, cuja proteção somente mediante decisão judicial, é possível de ser violada.

Naturalmente, os meios de comunicação, vale destacar, a comunicação via internet, pertencente à empresa e colocada à disposição para o desempenho da função do empregado, deve estar submetida a regras e instruções de uso ajustadas previamente, e, que está dentro do poder de organização empresarial e que deverão ser respeitadas pelo trabalhador.

O respeito à dignidade e à intimidade exige, finalmente, um uso moderado dos poderes empresariais de direção e organização do trabalho, e, em especial (muito especial), de suas faculdades de controle e vigilância.

O empresário pode e deve adotar as medidas que considera mais oportunas de vigilância e controle entre as que podem representar por meios audiovisuais, evolução tecnológica, dados pessoais, porém, tais medidas somente podem referir-se à verificação do cumprimento do empregado de suas obrigações profissionais e nunca a sua intimidade ou sua vida privada, e deverá guardar sempre a consideração devida a sua dignidade humana.

O direito à preservação da intimidade está assegurado na Constituição da República dentre os direitos e garantias fundamentais, os quais, uma vez violados, ensejam uma indenização de ordem moral.

DIREITO COMO SIGNO — VINTE ANOS

Francisco Rossal de Araújo
Luiz Alberto de Vargas
Maria Helena Mallmann
Ricardo Carvalho Fraga(*)

1. Constituinte

Em uma concepção crítica e dos direitos humanos[1] que supere uma visão liberal, não satisfaz a mera criação de normas jurídica que alberguem tais direitos, mas se questiona se estas importam em uma aplicação efetiva em benefício de um acesso igualitário dos bens a todos os cidadãos. Nesse sentido, o Direito não é apenas simples representação da realidade, mas é também instrumento de mudança social.[2]

A Constituição de 1988 é um marco relevante para a afirmação dos direitos sociais no Brasil. Ainda que tal constitucionalização tenha sido tardia em relação aos demais países, a Constituição-cidadã afirmou sério compromisso com a evolução da sociedade. Lembre-se que no México, já em 1917, houve notável avanço social.

Quando comemoramos os vinte anos da Constituição de 1988, é oportuno um balanço desse período, cotejando-se, em especial, as expectativas surgidas ao tempo de sua promulgação com a realidade após duas décadas.

Antes de tudo, é importante relembrar que o processo constituinte foi, talvez, o mais importante evento político-legislativo ocorrido em nosso País, com ampla mobilização popular e acompanhamento diuturno de seus trabalhos pelos setores organizados da sociedade, gerando enormes esperanças de um novo tempo de progresso e justiça social em um Brasil que emergia após o período obscuro do regime militar.[3]

(*) Juízes do Trabalho na 3ª Turma do TRT-RS.
(1) FLORES, Joaquim Herrrera. "La complejidad de los derechos humanos: bases teóricas para una definición crítica". Disponível no sitio <http://www.juragentium.unifi.it/es/surveys/rights/herrera/>.
(2) GRAU, Eros Roberto. *O direito posto e o direito pressuposto*. 3. ed. São Paulo: Malheiros, p. 109. O direito "enquanto nível da própria realidade, é elemento constitutivo do modo de produção social. Logo, no modo de produção capitalista, tal qual em qualquer outro modo de produção, o direito atua também como instrumento de mudança social, interagindo em relação aos demais níveis — ou estruturas regionais — da estrutura social global" (ob. cit., p. 17).
(3) No Rio Grande do Sul, é de se relembrar a atuação do Movimento Gaúcho pela Constituinte, liderado, entre outros, pela advogada trabalhista Olga Cavalheiro Araújo, que, à época, unificou o movimento popular organizado, lutando, a princípio, por sua convocação e, depois, atuando ativamente durante todo o processo constituinte.

A assembléia constituinte tornou-se palco de acirrada disputa parlamentar entre os blocos progressista e conservador (este último, autodenominado "Centrão"), sendo os direitos sociais reunidos no correspondente ao art. 7º do anteprojeto original, um dos principais pontos de embate. Ao final, como resultado dos enfrentamentos, chegou-se a uma fórmula conciliadora, podendo-se dizer que o texto final representa um compromisso mínimo de toda a sociedade brasileira.

É este compromisso mínimo expressado no atual art. 7º da Constituição Federal que foi entregue à Nação pelo Constituinte de 1988, incumbindo prioritariamente ao Poder Judiciário a tarefa de zelar pela efetivação dos direitos ali consagrados.

Optou o legislador constituinte pela inclusão dos direitos sociais no capítulo dos direitos fundamentais, assegurando-os a todos os trabalhadores urbanos e rurais, ao lado de outros que visem à melhoria de sua condição social. Assim, os direitos sociais gozam de aplicação imediata, como expressamente prevê o parágrafo primeiro do art. 5º da Constituição Federal.

2. Proteção contra despedida arbitrária ou sem justa causa

Na análise da aplicação concreta de tais direitos, nesses últimos vinte anos, vemos, entretanto, que uma quantidade expressiva de tais direitos quedou adormecida, como se fosse mera norma programática, pela omissão do legislador ordinário e pela recusa do Poder Judiciário em dar efetiva aplicação ao contido no parágrafo primeiro do art. 5º da Constituição Federal.

A principal omissão se situa, sem dúvida, no inciso I do art. 7º, que prevê que a relação de emprego seja protegida contra despedida arbitrária ou sem justa causa, mas que remete a regulamentação para Lei Complementar que, como se poderia antever, até hoje não foi elaborada pelo Congresso Nacional. Assim, a única proteção adicional contra a despedida imotivada trazida pela Constituição de 1988 resumiu-se ao aumento, de 10% para 40%, da multa do FGTS, o que, na prática, não se constituiu em significativa limitação à danosa rotação de mão de obra praticada sistematicamente pelo empresariado nacional, com visível aviltamento do valor do trabalho.[4]

Poder-se-ia esperar que o Poder Judiciário, mesmo diante de dispositivo constitucional de eficácia contida, tivesse atuação menos tímida, utilizando ao menos a norma constitucional como guia de interpretação para os casos concretos, o que importaria, por exemplo, num reforço hermenêutico ao princípio da continuidade.[5]

---

(4) Enquanto que o Índice de Dificuldade de Demissão no Brasil é zero, na Alemanha e na Argentina, ele chega a 40. Outros dados: Chile, 20; Espanha, 30; Portugal, 50. Relatório Doing Bussiness de 2008.
(5) Entre os poucos esforços sobre o tema, cite-se o artigo de Ione Salim Gonçalves, "Despedida arbitrária. Uma interpretação harmônica do inciso I do art. 7º da Constituição Federal". in "Perspectivas do Direito do Trabalho", Beinusz Szmukler Coordenador, Porto Alegre: Editora Livraria do Advogado, ano 1993 p 41/46.

Infelizmente, tal não ocorreu. Mesmo durante o curto período (um ano) em que o Brasil incorporou em seu ordenamento jurídico a Convenção n. 158 da OIT, o Poder Judiciário, por intermédio do Supremo Tribunal Federal, terminou afastando qualquer esperança de uma interpretação mais ampla do art. 7º, inciso I, da Constituição Federal, que limitasse o poder discricionário do empregador, em especial nas demissões coletivas.[6]

Neste momento o debate volta ao Congresso Nacional, com novos contornos em razão das modificações profundas introduzidas no sistema do direito positivo. Com a Emenda 45, que introduziu o § 3º ao art. 5º da Constituição Federal, os tratados ou convenções internacionais sobre direitos humanos tem o mesmo valor jurídico de emendas constitucionais.

3. Aviso prévio proporcional

Em outro ponto, bem próximo e com finalidade não muito distinta, de combater os malefícios da alta rotatividade da mão de obra, podemos ver a mesma conjugação da inércia do legislador e limitação interpretativa do Judiciário a tornar não efetiva a norma constitucional, no caso, o inciso XXI do art. 7º, que trata do aviso prévio proporcional ao tempo de serviço.[7]

Desatendendo a obrigação constitucional de elaborar norma complementar, o Poder Legislativo terminou por delegar, na prática, à negociação coletiva a regulamentação da matéria, o que restringiu a um pequeno número de categorias profissionais mais organizadas esse importante direito, que também visava a diminuir as demissões imotivadas.[8]

---

(6) Entendeu o STF (sessão do dia 04.09.1997), ao examinar medida cautelar na ADIN-1.480-3-DF, que as normas da Convenção n. 158 da OIT têm caráter meramente programático. Diante da denúncia da Convenção 158, a ADIN acabou sendo extinta sem julgamento do mérito em decisão monocrática do Relator, Ministro Celso de Mello, em 27.6.2001 " ...VÊ-SE, PORTANTO, QUE A CONVENÇÃO N. 158/OIT NÃO MAIS SE ACHA INCORPORADA AO SISTEMA DE DIREITO POSITIVO INTERNO BRASILEIRO, EIS QUE, COM A DENÚNCIA, DEIXOU DE EXISTIR O PRÓPRIO OBJETO SOBRE O QUAL INCIDIRAM OS ATOS ESTATAIS — DEC. LEGISL. 68/92 E 1855/96 — QUESTIONADOS NESTA SEDE DE CONTROLE CONCENTRADO DE CONSTITUCIONALIDADE, NÃO MAIS SE JUSTIFICANDO, POR ISSO MESMO, A SUBSISTÊNCIA DESTE PROCESSO DE FISCALIZAÇÃO ABSTRATA, INDEPENDENTEMENTE DA EXISTÊNCIA, OU NÃO, NO CASO, DE EFEITOS RESIDUAIS CONCRETOS GERADOS POR AQUELAS ESPÉCIES NORMATIVAS. (...) SENDO ASSIM, E TENDO EM CONSIDERAÇÃO AS RAZÕES EXPOSTAS, JULGO EXTINTO ESTE PROCESSO DE CONTROLE ABSTRATO DE CONSTITUCIONALIDADE, EM VIRTUDE DA PERDA SUPERVENIENTE DE SEU OBJETO." A validade da denúncia da Convenção 158 (Decreto Federal n. 2.100, de 20.12.1996) continua em discussão no STF — ADIN- 1625. Votou pela improcedência o Min. Nelson Jobim e pela procedência parcial, condicionando a denúncia ao referendo do Congresso Nacional, os Ministros Maurício Corrêa e Carlos Britto.
(7) Os dados do Banco Mundial ("Doing Bussiness, 2008) mostram que o custo da despedida no Brasil está abaixo da média dos países da América Latina e, também, da maioria dos países europeus. Custo no Brasil: 37 semanas de salário; na Argentina: 139 semanas de salário; Alemanha: 69 semanas de salário; Chile, 52 semanas; Espanha, 56 semanas; Portugal, 95 semanas.
(8) Precedente 13 da SDC do Tribunal Regional da Quarta Região: "Fica assegurado aos integrantes da categoria profissional um aviso prévio de 30 dias acrescido de mais cinco dias por ano ou fração igual

A despeito de decisões de primeiro e segundo graus da Justiça do Trabalho reconhecendo a auto-aplicabilidade do direito ao aviso prévio proporcional, prevaleceu no Tribunal Superior do Trabalho entendimento diverso expresso na Orientação Jurisprudencial n. 84 da SDI-1 do TST.[9]

Por fim, não obstante reiteradas decisões do Supremo Tribunal Federal, resumindo a garantia constitucional instituída no art. 5º, inciso LXXI à mera notificação de mora na produção legislativa, ao Congresso Nacional, o recente julgamento no MI 695/MA, Relator Min. Sepúlveda Pertence aponta para nova posição, constando do acórdão considerações relevantes.

Registrou-se que o tema já é *"velho cliente"*. Cogitou-se de normatizar, desde logo, tal como procedido com o direito de greve dos servidores, o que não efetuado porque não atenderia o caso concreto, o qual tratava de trabalhador bancário com vinte anos de contrato, já no passado. No dizer do Ministro Gilmar Ferreira Mendes, *"no caso, há um pedido específico que, certamente, não será capaz de atender as pretensões do impetrante, uma vez que a lei só disporá para o futuro, não terá como repercutir sobre sua própria situação subjetiva"*. Decidiu-se, não por primeira vez, *"declarar a mora e comunicar a decisão ao Congresso Nacional"*. Ora, nos diversos julgamentos individuais, não se trata de mandado de injunção, mas, sim, de caso concreto a exigir manifestação judicial. O trabalho prestado ao longo de anos não pode ter o mesmo tratamento dispensado aos contratos de curta duração, conforme art. 7º, inciso XXI, da Constituição. Recorde-se que nos julgamentos singulares não se pode omitir a manifestação judicial cabível ao caso concreto, conforme art. 126 do Código de Processo Civil.

4. Outras promessas não cumpridas

Na mesma esteira, há de se indicar, ainda, a falta de efetividade dos direitos previstos no art. 7º incisos XX (proteção do mercado de trabalho da mulher), XXIII (adicional de remuneração para atividades penosas), XXVI (reconhecimento das convenções e acordos coletivos de trabalho para servidores públicos) e XXVII (proteção em face da automação).

Dois direitos de fundamental relevância para os trabalhadores, ainda que não contidos no art. 7º, mas sim, respectivamente nos arts. 9º e 11 da Constituição

---

ou superior a seis meses de serviço na mesma empresa". No entanto, consolidou-se posição do TST no sentido de que o aviso prévio só poderia ser ampliado em acordo ou convenção coletiva. O Supremo Tribunal Federal no mesmo sentido afirmou a impossibilidade de fixação de aviso prévio proporcional em sentença normativa (RE 197911/PE) .

(9) A mencionada OJ 84 é de 28.04.97. Sobre a "timidez" do Poder Judiciário, no tema do aviso prévio proporcional, recorde-se Carmen Camino, *Direito Individual do Trabalho*. 3. ed. Porto Alegre: Síntese, agosto de 2003, p. 543.

Federal, também não se concretizaram, quais sejam o direito de greve aos servidores públicos e a organização sindical no local de trabalho.

Alguns direitos constitucionais somente foram plenamente reconhecidos após muitos anos de incertezas. Assim, o piso salarial proporcional à extensão e à complexidade do trabalho (art. 7º, V) somente pôde ser implementado a partir da Lei Complementar n. 103 de 2000, que autorizou os Estados da Federação a instituir pisos salariais regionais.

Da mesma forma, houve um longo e acirrado debate doutrinário e jurisprudencial sobre a substituição processual, que se arrastou por anos, até que, enfim, o STF julgou que esta é ampla, extraordinária e legítima as entidades sindicais para defesa do interesse de associados e não associados.[10]

5. *Algumas posturas positivas*

Na crítica ao Poder Judiciário, há de se fazer algumas matizações necessárias.

Em primeiro lugar, deve-se reconhecer que, no mínimo, em relação a um determinado bloco de direitos sociais previstos na Constituição Federal, houve uma acolhida generalizada por parte do Judiciário Trabalhista, que realizou importante labor na consagração dos mesmos no âmbito das relações de trabalho. Assim, a jornada semanal de 44 horas, o turno de revezamento de seis horas diárias, o respeito aos intervalos legais intrajornada, a exigência de manutenção pelo empregador de um ambiente laboral sadio (inclusive isento de assédio moral) e, com algum atraso, o cálculo do adicional de insalubridade sobre o salário contratual.

Nesta visão retrospectiva, é importante salientar que a Magistratura do Trabalho de Primeiro Grau destacou-se como primeira e uma das principais atoras, comprometida com o novo horizonte, atuando como garantidora das novas conquistas, tendentes ao aperfeiçoamento do mundo do trabalho.

Recentemente, o Ministro Celso de Mello, ao apreciar a prisão do devedor em contratos de alienação fiduciária, apresentou observações relevantes a merecer registro. Examinou o tema específico, ou seja, a excepcionalidade da prisão por dívida. Analisou, acima de tudo, a força das normas internacionais sobre direitos humanos. Considerou o papel do Poder Judiciário e, em vários destes itens, registrou

---

(10) Nesse sentido firmou-se a jurisprudência do STF: "a legitimação das organizações sindicais, entidades de classe ou associações, para a segurança coletiva, é extraordinária, ocorrendo, em tal caso, substituição processual, CF art. 5º, LXX". Assim, "não se exige , tratando-se de segurança coletiva, a autorização expressa aludida no inciso XXI do art. 5º da Constituição, que contempla hipótese de representação" (RE 193.282.382/SP Rel. Min. Carlos Velloso). Entre tantos estudos, recorde-se o do Ministro Ronaldo José Lopes Leal, "A Substituição Processual do art. 8º", Revista TST, Brasília: 66/1, jan/mar. 2000, p. 15/19. Ali, apontou que o Enunciado 310 padecia de "invencível anacronismo", p. 19.

não exatamente mudanças da jurisprudência, mas, algo que se pode compreender como evolução jurisprudencial: lembrou que a prisão civil por dívida, analisada na perspectiva dos documentos internacionais, especialmente dos tratados internacionais em matéria de direitos humanos, vem sendo abandonada desde, já na Roma republicana, no século V a.C. Recordou também o Pacto Internacional sobre Direitos Civis e Políticos, por sua vez, celebrado sob os auspícios da Organização das Nações Unidas e revestido de projeção global no plano de proteção dos direitos essenciais da pessoa humana, estabelece, em seu art. 11, que *"Ninguém poderá ser preso apenas por não poder cumprir com uma obrigação contratual"*.

Reconheceu, assim, "que o Supremo Tribunal Federal se defronta com um grande desafio, consistente em extrair, dessas mesmas declarações internacionais e das proclamações constitucionais de direitos, a sua máxima eficácia, em ordem a tornar possível o acesso dos indivíduos e dos grupos sociais a sistemas institucionalizados de proteção aos direitos fundamentais da pessoa humana, sob pena de a liberdade, a tolerância e o respeito à alteridade humana tornarem-se palavras vãs".

6. Os juízes e Tribunais como instrumentos de concretização dos direitos fundamentais

Segundo o Ministro Celso de Mello, "o Poder Judiciário constitui o instrumento concretizador das liberdades civis, das franquias constitucionais e dos direitos fundamentais assegurados pelos tratados e convenções internacionais subscritos pelo Brasil". Essa alta missão, que foi confiada aos juízes e Tribunais, qualifica-se como uma das mais expressivas funções políticas do Poder Judiciário. O Juiz, no plano de nossa organização institucional, representa o órgão estatal incumbido de concretizar as liberdades públicas proclamadas pela declaração constitucional de direitos e reconhecidas pelos atos e convenções internacionais fundados no direito das gentes. Assiste, desse modo, ao Magistrado, o dever de atuar como instrumento da Constituição — e garante de sua supremacia — na defesa incondicional e na garantia real das liberdades fundamentais da pessoa humana, conferindo, ainda, efetividade aos direitos fundados em tratados internacionais de que o Brasil seja parte. Essa é a missão socialmente mais importante e politicamente mais sensível que se impõe aos magistrados, em geral, e a esta Suprema Corte, em particular. É dever dos órgãos do Poder Público — e notadamente dos juízes e Tribunais — respeitar e promover a efetivação dos direitos garantidos pelas Constituições dos Estados nacionais e assegurados pelas declarações internacionais, em ordem a permitir a prática de um constitucionalismo democrático aberto ao processo de crescente internacionalização dos direitos básicos da pessoa humana".[11]

---

(11) Tratava-se do *Habeas Corpus* 87.585-8, originário do Tocantis, de 12.03.2008, perante o TRIBUNAL PLENO. Em exame o Decreto-lei n. 911, de 01 de outubro de 1969, assinado pelos três Presidentes do momento, excepcional.

E, para a concretização de um Poder Judiciário comprometido com a efetivação dos direitos garantidos na Constituição Federal, é fundamental e indispensável que ocorram também alterações na sua estrutura interna. Muitas das modificações introduzidas pela Emenda Constitucional n. 45 na busca da democratização interna, hoje, são realidade. Ainda que a escolha dos dirigentes dos Tribunais não ocorra mediante a participação de todos os magistrados, houve avanço considerável na formação do órgão especial com eleição da metade de seus membros. A edição por parte dos Tribunais de normas que contemplem critérios objetivos para a promoção tem contribuído para aproximar os magistrados dos diversos graus de jurisdição.

Estabelecido este traçado e o compromisso com o constitucionalismo democrático, os avanços virão.

7. *A importância de alterações estruturais que democratizem o Poder Judiciário*

Para bem cumprir a elevada missão que se anuncia neste novo século, a de promover a efetivação dos direitos sociais ainda em promessa, é necessário repensar a estrutura do Poder Judiciário, democratizando-o e tornando-o mais receptivo às justas demandas que provêm da sociedade e que, por enquanto, alcançam apenas a base do Poder Judiciário.

A concentração de poderes nas direções dos tribunais, ainda não totalmente dissolvida, assume maior gravidade, no momento atual. O Poder Judiciário deve acompanhar as novas transformações sociais.

Sabe-se que fenômeno não muito diverso já ocorreu na Europa, após as Grandes Guerras. Os documentos constitucionais são anteriores aos tribunais encarregados de fazê-los cumprir. A Lei Fundamental da Alemanha é de 1949 e o Tribunal Constitucional Federal foi instalado somente em 1951. Na Itália a Constituição é 1947, sendo apenas de 1956 o Tribunal Constitucional.[12]

Ao nível jurisdicional, nenhuma lesão ou ameaça a direito, pode ser excluída de apreciação do Poder Judiciário. Tampouco, o excessivo volume de trabalho pode justificar a adoção de medidas que fragilizem a garantia do juiz natural.[13]

---

(12) Dados colhidos em BARROSO, Luís Roberto, "Neoconstitucionalismo e Constitucionalização do Direito — o triunfo tardio do direito constitucional no Brasil", Revista da Procuradoria Geral do Estado — RS, Porto Alegre: julho-dezembro de 2004, p. 27/65. Ali, também estão assinaladas as datas das Constituições de Portugal e Espanha, respectivamente em 1976 e 1978, bem como, de mais de dez outros Países, p 33.
(13) Registre-se que nem sempre alterações legislativas tendentes ao aprimoramento das relações de trabalho ensejam o acréscimo de ações trabalhistas. Hoje, são milhares de reclamatórias, que tratam da carga horária semanal de trabalho (compensações, intervalos, limites diário e semanal, entre

Na verdade, outros questionamentos ainda serão necessários. O papel a ser desempenhado pelas diversas instâncias do Poder Judiciário exige maior exame. Poderiam os tribunais, que não o Supremo Tribunal Federal, editar súmulas em matéria constitucional? Qual o proveito, em termos de celeridade e simplificação dos trâmites recursais, com tais súmulas? Ora, quando um tribunal, que não o STF, edita uma súmula em matéria constitucional, provavelmente, estará, automaticamente, no mesmo instante, apontando que os processos decididos com a orientação assim sumulada deverão desenvolver-se até o recurso extraordinário ao STF.

Por outro lado, a promessa de que os tribunais possam analisar todos os casos, e com maior cuidado, inclusive uniformizando é irrealizável. Estamos, já, em uma sociedade de massas com formas de convívio social cada vez mais complexo. O julgamento das especificidades de cada caso inicia e pode limitar-se ao primeiro julgamento, em muitas situações.

Pode-se mesmo imaginar que a aspiração de um segundo julgamento não decorre da necessidade de se evitar o "erro" judicial. Decorre, muito mais, da preocupação com decisões "arbitrárias". Medite-se que a solução do "duplo grau de jurisdição" não surgiu ao tempo do iluminismo, na época da "razão". É, sim, reivindicação anterior, do tempo das "trevas". Visava, sim, evitar decisões "arbitrárias", na linguagem de hoje, ou "más", em outro modo de expressão.

Hoje, até mesmo, a necessidade de busca da celeridade processual, com a solução em tempo razoável, impõe estruturas judiciais com menor concentração de poder. Não mais se pode conviver com organizações moldadas em outra época e com outros objetivos sociais. Os incipientes debates sobre os critérios de "transcendência" ou "repercussão geral" não podem ser travados com os olhos no passado, sob pena de terminarem agravando algum distanciamento entre tribunais superiores e sociedade. Ademais a parcela de poder e as decisões judiciais não levadas até as últimas instâncias judiciais, devem significar uma efetiva democratização do Judiciário e da sociedade toda. As exigências de celeridade processual e organização não autoritária são dois temas, distintos, embora entrelaçados.

O Ministro do Supremo Tribunal Federal Carlos Ayres Britto, em linguagem quase poética, bem externou sua aguda percepção, inclusive sobre a necessidade de outra postura dos profissionais do Direito, ao ponderar: "Diga-se mais: como o intelecto somente pode conhecer por forma indireta, ele não se funde jamais com o objeto cognoscível. Fica do lado externo do objeto. Friamente. À distância. Olhando para a coisa investigada e explicando-lhe professoralmente os contornos.

---

outros). Acaso seja adotado o limite de quarenta horas semanais, muitas destas questões e polêmicas desaparecerão. Tramita o Projeto de Lei apresentado pelos anteriormente Deputados Paulo Paim-RS e Inácio Arruda-CE, com o limite semanal de quarenta horas de trabalho.

Ao inverso do que sucede com o sentimento. Esse incide de chapa sobre o real. Apanha a realidade num súbito de percepção, mas com tal envolvimento psicológico, tamanha carga de 'empatia', que se confunde com a própria coisa apanhada. Como que por osmose. Sem ter como descrever aquilo em que se transfundiu ou de cuja natureza passou a fazer parte num dado momento. Fenômeno que bem pode se enxergar nesta sentença de Sartre: 'no amor, um mais um é igual a um'".[14]

O mesmo Ministro do Supremo Tribunal Federal Carlos Ayres Britto bem observou que *"o pensamento é insuficiente"* sendo necessário o *"sentimento"*. Afirmou inclusive que a ciência não tem a solução para comparação/confronto entre mais de um valor, o que se resolve somente em cada caso. Disse que o juiz tem "vínculo orgânico com a Constituição e vínculo subjetivo com os direitos fundamentais da população".[15]

Nas palavras do Ministro Celso de Mello, em voto antes mencionado e bem recente, sobre prisão em contrato de alienação fiduciária, pode-se resumir boa parte das esperanças de uma nova e mais adequada jurisprudência, preocupada com a efetividade dos direitos sociais.

---

(14) BRITTO, Carlos Ayres. *O elo que falta*. Revista de Cultura Ajufe, Brasília: n. 1, ano 2006, p. 34/35.
(15) Seminário *A Nova Justiça: desafios e tendências*, organizado pelo Tribunal de Justiça do Distrito Federal, em agosto de 2006.

DIREITO DO TRABALHO E INCLUSÃO

Francisco Rossal de Araújo
Luiz Alberto de Vargas
Maria Helena Mallmann
Ricardo Carvalho Fraga(*)

1. Introdução[1]

As presentes linhas têm implícito um questionamento mais profundo. Como profissionais do Direito do Trabalho, no âmbito mais íntimo, frequentemente, nos indagamos se devemos nos conformar em deixar a roda da história manter o seu ritmo, esperando as evoluções sociais no ritmo do desenvolvimento econômico ou se devemos contribuir de modo diverso e mais ativo, intervindo para impor um ritmo mais acelerado às evoluções sociais. Há alguns anos, utilizava-se a ideia de que as transformações sociais ocorreriam primeiro pelas alterações na base econômica e, somente após, na superestrutura[2]. Tal postura pode ter levado a uma certa passividade, tendo como consequência a pouca valoração do papel do indivíduo no processo social.

Não se trata apenas de apressar as mudanças, mas acreditar no fato de que nossa contribuição pode mudar o próprio rumo do desenvolvimento social, corrigindo as distorções da economia.

Em Encontro na cidade de Belém do Pará, o Juiz Saulo Fontes, do Maranhão, lembrou John Rawls sobre os "custos sociais marginais" da economia, a serem "corrigidos pela lei".[3] Provavelmente, referia-se a certa passagem no sentido de que o "mercado deixa de registrar" certos danos como a "poluição e a erosão do

---

(*) A 3ª Turma do TRT-RS é presidida pela Desembargadora Maria Helena Mallmann, sendo integrantes os Desembargadores Ricardo Carvalho Fraga e Luiz Alberto de Vargas. A partir de setembro de 2008 passou a ser composta também pelo Juiz Francisco Rossal de Araújo, convocado na cadeira do então Presidente do TRT-RS João Ghisleni Filho.
(1) O presente texto foi elaborado a partir da manifestação do Desembargador Ricardo Carvalho Fraga em Belém do Pará, Encontro Estadual Pré-Conamat, abril de 2008, organizado pela Amatra 8. O tema da palestra foi "O Trabalho Juridicamente Tutelado como Elemento de Inclusão Social", que foi a posterior Comissão 3 do Congresso Nacional da Magistratura do Trabalho realizada em Manaus, em abril/maio de 2008. Algumas das atuais linhas foram divulgadas em coluna do TRT-RS, no jornal "O Sul", no segundo semestre de 2008.
(2) A discussão sobre as complexas relações entre infraestrutura e superestrutura ocupou grande parte do debate sobre as transformações socais no final do século passado.
(3) RAWLS, John. *Uma teoria da justiça*. São Paulo: Martins Fontes, 2002. p. 296.

meio ambiente natural" e que tais custos são "externalizados" e terão de ser suportados por toda a sociedade. É através da lei, expressando a vontade geral, que se pode estabelecer um mais justo equilíbrio, pela melhor distribuição dos custos e dos benefícios do progresso social. Sendo assim, desde logo, ousamos dizer que podemos, sim, exigir e impor estas "correções" ou mesmo contribuir e intervir para o aceleramento das transformações sociais.

Se, em certo momento no passado, o expressivo progresso social representado pelo Estado de Bem-Estar Social prometia um processo harmonioso, de contínua e indefinida ampliação das conquistas sociais para todos, poder-se-ia até mesmo justificar certo conformismo ante o "curso normal da História". Hoje, ante a realidade do desmonte do Estado de Bem Estar Social, nossa timidez já não se justifica e importa em conivência com o atraso social.

Em outro texto, tratou-se dos programas de renda mínima. Na abordagem, lembrou-se que a ideia de pleno-emprego "parece um objetivo quase abandonado e cada vez mais inalcançável" havendo visível "ineficácia dos mercados para solucionar o problema" que já ameaça a coesão social, nos termos dos estudos da própria OIT.[4] Diante dessa realidade, não é mais possível acreditar, como antes, que o trabalho possa ser a fonte única de subsistência para toda a população. Ou, dizendo de outra forma, as medidas meramente econômicas para assegurar o bom funcionamento do "mercado" de trabalho são absolutamente insuficientes nesse momento histórico.

Na presente exposição, ao invés do aprofundamento daquelas considerações sobre a economia e seus desdobramentos jurídicos, o objetivo é apontar que certos dados não são meras distorções passageiras. Os programas de renda mínima não são mais somente manifestações de caridade social. Constituem, na atualidade, preocupações permanentes com a sobrevivência e a segurança de milhões de indivíduos. A ampliação de programas deste tipo torna-se uma exigência de um compromisso humanista de que não há nenhuma razão para que, hoje, quando a produção de alimentos é suficiente para alimentar toda a população terrestre, mantenha-se boa parte desta em condição de subnutrição e de fome crônica. Neste século XXI, exige-se que não só o Estado, mas toda a sociedade, assumam a postura de responsabilidade pelo bem de todos.

É preciso relembrar as ponderações de István Mészáros, quando aponta os atuais mecanismos da economia e da sociedade. Diz o autor húngaro que "não somente os riscos estão aumentando e as confrontações se agudizando, mas também as possibilidades para um resultado positivo estão postas numa nova perspectiva histórica. Precisamente porque os riscos estão crescendo e tornando-

---

(4) "REMUNERAÇÃO E RENDA MÍNIMA — dignidade do trabalhador e insuficiência econômica" no livro "Direitos Humanos: essência do Direito do Trabalho", Associação Juizes para a Democracia — Alessandro da Silva, Souto Maior, Kenarik e Marcelo Semer organizadores, São Paulo: LTr, junho de 2007, p. 117/137. Ali, ao início, na página 117, registra-se que 18% da população mundial sobrevive com menos de um dólar por dia.

se potencialmente mais explosivos, o repositório de compromissos, que formalmente tem servido tão bem às forças do "consenso político", está cada vez mais vazio, bloqueando certos caminhos e abrindo outros, enquanto demanda a adoção de novas estratégias".[5]

Com base nessas premissas, a presente exposição abordará alguns dos temas mais importantes relacionados com o futuro das relações trabalhistas. Na primeira e segunda parte, serão analisadas as questões relativas às exclusões contemporâneas, sejam locais ou globalizadas. A partir disso, serão analisados os conceitos de precarização das relações de trabalho e as discriminações existentes. Por último, serão apontadas algumas perspectivas para o futuro e novas possibilidades de reflexão e ação.

2. Exclusões contemporâneas

A exclusão social é cada vez mais visível para todo observador atento, de várias áreas, inclusive fora dos estudos econômicos. Também nos processos judiciais, muitas vezes se revela a atual característica flagrantemente excludente de nossa sociedade. De um modo geral, o Direito do Trabalho contribui para o acréscimo de civilidade. Aqui, nestas linhas, se busca apontar algumas decisões que se conhecem e mais diretamente combatem a exclusão social, re-alimentada cotidianamente pelas tendências econômicas predominantes. Certamente, existem muitas outras decisões judiciais e providências legislativas. As que são apontadas neste trabalho são consideradas mais representativas e decorrem do conhecimento pessoal dos signatários, na própria atividade jurisdicional.[6] Evidentemente que não estão excluídas outras manifestações de igual qualidade.

O trabalho escravo ou prestado em condições análogas, e outras relações de trabalho sob formas "arcaicas" não são, exatamente, resquícios de tempo pretérito. É preocupante perceber que sobrevivem formas de exploração do trabalho que se julgavam extintas em nosso país. Torna-se mais preocupante, ainda, ver que esses modelos arcaicos convivem com setores produtivos considerados modernos, que se omitem quanto ao problema. Mesmo analisado sob o ponto de vista do sistema econômico, o trabalho escravo ou precário, não só atenta contra a dignidade da pessoa humana, mas também contra o próprio sistema capitalista, pois deforma um dos pilares de sua justificação, que é a livre concorrência. Assim, sob qualquer prisma, o trabalho escravo é um mal que deve ser combatido por toda a sociedade, e não apenas pelo Estado.

---

(5) A citação está ao final do trabalho "Remuneração e Renda Mínima..." já referido e a origem está em István Mészáros, *Para além do capital*. São Paulo: Boitempo, 2002. p.1.062 e 1063.
(6) O tema "Migrações", por certo, tem dimensão e dramaticidade, as quais não se conseguirá examinar. Desde logo, vale o registro, entre outros, do site <www.migrante.org.br> com textos sobre a questão.

Duas ações civis públicas, apresentadas à Justiça do Trabalho, ao final de 2007, sobre o trabalho junto à indústria fumageira, revelam dados preocupantes. O Ministério Público do Trabalho aponta a condição de "hipersuficiente" das indústrias fumageiras perante os pequenos proprietários rurais. Questionando, entre outros, a seleção e classificação das folhas de fumo na sede destas — e não na lavoura. Sustenta que certas exigências terminam por incentivar o trabalho infantil, o qual representaria dois terços do existente no meio rural no Estado do Paraná, por exemplo. Tais ações judiciais se encontram em fase inicial, não se conhecendo nem mesmo o teor das defesas.

No momento, interessa mais para as atuais observações, acima de tudo, um registro. Não se tratam de relações antigas e modos de produção herdados do passado. Representam, novas formas de organização da produção, construídas na atualidade. Dito de outro modo, no caso específico desta atividade, o capital não adentrou no campo exclusivamente sob o sistema "capitalista de produção", mas associou-se a outra forma de relação social, bem mais rudimentar, ou, no mínimo, não moderna, no anúncio inicial dos Procuradores do Trabalho.[7]

Este não é um exemplo isolado de formas graves de exclusão social que nos exigem uma postura ativa, que nos desperte da cega confiança no mercado e que supere uma concepção meramente formal-jurídica da igualdade. No passado, nunca houve trabalho escravo junto à indústria têxtil, no Estado de São Paulo. O desenvolvimento econômico deste ramo ocorreu com a contribuição do trabalhador imigrante europeu. Ao contrário, em tempo mais recente, já se investigou a eventual utilização de mão de obra de países vizinhos em condições análogas à escravidão, no centro da cidade de São Paulo, polo mais desenvolvido da economia sul-americana.[8]

3. A exclusão globalizada

Na história do Brasil, não se tem notícia de nacionais "trabalhando" na condição de mercenários de guerra. Nos dias atuais, diversamente, observa-se a tentativa de recrutamento de supostos vigilantes para alegadas empresas de segurança do Irã.[9]

---

(7) Duas são as Ações Civis Públicas, sendo uma no Paraná e outra em Santa Catarina. Noticiam que situações semelhantes ocorrem no Rio Grande do Sul. Foram deferidas medidas liminares, entre outras, no Processo ACP 09235.2007.026.12.00.9, na 3ª VT de Florianópolis, com posterior controvérsia sobre o deslocamento da competência para a Capital Federal, em razão de possível "extensão do dano", para mais de um Estado, nos termos da Orientação Jurisprudencial 130 da SDI-2 do TST.
(8) A investigação da Delegacia Regional do Trabalho de São Paulo referia-se a trabalhadoras mulheres originárias da Bolívia, principalmente. O Juiz do Trabalho Firmino Alves também aborda o tema, com o título "A Exploração de Trabalhadores Bolivianos em São Paulo", Revista Anamatra, Brasília: n. 54, primeiro semestre de 2008, p. 36/39.
(9) As providências foram lembradas em debate posterior à manifestação da Procuradora Geral do Trabalho Sandra Lia Simon, no Seminário organizado pela Anamatra, ao início de 2005, na cidade de São Paulo, sobre a competência ampliada da Justiça do Trabalho, logo após a EC 45.

Os registros anteriores confirmam a informação de que, além de resquícios do passado, existem novas formas de trabalho não modernas e tampouco "razoavelmente civilizadas" estimuladas ou mesmo construídas na atualidade, às vezes, até mesmo, com ineditismo histórico.

Neste quadro, os profissionais mais atentos do Direito do Trabalho não podem contentar-se com o simples reconhecimento das melhores práticas sociais, acreditando que as injustas sejam superadas com o simples passar do tempo e "previsível" ação das instituições de fiscalização e judiciária, entre outras tantas.

O Direito do Trabalho, desde o seu nascimento, teve como objetivo mudar os usos e costumes. Alessandro da Silva e Marcos Neves Fava comentam que "o direito do trabalho insere regras não aplicadas espontaneamente pela sociedade". Em análise mais ampla, comparam com o desenvolvimento do Direito Civil, e afirmam que "o Direito do Trabalho objetiva a transformação da realidade, compensando desigualdades econômicas com desigualdades jurídicas".[10]

Nessa batalha verdadeiramente civilizatória, em um mundo globalizado, cada vez se evidencia uma dimensão internacional, a fazer-nos refletir que todos os avanços institucionais nos marcos do Estado nacional podem ser insuficientes para dar conta de um processo de mundialização da precarização do trabalho. Duas decisões relativas a trabalhadores estrangeiros merecem registro. Uma delas é do Tribunal Superior do Trabalho, reconhecendo o direito de ação a trabalhador vindo do Paraguai.

Em outra decisão, a Juíza singular reconheceu o contrato de médico do Uruguai, trabalhando em município da fronteira, superando inclusive o obstáculo da Súmula 363 do TST. Ali, percebeu e assinalou que "...a existência de médicos de nacionalidade uruguaia atuando no município de Barra do Quaraí não é fato inusitado, vez que foi objeto de Processo Administrativo do Ministério Público Federal... Também a necessidade que possuía o reclamado de contratação de médicos no período é fato conhecido, tanto que a Lei Municipal n. 709/2005 autorizava o Poder Público local a contratar três profissionais para laborarem no posto de saúde do município... clara a intenção da administração municipal de utilização de serviços médicos da cidade uruguaia fronteiriça de *Bella Unión*. Em derradeiro, o documento... emitido pela Câmara de Vereadores para o Prefeito, indica que o autor efetivamente trabalhava no posto de saúde...".[11]

---

(10) Alessandro da Silva e Marcos Neves Fava "Critérios de Aferição da Incidência do Processo Civil ao Processo do Trabalho" no livro da Anamatra organizado por Luciano Athaide Chaves, São Paulo: LTr, fevereiro 2007, p. 134 e 147.
(11) O Ac do TST tem o número TST RR 750094/2001.2, tendo sido divulgado também no Jornal Tribuna do Direito, número de janeiro de 2007. A Sentença mencionada é da 1ª VT de Uruguaiana, tendo o número 00406-2006-801-04-00-6, sendo prolatada pelo Juiz Rodrigo Trindade de Souza.

4. Precarizados

No tema da terceirização da mão de obra, todavia, podemos encontrar um exemplo de forma de precarização verdadeiramente estendida por todos os países, numa onda avassaladora sustentada ideologicamente por uma suposta necessidade de "modernização produtiva". Tal "onda modernizante" foi tão forte que diluiu todas as normas laborais, objeções doutrinárias ou precedentes jurisprudenciais que a ela se opunham. Por exemplo, a aceitação da terceirização, no Rio Grande do Sul, talvez, tenha ocorrido bem antes de esta ser uma prática empresarial, quando era apenas uma proposta de alguns juristas como alegada solução para diminuição de custos.[12]

Tornada a terceirização uma realidade já em grande parte implementada, cabe, tão-somente procurar paliar seus efeitos mais maléficos sobre o mundo do trabalho. Em debate na AMATRA-RS, já surgiu a observação de que aos trabalhadores "terceirizados" devem ser garantidos os mesmos benefícios dos demais, "inclusive quanto aos direitos sindicais". Um desdobramento desta proposição é a organização de departamentos de "terceirizados" nos sindicatos das categorias. Tal prática em nada se contradiz com a existente, em muitas Normas Coletivas, de limitação do número de "terceirizados". A resistência ao maior uso desta forma de contratação não significa que estes trabalhadores devam ser discriminados mais ainda pelos seus próprios colegas, muito mais quando admitidos excepcionalmente.[13]

Além de se evitar retrocesso, por vezes, são necessárias e possíveis certas evoluções. Em determinada Ação Civil Pública vedou-se a utilização de "terceirizados", falsos cooperativados e outros trabalhadores precarizados em Hospital Pronto Socorro de Município da Grande Porto Alegre. Na mesma decisão judicial, determinou-se que fosse providenciado concurso público para admissão de servidores, que viabilizassem o funcionamento do novo estabelecimento, com observância do "princípio da legalidade".

Neste caso, estava configurando-se grave retrocesso institucional, não se tratando de "quaisquer irregularidades". O Hospital, previsto há mais de cinco anos, era inaugurado sem adequação das receitas municipais, não se podendo, então, dar relevância à tese defensiva de que a contratação precarizada era para

---

(12) O Memorial do TRT-RS reúne farto material sobre a terceirização neste Estado. Em especial, aqui, nos referimos à Ação Civil Pública contra grande empresa de celulose julgada procedente em primeiro e segundo grau, sendo modificada pelo TST. Tal ação ocorreu, repete-se quando a terceirização era, acima de tudo, proposta idealizada e pouco utilizada na prática empresarial do Estado.
(13) Em determinada Ação Civil Pública sobre práticas gerenciais inaceitáveis, cuidava-se de divulgar a decisão judicial, o que se fez incluindo os "terceirizados". Tratava-se do Ac 00900.2006.007.04.00.3, Relatora Maria Helena Mallmann, em 27 de fevereiro de 2008, 3ª Turma TRT-RS.

evitar as dificuldades da Lei de Responsabilidade Fiscal. O novo Hospital iniciava suas atividades com 50 (cinquenta) profissionais servidores públicos e mais de 400 (quatrocentos) "cooperativados", por óbvio, não concursados.[14]

5. Discriminações

Insiste-se que a história não tem "momentos neutros". Ou se está avançando ou retrocedendo, em um ou outro tema. Já foi objeto de exame judicial a formação, com fraude, de cooperativa de portadores de deficiência física. O peculiar do caso foi que a juíza que atuava julgou "modificando entendimento manifestado em diversos processos anteriormente julgados". Passou a perceber que uma autêntica cooperativa caracteriza-se por oferecer "um produto" ou "serviços", exatamente em decorrência da "detenção dos meios materiais necessários" ou da "detenção de técnica profissional ou conhecimento específicos".

Notou que, no caso, havia verdadeira "apropriação da mais valia pelo grupo encarregado da direção da prestação de serviços em detrimento do grupo encarregado da efetiva prestação do trabalho". A fraude configurava-se também porque estes trabalhadores cooperativados realizavam "tarefas idênticas" aos demais empregados "com salários muito inferiores". O retrocesso de civilidade não foi aceito pela lúcida julgadora. Registrou que "choca a argumentação da defesa no sentido de que a percepção de salários inferiores aos dos empregados de seu quadro efetivo se justifica pela própria deficiência física".

As dificuldades de se atingir maior grau de civilidade não são poucas e tampouco estão limitadas a este ou aquele núcleo da sociedade. Na situação em análise, a empresa, não-privada, conseguia "a uma só vez, discriminar", "obter mão-de-obra de baixo custo e alto comprometimento", bem como "obter maior espaço na mídia para propaganda institucional", quando ao invés de solucionar os problemas sociais, "acabava por agravá-los".[15]

Mais do que "respeitar" as peculiariedades de desenvolvimento pessoal de alguns, impõe-se afirmar que a sociedade necessita, ela toda, aprimorar-se. Não é o indivíduo, com certas dificuldades, que tem limitações. É a sociedade, insuficientemente desenvolvida, que não consegue incluir aqueles que, minimamente, afastem-se de certos padrões. Estas ideias já estiveram em debate, também, em certo julgamento, no qual prevaleceu a garantia de vaga em concurso público para pessoa com visão monocular.[16]

---

(14) Trata-se da Ação Civil Pública, 02091.2005.201.04.00.1 contra o Município de Canoas, com antecipação de tutela, proferida pelo Juiz Maurício de Moura Peçanha, em março de 2006.
(15) Trata-se de sentença proferida pela Juíza Flávia Cristina Padilha Vilande, número 00551.2005.012.04.00.4, e, agosto de 2006, sendo partes Samantha Costa, Coopervisão e ECT.
(16) Era o Ac 01562.2007.000.04.00.3, Relatora Maria Helena Mallmann, havendo votação de 8 a 7, favorável à garantia da vaga ao portador de visão monocular. Em data próxima, um pouco posterior,

6. Novas Possibilidades

A competência ampliada da Justiça do Trabalho, com a Emenda Constitucional 45, de 2004, abriu novas possibilidades para o estudo e análise mais aprofundada do amplo espectro das relações de trabalho na atualidade.[17]

Renova-se que o presente texto foi elaborado a partir de palestra preparatória ao Congresso Nacional dos Magistrados do Trabalho — CONAMAT de 2008. No evento nacional, a Convenção 158 da OIT, sobre os limites do poder patronal de despedir, mereceu centralidade nos debates.[18]

Nos temas tratados ou apontados nas presentes linhas, visivelmente, nota-se que a Justiça do Trabalho, na tentativa de limitar o poder do empregador, busca diminuir as aflições dos trabalhadores, muito mais do que simplesmente contribuir para a organização da economia.[19]

---

também o Ac 02083.2007.000.04.00.4, Relator Ricardo Carvalho Fraga. Sobre o tema, vale registrar o estudo do Procurador do Trabalho no Paraná, Ricardo Tadeu Marques da Fonseca, "O Trabalho da Pessoa com Deficiência — lapidação dos direitos humanos — o direito do trabalho, uma ação afirmativa", São Paulo: LTr, 2006.

(17) A "Carta de Belém" está entre os primeiros documentos a registrar o novo momento. A "Carta de Belém" resultou de Seminário realizado logo em 04 de fevereiro de 2005.

(18) O Congresso Nacional ocorreu em abril/maio de 2008, em Manaus, na Comissão 3, tratou-se do tema da inclusão. As Teses acolhidas pela Comissão Científica cuidaram, acima de tudo, da Convenção 158 da OIT, havendo igualmente o exame da questão da alimentação dos trabalhadores de baixa renda e dos trabalhadores migrantes. No site da Anamatra, consultado novamente em maio de 2008, encontram-se as Teses Acolhidas inclusive com inteiro teor, e, em outra opção, as Teses Aprovadas, no caso desta Comissão 3, a grande maioria. Os autores e títulos respectivos são: Rosemary de Oliveira Pires — "Convenção 158 da OIT: em defesa de sua integração no ordenamento jurídico brasileiro"; Gilberto Augusto Leitão Martins — "Convenção n. 158/OIT — dispensa arbitrária"; Valdete Souto Severo — "Garantia de Manutenção no Emprego: Condição de Possibilidade da verdadeira negociação coletiva"; Antônia Mara Vieira Loguércio — "Proteção contra despedida arbitrária ou sem justa causa — Convenção 158 da OIT"; Manoel Lopes Veloso Sobrinho — "Regulamentação da despedida do trabalhador e promoção social"; Nelson Hamilton Leiria — "§ 2º do art. 193 da CLT. Revogação por ofensa à Constituição Federal"; Elizio Luiz Perez — "Apoio ao PLS 665/2007 (que institui estabilidade provisória ao empregado cujo contrato de trabalho não foi formalizado oportunamente)"; Maria Cecília Alves Pinto — "A alimentação do trabalhador de baixa renda"; Firmino Alves Lima — "Constitucionalidade da exigência do § 1º do art. 636 da Consolidação das Leis do Trabalho"; Firmino Alves Lima — "Necessidade de alteração da Lei n. 6.815/80 e de adesão do Brasil à Convenção Internacional de Proteção de todos os trabalhadores migrantes e os membros de suas famílias"; Bruno Alves Rodrigues — "Terceirização da atividade-meio como técnica da exclusão social"; Marcus Menezes Barberino Mendes — "Contrato de trabalho e o direito ao equilíbrio econômico-financeiro à luz da EC 45"

(19) O Juiz do Trabalho em Minas Gerais, José Eduardo Rezende Chaves Junior, em debates sobre as ações afirmativas, nas listas Anamatra e AMB, via internet, em maio de 2008, bem revelou que "...o Direito é o limite do poder, da exceção. Jamais poderá ser a sua extensão. Raciocinar pela exceção significa torná-la permanente (torná-la regra); significa abandonar o Direito ou pior, reduzi-lo à pura confirmação do poder (do mais forte). A exceção é importante para a lógica formal, para a lógica matemática, até para lógica da física (o famoso princípio da indução de Popper), ou seja, para tratar da igualdade meramente quantitativa e matemática. Mas para lidar com a desigualdade racial (cultural), o ideal é pensar em termos de igualdade qualitativa. Raciocinar pela exceção quantitativa acaba senão por eternizar essa desigualdade".

Pode-se mesmo imaginar que o Direito do Trabalho terá sido o primeiro/único a difundir o "bem", quase automaticamente. Não se impõe o mal, para estimular o "bem". Busca-se o bem, desde logo, direta e urgentemente. Não se impõe o "mal", para, num outro momento e lugar, estimular o bom comportamento.

No Direito do Trabalho, age-se, de forma direta em favor de melhores condições de trabalho e de vida. Assim, se explica a dificuldade de alguns setores da sociedade em compreender a sua finalidade. Muitos não percebem os acertos e possibilidades de novos avanços do Direito do Trabalho, inclusive aqueles que não se afinam com a ideologia neoliberal. Por estes motivos e limitações da própria sociedade atual, estes setores não compreendem, não aceitam e muito menos incorporam os aprendizados do Direito do Trabalho.

Pode-se acrescentar que os "acertos" igualmente são perigosos, acaso sirvam de estímulo à construção de uma sociedade com regras superiores, na qual a inclusão seja mais do que simples tolerância e, sim, a completa modificação da realidade que exclui.

O "bem" é perigoso, segundo alguns. É motivo de intranquilidade, exatamente, porque não está previsto para ser habitual, nos dias atuais. Denis Salas, Juiz de Menores na França, manifesta-se sobre os rumos da própria Justiça Criminal. Diz que "a democracia hesita em olhar de frente os seus crimes".[20]

---

(20) Denis Salas e Antoine Garapon in "A Justiça e o Mal", Lisboa: Instituto Piaget, Piaget, <editora@mail.telepac.pt>.

AVANÇOS TECNOLÓGICOS — ACESSO AO JUDICIÁRIO E OUTROS TEMAS(*)

Francisco Rossal de Araújo
Luiz Alberto de Vargas
Maria Helena Mallmann
Ricardo Carvalho Fraga(**)

1. Transmissão pela internet das sessões de julgamento

Implantou-se, de forma experimental, sistema de transmissão, ao vivo, pela internet, bem como a gravação em meio eletrônico, imagem e som, das sessões do Tribunal Regional do Trabalho da 4ª Região, inicialmente na 3ª Turma. A primeira sessão foi transmitida dia 13 de maio de 2009, havendo previsão de, em breve, ficar disponível no site do TRT-RS por mais algum tempo.[1]

A informatização, que, de forma avassaladora, atinge todos os aspectos da vida cotidiana, chega a uma nova fase, a da informação digital, passando a representar um novo desafio na política permanente de melhoria dos serviços públicos e, particularmente, do Poder Judiciário.

O usuário do serviço público, hoje, é um cidadão exigente que, acostumado com as imensas facilidades propiciadas pela rede eletrônica globalizada, espera que, também nas suas relações com o Judiciário, tenha acesso à informação completa, instantânea e de qualidade que a internet usualmente propicia, constituindo, hoje, o denominador comum para a criação de uma base de excelência na prestação do serviço público que deve nortear as ações que busquem o aperfeiçoamento de nossas instituições.

Não é demasiado ressaltar que, através da informação digital universalmente compartilhada, potencialmente aproximamo-nos bastante da utopia do cidadão plenamente informado sobre todos os aspectos da vida, através da criação de uma "ágora" digital, que torna ainda mais transparente e mais democrática a gestão pública.

(*) O presente texto reflete os debates que resultaram na gravação e transmissão das sessões via internet, implementadas, experimentalmente, na 3ª Turma do TRT-RS, já havendo utilização também pela 5ª Turma. Espelham também a manifestação de um de seus signatários no Seminário sobre Processo Eletrônico, organizado pelo TRT-RS, dias 14 e 15 de maio de 2009, na PUC-RS.
(**) Juízes da 3ª Turma do TRT-RS.
(1) O sitio do TRT-RS é <www.trt4.jus.br> havendo um ícone na parte direita com o indicativo "sessões on line".

Particularmente no Judiciário, o amplo acesso do cidadão às informações judiciais constitui uma exigência que decorre da própria garantia constitucional de acesso do cidadão à demanda judicial.

Na linha desse inevitável processo de abertura do Judiciário à sociedade, a transmissão das sessões de nosso Tribunal ao público em geral se alinha com outras iniciativas, bastante exitosas, como a transmissão das sessões do STF e do TSE através da TV Justiça. Outros Tribunais, como o TRTs de Campinas e Paraíba já transmitem sessões pela internet.[2]

Os benefícios para a instituição são inúmeros e evidentes. Abrindo-se à rede mundial a transmissão das sessões do Tribunal, dar-se-á um passo decisivo para um maior conhecimento do público a respeito do trabalho aqui realizado em prol da sociedade, com o potencial de, em breve, tornar-se o melhor instrumento de divulgação, em favor de um maior reconhecimento social de nossa instituição.

A gravação das sessões em meio eletrônico, por outro lado, substituirá o já defasado sistema de gravação de som em fita magnética, garantindo-se uma maior segurança, confiabilidade e agilidade no armazenamento e verificação dos registros das sessões, sempre que necessários.

A utilização da internet ampliará consideravelmente o volume das consultas ao banco de dados do Tribunal, incrementando a velocidade na divulgação das informações jurisprudenciais, tornando as decisões do Tribunal conhecidas virtualmente em qualquer lugar do mundo, de forma quase instantânea.

O maior, mais fácil e mais rápido conhecimento da jurisprudência do Tribunal por magistrados, servidores, advogados, pesquisadores, estudantes e pela comunidade jurídica em geral será poderoso fator de impulsão da ampliação do debate jurídico, contribuindo para a elevação da consciência jurídica e, assim, para a integração e harmonia sociais.

Avançando sobre as possibilidades didáticas propiciadas pela transmissão e gravação das sessões, pode-se pensar, até mesmo, na utilização do material gravado no treinamento de servidores ou em cursos de aperfeiçoamento de magistrados, utilizando-se os inestimáveis serviços que podem ser prestados por nossa Escola Judicial. Além disso, tal material pode ser proporcionado à comunidade em geral, através de convênios com entidades educacionais.

2. *Outras iniciativas*

Na mesma perspectiva do projeto antes mencionado, existe outro encaminhamento do Supremo Tribunal Federal. Viu-se que *"Uma das propostas é*

---

[2] Os sítios são <www.trt15.jus.br> e <www.trt13.jus.br>.

a criação de um canal do YouTube para o STF e para o CNJ a fim de que as pessoas possam acessar as informações veiculadas pela TV Justiça sobre as atividades que essas instituições têm desenvolvido. A intenção é que o internauta acesse, por exemplo, vídeos dos julgamentos pela Internet em qualquer hora e lugar. Com a cooperação tecnológica também se pretende viabilizar projetos do CNJ e criar ferramentas para a melhoria da comunicação institucional das duas Casas, com a busca de informações a processos e integração de juízes e advogados em todo o país."[3]

Hoje existe, em diversos ou mesmo todos TRTs, a possibilidade de peticionamento eletrônico. No Rio Grande do Sul supera os dez por cento das petições apresentadas. Este número é significativo se considerarmos o seu rápido crescimento.[4]

Igualmente, várias peças processuais já são disponibilizadas nos sites dos tribunais, podendo ser acessadas na rede. São as atas de audiência, muitos despachos e, mais recentemente, as sentenças. Sendo assim, independentemente, de folhear os autos em meio papel, todos podem inteirar-se, no mínimo, das principais ocorrências processuais. Nos tribunais desaparece ou diminui, sensivelmente, a diferença entre as funções do segundo e terceiro juízes a expressarem seus votos, o que reforça a necessidade de que o Relator bem conduza os debates.

De um modo, bastante resumido, pode-se acreditar que o avanço democrático foi consolidado com a descoberta de diversos meios oferecidos pelas novas tecnologias. Hoje, por exemplo, seria completamente inadimissível o retorno às antigas sessões secretas dos tribunais.

Por óbvio, quando necessário, é viável a realização de atos em segredo de justiça. Nos novos debates, tem surgido uma situação intermediária. São aquelas situações, não exatamente que exijam segredo de justiça, mas nas quais existe risco de excessiva divulgação. Lembre-se do trabalhador às vésperas de receber alvará com valor expressivo, resultado de processo nos quais se examinaram longos anos de seu maior e/ou único contrato de emprego. Nestas situações intermediárias, surgidas em número não pequeno, sempre haverá de se adequar quais ferramentas da informática serão ou não utilizadas.

O Juiz do Trabalho em Campinas, Firmino Alves de Lima, chega a propor um reexame e ponderação, em cada caso, dos aprendizados sobre publicidade e respeito à intimidade privada.[5]

---

(3) A notícia referida foi divulgada no sítio <www.stf.jus.br> na Segunda-feira, 04 de Maio de 2009, sob o título "STF e CNJ firmam parceria com o Google".
(4) Este índice de dez por cento foi apresentado pelo Presidente do TRT-RS, João Ghisleni Filho, no Seminário de maio 2009. No mesmo evento, o Juiz Cláudio Pedrassi, do TJ-SP, apontou o crescimento de 4 para 18%, em São Paulo, em apenas um semestre, no ano anterior.
(5) Firmino Alves de Lima, "Comentários à Lei n. 11.419 de 2006 — que trata da informatização do processo judicial — uma visão para a Justiça do Trabalho", *Revista LTr*, São Paulo: março de 2007, p. 351/360.

No processo eletrônico, certamente, tais dificuldades estarão diminuídas ou mesmo solucionadas, para a imensa maioria dos casos, com a previsão de diferentes "perfis", com acesso a alguns ou outros dados processuais, o que é viável, tecnicamente.

3. Processo eletrônico propriamente dito

As diversas iniciativas referidas nas linhas anteriores apontam para o mesmo rumo, ou seja, cada vez maior utilização da informática. Sendo assim, alguns utilizam outras expressões, tais como processo virtual ou digital. De qualquer modo, a expressão processo eletrônico é a que foi utilizada pela Lei n. 11.419, principal referência normativa no tema.

A tramitação da Lei n. 11.419 teve vários percalços, com substituição de Relator, no Congresso Nacional. Consagrou importantes experiências da Justiça Federal, notadamente no Rio Grande do Sul.[6]

Sabe-se que o Conselho Nacional de Justiça já percebeu a dificuldade de construção imediata de um sistema único para todo o Poder Judiciário. Sendo assim, passou a cuidar, primeiramente, de algumas medidas unificadoras, tais como numeração única e também as tabelas processuais, de classes, assuntos e movimentos.[7]

Esta postura do CNJ tem permitido que melhor sejam assimilados os relevantes aprendizados de diversas iniciativas. Papel incentivador pode ser representado pelo efetivo reconhecimento das "boas práticas".[8] Dentre estas e já bem além, vale registrar as da Justiça Federal de todo o País e da Justiça Estadual, no Estado de São Paulo, que aliás já são a implantação do processo eletrônico, propriamente dito.

O Juiz Cláudio Pedrassi, do TJ-SP, bem salienta a necessidade de ambiente "amigável", com cuidados perante o usuário, inclusive, com medidas inovadoras tais como a organização de gabinetes bem estruturados aos juízes de primeiro grau.[9]

No relacionamento com o usuário servidor, sabe-se que muito mais relevante do que, eventual e bem futura, diminuição de necessidade de mão de obra, é a imperiosa necessidade de deslocamentos, para atividades hoje não totalmente avaliáveis. Ao invés de diminuição, necessriamente, acontecerá o descolamento de atividades, desde o primeiro momento.

---

(6) O relato é de Firmino Alves de Lima, no texto antes mencionado, no mesmo texto já mencionado "Comentários à Lei n. 11.419 de 2006 — que trata da informatização do processo judicial — uma visão para a Justiça do Trabalho", *Revista LTr*, São Paulo: março de 2007, p. 351/360.
(7) No âmbito da Justiça do Trabalho, no Rio Grande do Sul, os encaminhamentos quanto as tabelas unificadas têm sido coordenados pelo Juiz Maurício Schmidt Bastos.
(8) A expressão é do Secretário Geral do CNJ, Rubens Curado, no Seminário TRT, maio de 2009.
(9) A observação ocorreu no Seminário TRT-RS, maio de 2009.

Ainda que inexistam pesquisas, mais detalhadas, voltadas unicamente para as consequências sociais da maior utilização da informática, alguns dados já são quase visíveis. Alguma demanda reprimida tem sido percebida quando aumenta, significativamente, a facilidade de acesso à Justiça.

Na Justiça do Trabalho, além do maior uso da informática, medite-se sobre a enorme demanda reprimida, existente nas localidades em que presente forte temor quanto a listas de reclamantes. Acaso as melhorias da informática coincidam no tempo com estes outros aperfeiçoamentos sociais, de combate às "listas negras", não serão poucos os novos ajuizamentos.

Outro dado bastante desconhecido é o relativo às consequências de tais avanços tecnológicos no mercado de trabalho dos profissionais da advocacia. Num primeiro momento, é fácil imaginar que a concentração se elevará em muito, diante das enormes vantagens de estar mais e melhor estruturado. Estudos sobre o tema serão relevantes, inclusive para que se examinem possíveis consequências, do ponto de vista da democracia.

O mercado de trabalho dos profissionais da advocacia, por outro lado, poderá exigir e permitir maior criatividade, quanto à organização dos escritórios e convívio entre um e outro profissional. Igualmente, cabe indagar quem atenderá certas demandas de aparente menor gravidade, mas que assumem relevância social, pela sua repetição.

Os "quiosques" a serem organizados pelos Tribunais, com apoio da OAB, assumem papel imprescindível, acima de tudo, pelo simbolismo de se desejar combater toda e qualquer exclusão digital. Isto não impede que se saiba de sua maior validade exatamente como símbolo, apenas, e possibilidade de, no máximo, auxílio em situações emergenciais.

Em toda política de implantação, que tenha maior cuidado com os usuários, conhecidos e potenciais, estas questões deverão ser lembradas. A utilização de dois monitores, um para consulta de dados e outro para a redação, tem sido reconhecida.

Os cuidados e atenção com a saúde e imperiosidade de intervalos de descanso serão, cada vez mais, inadiáveis.[10]

4. Outras peculiaridades da justiça do trabalho

Todo o processo eletrônico, que se está implantando no País tem algo de pioneiro. Tem sido comum, em eventos sobre o tema, lembrar a Justiça Eleitoral realizando eleições, inclusive, nas localidades mais distantes da selva amazônica, em total inovação.

---

(10) A consideração do Juiz Federal Marcelo de Nardi, no Seminário TRT-RS, maio de 2009, continha dados sobre novas dificuldades de saúde.

Na Justiça do Trabalho, maior número de polêmicas internas surgirão, certamente. Não é, pois, exagero acreditar que estamos construindo algo também inédito, ao tratar do processo eletrônico na Justiça do Trabalho.

Neste ramo do Judiciário, no Brasil, ao contrário do que se pode pensar, o princípio da oralidade não foi adotado com a intensidade que pode parecer num primeiro olhar. Talvez, o princípio da oralidade esteja sendo praticado com algumas distorções, não se alcançando o que seriam suas verdadeiras finalidades, ao menos no atual momento histórico.

Nos demais países da América Latina, com influência da Espanha, percebe-se, com maior nitidez, a presença do princípio da oralidade.

A necessidade inadiável na adoção do princípio da oralidade, com toda profundidade, nos dias atuais do Direito do Trabalho, decorre de inúmeras motivações. É mais do que sabido que, na imensa maioria dos casos, a dificuldade na obtenção e produção da prova está com uma das partes, o ex-trabalhador.

Acredita-se que, em suas marchas e contramarchas, o princípio da oralidade serve, exatamente, para que o juiz esteja presente, bem direcionando os atos processuais. Em seu desenvolvimento, teve diferentes significados, mantendo esta sua finalidade primordial, de evitar um julgador desconhecedor dos fatos e sentimentos das partes.[11]

As vantagens de "interoperabilidade" dos sistemas de informática, igualmente, propiciarão novos aperfeiçoamentos. Mais de um TRT já organiza seus "Núcleos de Investigação Patrimonial", conforme notícia de Rubens Curado, Juiz do Trabalho e Secretário Geral do CNJ.[12]

Para tais pesquisas são úteis os acessos aos bancos de dados públicos sobre transferência de moeda em razão de compra e venda de imóveis, propriedades de veículos, melhor uso do convênio com Banco Central sobre depósitos bancários, entre outros, e, até mesmo, sobre endereços atualizados.

Um outro juiz se quer hoje. A atuação isolada e processo a processo, elaborando seus textos como se fossem obras de arte não serve mais.

Já são possíveis e perfeitamente cabíveis as movimentações processuais "em bloco" ou "por lote". A grandiosidade dos números de repetição de casos semelhantes tem levado a isto na Justiça Federal, sendo realidade aceita por todos, sem espanto. Não poderá ser diverso na Justiça do Trabalho. Note-se que não se tratam apenas de despachos, mas, igualmente, de atos decisórios.

---

(11) Sobre o tema, "Princípio da Oralidade no Processo do Trabalho — uma análise comparativa dos sistemas normativos do Brasil e da Espanha", de Francisco Rossal de Araújo, *Revista do TRT-RS*, Porto Alegre: HS, 2008. p. 66 a 80.
(12) A notícia ocorreu no Seminário TRT, maio de 2009.

Na Justiça do Trabalho, tantos avanços da informática, provavelmente, trarão a eficácia que a maior utilização dos processos coletivos poderia ter trazido, muito antes. Recorde-se que a Súmula 310 do TST, quase expressamente em sentido contrário do texto constitucional, artigo oitavo, inciso terceiro, teve "vigência" por tempo não pouco dilatado.[13] Os objetivos do constituinte, ao afirmar a substituição processual, seguramente, serão alcançados, em futuro próximo, de outro modo.

Novas formas de agir e pensar se exigem de todos os profissionais do Direito. O Poder Judiciário pouco contribuirá ao limitar-se a reparar as lesões mais aparentes. Se impõe uma verdadeira tarefa de contribuir como "organizador social".[14]

A sociedade, ao desejar maior número de atores sociais, contribuindo como organizadores sociais, acredita que alguns consensos mínimos são possíveis entre todos os profissionais do Direito. Muito mais, na esfera do Direito do Trabalho.

Neste outro quadro, vale a lembrança do "dever de colaboração", registrado no Código de Processo Civil de Portugal. Julio Bebber recordou tal princípio ao tratar do cumprimento das sentenças. Vale a lembrança para toda atuação dos juízes, advogados, servidores e demais envolvidos, na implantação e posterior convívio com o processo eletrônico.[15]

Cada avanço tecnológico pouco ou nada significa se não propiciar um correspondente avanço social. No tema, do processo eletrônico, a obtenção de redução de custos é um aperfeiçoamento que não se justifica por si só, mesmo que impressionem, especialmente a todos administradores.

O que se deseja é:

a) garantir e ampliar o acesso à Justiça;

b) a maior transparência, com democracia e participação;

c) a celeridade processual.

Os três objetivos, antes mencionados, muito mais representarão do que simples reduções de custos.

Muito mais do que implantar inovações tecnológicas, desejamos avançar na construção, coletiva, de transformações sociais.

---

(13) A Súmula 310 foi editada em 1993, sendo cancelada apenas em 2003.
(14) A instigante expressão foi referida em Seminário sobre Competência Amplicada da JT, Belo Horizonte, abril de 2009, pelo Procurador-Chefe da Procuradoria Regional do Trabalho da 10ª Região Ricardo José Macedo de Britto Pereira.
(15) Medite-se os transtornos decorrentes da "juntada" de novecentos anexos eletrônicos sem a devida indicação, mencionada em Seminário Agetra e Amatra, abril de 2009, Porto Alegre.

A NECESSIDADE DE REPENSAR OS EMBARGOS DE DECLARAÇÃO

João Ghisleni Filho
Ricardo Carvalho Fraga
Flávia Lorena Pacheco
Luiz Alberto de Vargas[*]

Os embargos de declaração — teoria e prática

Os embargos de declaração são criação lusitana[1], cuja origem remonta às Ordenações Afonsinas, tendo ingressado na legislação brasileira já em 1850, através do Decreto n. 737.[2]

Sempre mantendo o sentido original de sanar dúvidas, completar omissões, esclarecer obscuridades ou de aclarar o autêntico alcance das decisões, os embargos de declaração, no Direito nacional, atravessaram o século XX até sua última regulação, ocorrida em 1974, plasmada nos arts. 535 a 538 do atual CPC.

Os embargos de declaração, conforme o art. 535, são cabíveis quando "houver obscuridade ou contradição" na decisão judicial ou quando este tiver "omitido ponto sobre o qual devia pronunciar-se o juiz ou tribunal".

Assim, estes podem ser propostos para suprir omissões, esclarecer obscuridades ou sanar contradições de qualquer tipo de decisão judicial, inclusive a de tribunais superiores, independentemente se a decisão é prolatada em processo de conhecimento, de execução ou cautelar. Pacífico, hoje, o cabimento dos embargos de declaração seja para esclarecer sentença, seja para acórdãos. Da mesma forma, cabem os embargos em decisões definitivas, decisões interlocutórias e, mesmo, em despachos de mero expediente.[3]

---

[*] Juízes do Trabalho no TRT-RS
[1] É ponto pacífico na história do direito lusitano que os embargos, como meio de obstar ou impedir os efeitos de um ato ou decisão judicial, são uma criação genuína daquele direito, sem qualquer antecedente conhecido, asseverando os autores que de semelhante remédio processual não se encontra o menor traço no direito romano, no germânico ou no canônico. Os embargos declaratórios são, portanto, criação portuguesa. (PINTO, Melina Pinto. "A aplicação do princípio da fungibilidade recursal nos embargos de declaração", 2005, Disponível em: Jus Navigandi, Teresina, 2005, <http://jus2.uol.com.br/doutrina/texto.asp?id=10798>) Acesso em 10.06.2010.
[2] SEHNEM, Felix. *Embargos declaratórios*. Jus Navigandi, Teresina, ano 7, n. 61, jan. 2003. Disponível em: <http://jus2.uol.com.br/doutrina/texto.asp?id=3681>. Acesso em 10.06.2010.
[3] MIRANDA, Vicente. *Embargos de declaração no processo civil brasileiro*. São Paulo: Saraiva, 1990, p. 15. A prática forense já permitiu conhecer-se embargos declaratórios apresentados contra simples despacho de "cite-se", na medida, em que a parte desejava saber qual seria a modalidade pela qual seria cumprida a determinação.

Também é possível à parte lançar mão dos embargos de declaração para retificar erro material (ainda que, em relação a este, seja possível a retificação a qualquer tempo ou, mesmo, de ofício pelo juiz.[4]

Controvertida a doutrina a respeito da natureza dos embargos de declaração, há os que o classificam como mais uma forma de recurso, enquanto que outros o admitem apenas como uma forma de correção. A grande maioria dos processualistas entende que os embargos de declaração constituem uma espécie de recurso.[5] Por todos, pode-se citar o Prof. Ovídio Batista da Silva, que sustenta, em favor dessa tese, a inequívoca possibilidade da decisão dos embargos de declaração ter efeitos infringentes, bem como pelo fato de os embargos de declaração estarem expressamente previstos no capítulo dos recursos do Código de Processo Civil.[6]

Tal discussão tem direta repercussão no acalorado debate quanto ao caráter infringente, um dos aspectos mais controvertidos do tema dos embargos de declaração. Embora longe de ser uma unanimidade, a maior parte da doutrina e da jurisprudência admite que, em casos especiais e em caráter excepcional[7], os embargos possam alterar mesmo substancialmente a coisa julgada em casos de "flagrante injustiça, não havendo outra via adequada para repará-la".[8]

Pode-se constatar a bem marcada intenção do legislador em propiciar ao julgador, a pedido da parte, a possibilidade de alterar a decisão prolatada pela própria redação do inciso II do art. 463 do CPC, quando a admite por meio de embargos de declaração. Não se trata, portanto, de uma típica retratação[9], mas de uma abertura à alteração do julgado, em benefício do aperfeiçoamento da prestação jurisdicional.[10]

---

(4) Art. 463 do CPC: "Publicada a sentença, o juiz só poderá alterá-la: I — para lhe corrigir, de ofício ou a requerimento da parte, inexatidões materiais, ou lhe retificar erros de cálculo; II — por meio de embargos de declaração".
(5) Há respeitáveis opiniões em contrário. Sustentando o caráter meramente corretivo dos embargos de declaração pode-se citar, entre tantos, nomes como o de Ada Pellegrini Grinover e Manoel Antonio Teixeira Filho.
(6) A possibilidade de efeito modificativo da decisão é expressa no art. 897-A da CLT. Nesse sentido, a Súmula 278 do TST.
(7) "A tendência de ampliar os efeitos das decisões, por intermédio dos embargos declaratórios, não pode ser conduzida a uma iniciativa ilimitada, sob pena de desvirtuamento do ordenamento jurídico, transformando-o para procedimento recursal indireto e meio de retratação do mesmo juízo proferido da sentença embargada". (OLIVEIRA, Paulo Rogério. *Embargos de declaração*. Disponível em <http://www.fadisp.com.br/download/4.1 Acessado em 10.06.2010>.
(8) SEHNEM, Felix, ob. cit.
(9) A esse respeito, VIDIGAL, Márcio Flávio Salem. Embargos de declaração como instituto processual in MOURA EÇA, Vitor Salino (coord). *Embargos de declaração no processo do trabalho*. São Paulo: LTr, 2010. p. 45.
(10) "Esta a perspectiva que deve prevalecer entre os magistrados, advogados e demais operadores jurídicos acerca do instituto processual, amoldando-o, sempre, em prol da prestação jurisdicional plena, célere e eficaz, apta a atender aos anseios do jurisdicionado" (AMARAL, Anemar Pereira. Compreensão dos embargos de declaração, in MOURA EÇA, ob. cit., p. 157).

Assim, admite-se um reexame da matéria em casos de erros de fato ou contradições, mesmo em aspectos essenciais, sendo que, em casos de omissão, na realidade, estaremos mais propriamente diante de uma nova decisão — e não de uma revisão da decisão anterior.[11]

Athos Gusmão Carneiro, no artigo Os embargos de declaração e a Súmula 281 do Supremo Tribunal Federal, lembra, citando lição de José Carlos Barbosa Moreira: "na hipótese de obscuridade, realmente, o que faz o novo pronunciamento é só esclarecer o teor do primeiro, dando-lhe a interpretação **autêntica**. Havendo contradição, ao adaptar ou eliminar alguma das proposições constantes da parte decisória, já a nova decisão altera, em certo aspecto, a anterior. E, quando se trata de suprir omissão, não pode sofrer dúvida que a decisão que acolheu os embargos **inova** abertamente: é claro, claríssimo que ela diz aí **mais** que a outra, o que parecer mais exato é afirmar, como fazia o Código baiano (art.1.314), que o provimento dos embargos se dá 'sem outra mudança no julgado', além daquela consistente no esclarecimento, na solução da contradição ou no suprimento da omissão (Comentário ao CPC.11 ed., Forense, n. 304, p. 555-556)". (grifos originais)

Portanto, em linhas gerais, temos um instituto processual dos mais antigos, voltado à idéia fundamental de viabilizar, no momento mais crucial do processo (o da decisão judicial), que esta possa ser a mais clara possível, de forma que a justiça seja feita de maneira adequada.[12]

Os embargos de declaração: de colaboração com a prestação jurisdicional a instrumento de abuso do direito processual de ampla defesa

Na medida em que as decisões judiciais se tornam mais complexas, abordando assuntos cada vez mais diversos e especializados, aumentam consideravelmente as possibilidades de erro na decisão judicial. Nesse sentido, o instituto dos embargos de declaração viabiliza uma forma de verdadeira e utilíssima colaboração das partes por meio de seus advogados na construção de uma decisão judicial mais clara e isenta de equívocos e contradições. No dizer do Ministro Marco Aurélio Mendes de Faria Mello,

> "Os embargos de declaração não consubstanciam crítica ao ofício judicante, mas servem-lhe de aprimoramento. Ao apreciá-los, o órgão deve fazê-lo com espírito de compreensão, atentando para o fato de consubstanciarem verdadeira contribuição da parte em prol do devido processo legal".[13]

---

(11) SEHNEM, Felix. Ob. cit.
(12) GARCIA, Ana Flávia de Aguiar Melo. *Embargos de declaração:* análise de seus critérios de admissibilidade. Disponível <http://direito.newtonpaiva.br/revistadireito/docs/convidados/11_04.doc. Acesso em 10.06.2010.
(13) STF, AI 163047-5, PR, Rel. Marco Aurélio, (DJU 08.03.1996, p. 6223)

Tornam-se, os embargos de declaração também, uma forma de democratizar o processo de produção da decisão judicial, além de aproximar mais a decisão judicial do interesse concreto da parte, seja no esclarecimento dos pontos da lide que a parte entende como relevantes, seja no uso de uma linguagem mais apropriada ao entendimento das partes e da própria sociedade.

Tão nobres propósitos, entretanto, são, muitas vezes, desvirtuados no cotidiano dos processos judiciais, de forma que os embargos de declaração já pouco servem para o aperfeiçoamento da prestação judicial, a ponto de que já se fala em sua simples extinção por meio de alteração da norma processual.

Na prática, constata-se a utilização exacerbada dos embargos de declaração pelas partes litigantes, seja para obtenção de uma indevida ampliação do prazo recursal, seja como instrumento de manifestação da inconformidade da parte com a decisão prolatada.

A seguir, procuraremos melhor viabilizar formas verdadeiramente abusivas no manejo dos embargos de declaração, iniciando um debate em torno de possíveis alterações legislativas que possam repor este importante instrumento processual ao local para o qual foi originalmente concebido pelos processualistas.

A desacertada mudança legislativa

Ainda que o uso dos embargos para ampliação do prazo recursal não seja coisa recente, há de se reconhecer que tal utilização abusiva aumentou significativamente a partir da equivocada mudança legislativa operada pela Lei n. 8.950/94. Entre as modificações ocorridas, destaca-se à relativa ao prazo para proposição de embargos de declaração, que passou a ser, em todos os casos, de cinco dias, bem como a transformação do mesmo de suspensivo para interruptivo. Assim, estabeleceu-se uma facilidade excessiva para uma certa litigância emulativa, deslocada do interesse na busca da verdade, em detrimento da celeridade processual. Pode-se mesmo dizer que, a partir de então, abriram-se as portas para a utilização dos embargos de declaração para ações oblíquas, destinadas à procrastinação do feito, ao tumulto processual ou a simples manifestação de protesto contra uma decisão judicial desfavorável.[14]

---

(14) No TRT-4ª. Região, a média de seis anos (2003 a 2008) da taxa de recorribilidade interna (embargos de declaração) no primeiro grau no Judiciário do Trabalho do Rio Grande do Sul foi de 26%, evidenciando-se um sensível acréscimo nos últimos anos (44,77% em 2007 e 33,76% em 2008). Tais números se mostram elevados (provavelmente por razões de natureza circunstancial) em relação à média do 2º grau (21%). Segundo dados de 2009 do Conselho Nacional de Justiça, a taxa de recorribilidade interna do Judiciário Trabalhista nacional é de 21,8% (segundo grau) e 13,8% (primeiro grau). Tais números são aproximados aos da média dos Tribunais Estaduais (21%) e dos Tribunais Federais (26,9%). Curiosamente, a média no primeiro grau da Justiça Estadual de todo o país é significativamente baixa na fase de conhecimento (2,1%), porém em um contexto de recorribilidade externa também baixa (8%).

Talvez o legislador pretendesse que haveria um contraponto a essa abertura aos expedientes protelatórios mediante da multa prevista no artigo 538, parágrafo único do CPC.

Se essa era a pretensão do legislador, certamente tal desiderato não foi atingido.

Passados já dezesseis anos, constata-se que, ainda com um expressivo incremento na aplicação das multas por parte dos juízes, tal fato não importou em uma inibição da utilização indevida dos embargos de declaração. Ao contrário, empiricamente, pode-se verificar um aumento importante na proposição de embargos de declaração, a maior parte julgada improcedente. Embora não se possa afirmar que sempre tais decisões judiciais sejam corretas (pois, há casos, as instâncias superiores declaram que algumas dessas decisões de improcedência configuram negativa de prestação jurisdicional), pode-se afirmar, com segurança, que a maior parte dos embargos de declaração são infrutíferos, já que não logram obter qualquer esclarecimento adicional, nem suprir omissões ou corrigir supostas contradições. São, em suma, um grave descuido com o passar do tempo e um desperdício de recursos do Judiciário. Pode-se dizer, assim, que os embargos de declaração tornaram-se, na prática, uma fase a mais no processo, passando de instrumento excepcional destinado ao aperfeiçoamento da decisão em expediente corriqueiro a disposição de profissional menos preocupados com a celeridade ou, mesmo, interessados na protelação e/ou no tumulto processuais. Chegou-se ao ponto de ser proposta, mesmo, a extinção dos embargos de declaração, como medida de celeridade e economia processuais.[15]

Entretanto, pode-se dizer, com inteira razão, que tal avalanche de procedimentos inúteis pode justificar-se como um mal necessário, como única forma de se garantir a possibilidade de aperfeiçoamento da prestação jurisdicional pela correção de defeitos na decisão judicial.

Cria-se, assim, um dilema de difícil — talvez impossível — solução, ou seja, o da separação entre "joio" e "trigo": como manter-se o instituto dos embargos de declaração, criando-se um desincentivo suficiente para a inibição de procedimentos protelatórios.

Apesar do empenho da doutrina em procurar delimitar de forma precisa os contornos dos embargos de declaração "potencialmente procedentes" (aquele que, efetivamente, representam um anseio legítimo da parte em obter esclarecimentos

---

Simplificando bastante, pode-se dizer que são propostos embargos de declaração a cada quatro decisões proferidas. Não há dados estatísticos disponíveis, mas, empiricamente, sabe-se que a taxa de acolhimento dos embargos de declaração é muito pequena (normalmente acrescentando fundamentos à decisão), certamente representando bem menos de um dígito percentual. Destas, são raras as que contêm algum efeito modificativo.

(15) Conforme foi proposto, em 2004, pelo então Presidente do Supremo Tribunal Federal, Nelson Jobim.

adicionais do julgador — e , assim, constituem uma contribuição ao aperfeiçoamento da prestação jurisdicional) dos que não são mais do que alegações pouco razoáveis de obscuridade, omissão ou contradição (ante a clareza da decisão), apresentadas com menor atenção à lealdade processual e que, muitas vezes, não são mais do que tentativas explícitas de ganhar tempo, manifestar irresignação ou, mesmo, de criar confusão quanto ao conteúdo do que foi decidido. A empreitada de discernir tais situações é quase impossível, dado o alto grau de subjetivismo que envolve a questão. A decisão judicial é obra humana e, como regra, sempre pode ser aperfeiçoada. Além disso, mesmo o conceito de "perfeição" é subjetivo e, certamente, cada indivíduo tem uma visão própria de quanto uma decisão judicial deve ser clara ou detalhada, sem que se possa estabelecer um parâmetro seguro para a caracterização de omissões, contradições ou obscuridades. Por fim, não se pode impunemente imputar à parte um propósito oblíquo ou malicioso quando pretende apontar erros na decisão judicial, ainda que se possa desconfiar dos propósitos do embargante quando este meramente repete argumentos já entendidos como superados pelo prolator da decisão judicial, insiste numa inviável reapreciação da prova dos autos ou afirma existir erro onde não há mais do que o fundamento do decidido no entendimento do prolator (ainda que contrariando a tese apresentada pela parte).

Exatamente porque não se pode claramente imputar má-fé à parte que, aparentemente, não leu corretamente (ou leu incompletamente) a decisão judicial, a aplicação de multas quase sempre resulta na desagradável sensação de que o julgador apreciou com pouca benevolência a manifestação da parte (porque uma interpretação mais benigna sempre é possível!) e, assim, a aplicação da multa quase sempre parece exagerada.

Desse modo, a multa prevista em lei se mostra ineficaz exatamente porque não se pode, com convicção, delimitar com eficiência os campos em que a parte age de boa ou má-fé na proposição de embargos de declaração. Ou, dizendo de outra maneira, pela impossibilidade de definir com clareza situações de contradição, omissão ou obscuridade na decisão judicial.

Das dificuldades de discernir entre situação de dúvida razoável e de manifesto intento procrastinatório

As hipóteses de cabimento de embargos de declaração, a partir da alteração ocorrida pela Lei n. 8950/94, são as de *contradição*, *obscuridade* ou *omissão*. Corretamente não há mais falar em *dúvida*, já que esta não é defeito que se pode imputar à decisão, mas justamente o efeito causado por eventual falha na sentença.

A *contradição* que a norma processual pretende sanar, conforme a doutrina, é aquela que se estabelece entre "duas proposições inconciliáveis"[16], ambas

---

(16) SANTOS, Moacyr Amaral. *Primeiras Linhas de Direito Processual Civil*. São Paulo: Saraiva, 1997. v. 3.

contidas na própria decisão. Assim, pode haver conflito entre capítulos da decisão, entre a fundamentação e o *decisum* ou, mesmo, entre a ementa e o corpo da decisão. Não se trata, portanto, na contradição que "no sentir da parte, resulta de incorreta aplicação do direito à controvérsia ou a aplicação de normas que o embargante entenda excluírem-se".[17]

Sendo um "erro lógico", não se confunde, portanto, como o *erro in judicando*. Da mesma forma, não há falar em contradição passível de embargos de declaração se o vício apontado se reportar "a antagonismo entre a prova dos autos e o desfecho atribuído à decisão ou a interpretação conferida à texto legal".[18]

Ou seja, trata-se de uma contradição suficientemente grave para configurar uma razoável dúvida sobre o exato teor da decisão, que se mostra ambígua, aparentemente acolhendo simultaneamente teses mutuamente excludentes. Não se pode falar em "contradição inconciliável" quando, ao contrário, o conflito não se estabelece objetivamente, mas tão-somente no entendimento particular e subjetivo da parte, entre a tese acolhida pela decisão judicial e os argumentos esgrimidos pela parte no processo.

Assim, somente se pode falar em contradição a ser reparada pela via dos embargos de declaração quando esta se configura entre **os termos contidos na própria decisão** — e não entre esta e outros elementos do processo ou fora dele.

A *obscuridade* ocorre quando a decisão não logra deixar claro o exato teor da decisão. Conforme José Frederico Marques, a obscuridade deve ser de tal forma que torna o texto "ambíguo e de entendimento impossível".[19] Assim, a falta de clareza deve ser fator que compromete a perfeita interpretação do real conteúdo da decisão, tornando insatisfatória a prestação jurisdicional. Entretanto, não se verifica obscuridade sanável pela via dos embargos de declaração quando não subsistem dúvidas razoáveis quanto ao que foi decidido, mas mera insatisfação da parte quanto aos argumentos acolhidos na fundamentação da sentença. Ou seja, quando a sentença é perfeitamente compreensível, ainda que acolhendo fundamentos que a parte entende que não sejam os mais corretos, não estará deixando de "esclarecer o direito", mas tão-somente adotando um entendimento que, na ótica subjetiva da parte, não é o mais "iluminado" — e que, portanto, não é o que melhor clarifica a relação jurídica examinada. Assim, ainda que a análise dos fatos e do direito envolvido não atinja a "claridade" que a parte esperava, nem por isso haverá de se entender que a decisão seja "obscura" ou "pouco compreensível".

Se é certo que a ambiguidade das palavras e expressões seja bastante comum nos textos jurídicos — praticamente justificando qualquer pedido de aclaramento —,

---

(17) VIDIGAL, Márcio Flávio Salem, ob. cit., p.73.
(18) HORTA, Denise Alves. Embargos de declaração: regime legal e suas hipóteses in MOURA EÇA, Vitor Salino (coord)., ob. cit. p. 27.

não é raro que a dificuldade interpretativa resulte muito mais na má-vontade do intérprete do que na imprecisão do texto interpretado. Aqui, mais uma vez, retornamos ao tema do subjetivismo, pois não será tarefa fácil declarar-se com plena convicção que determinado texto não dá margem a interpretações diversas, já que, no campo da razão argumentativa, não há falar em certezas absolutas.

A *omissão* a ser sanada diz respeito à completude, ou seja, a decisão deveria se pronunciar sobre determinado ponto, mas não o fez. Pode ser algum ponto controvertido na lide suscitado pela parte ou, mesmo se não suscitado, de conhecimento oficial do juiz. Trata-se de falha mais grave que pode ser sanada pela via dos embargos de declaração, já que a decisão omissa configura negativa de prestação jurisdicional.

Porém, do juiz não é exigido que examine todos os fundamentos das partes, sendo importante apenas que indique somente o fundamento que apoiou sua convicção ao prolatar sua decisão. Nada mais afastado da intenção do legislador que admitir um questionamento ou mesmo uma verdadeira "sabatina" a que deva se submeter o prolator da decisão, como que compelido a justificar-se por ter adotado posição distinta daquela que a parte pretendia.

Assim, não incorre na omissão "o julgador que eventualmente silencia quanto ao exame de fundamentos lançados pelas partes que não sejam suscetíveis de influir no resultado do julgamento".[20] Na prática, a própria conclusão de que determinado fundamento poderia ou não influenciar no julgamento da lide é controvertida, porque se estará cogitando dos efeitos de determinado argumento em uma ponderação de valores que ocorre no íntimo do julgador — e, portanto, parece inescapável concluir que "qualquer fundamento", a priori, pode influenciar o julgamento da lide.

Há de citar-se, ainda, o *erro material*, que, na forma do art. 463 do CPC, podem ser corrigidos por meio de embargos de declaração ou, mesmo, de ofício pelo juiz. No mesmo sentido, os artigos 833 e 897. São erros materiais os erros evidentes, os enganos de escrita, de datilografia ou de cálculo. Em geral, os embargos de declaração para retificação de erro material são oferecidos na melhor forma de colaboração da parte para a melhoria da prestação jurisdicional. Mas, não raro, também estes podem ser objeto de ações oblíquas, como, por exemplo, a parte alega que determinada afirmação feita pela sentença não corresponde à realidade e pretende sua retificação, sustentando tratar-se de "erro material".[21]

---

(19) MARQUES, José Frederico. *Manual de direito processual civil*. São Paulo: Bookseel, 1997. p. 191, v. 3.
(20) HORTA, Denise Alves, ob. cit., p. 28.
(21) Por exemplo, o seguinte acórdão: "Os embargantes sustentam existir erro manterial no acórdão em relação à afirmação de que a procuradora signatária do agravo de petição, não possui procuração nos presentes autos. (...) Não se verifica no julgado a existência de qualquer erro material, entretanto. Da fundamentação dos embargos, aliás, denota-se que os embargantes buscam, na verdade, uma

Dos embargos de declaração como instrumento de prequestionamento

Admite-se, também, os embargos para fins de prequestionamento de matéria ou questão invocada no recurso e que não tenha sido objeto de pronunciamento pelo julgador. Entende-se que, nesses casos, a ausência de um pronunciamento explícito do órgão julgador inviabiliza a apreciação do recurso pelos tribunais superiores. Nesse sentido a Súmula n. 297 do TST:

> I. Diz-se prequestionada a matéria ou questão quando na decisão impugnada haja sido adotada, explicitamente, tese a respeito.
>
> II. Incumbe à parte interessada, desde que a matéria haja sido invocada no recurso principal, opor embargos declaratórios objetivando o pronunciamento sobre o tema, sob pena de preclusão.
>
> III. Considera-se prequestionada a questão jurídica invocada no recurso principal sobre o qual se omite o Tribunal de pronunciar tese, não obstante opostos embargos de declaração. (2003)

Tal Súmula explicita melhor o conteúdo da Súmula n. 356 do STF:

> "O ponto omisso da decisão sobre a qual não foram opostos embargos declaratórios não pode ser objeto de recurso extraordinário por faltar o requisito do prequestionamento".

A partir do entendimento consagrado no item III da referida Súmula, divide-se a doutrina quanto às consequências do não pronunciamento do órgão judicial embargado a respeito da questão suscitada em embargos de declaração para fins de prequestionamento.[22] Para uma das correntes, interpretando o afirmado no item III da Súmula n. 297, cabe à parte apresentar preliminar de nulidade e cerceamento de defesa que deverá ser acolhida pelo Tribunal Superior, que declarará a negativa de prestação jurisdicional. Para outra corrente, tem-se que, ainda que o juízo embargado não se manifeste sobre a questão invocada pela parte embargante, tem-se a matéria como prequestionada, não sendo o caso de declarar-se negativa de prestação jurisdicional. Assim, pode-se dizer que basta que a parte utilize os embargos de declaração para suscitar ponto já invocado no recurso para que, independentemente da decisão dos embargos, obtenha o efeito do prequestionamento e, portanto, o Tribunal Superior conhecerá da matéria sem necessidade de declarar a negativa de prestação jurisdicional.

Parece-nos que melhor razão assiste a segunda corrente, que expressa uma tendência mais moderna do direito processual, em que se prestigia a menor formalidade e a celeridade, na linha do recente art. 515 do CPC.

---

nova apreciação da matéria, de maneira favorável aos seus interesses. Todavia, para esse fim não prestam os embargos de declaração. (Processo 0055000-56.2001.5.04.0731 (ED) do TRT 4ª. Região, 8ª Turma, Rel. Wilson Carvalho Dias)

(22) CARMO, Júlio Bernardo. "Embargos de declaração – visão geral e prequestionamento no âmbito do processo do trabalho" in MOURA EÇA, Vitor Salino (coord), ob. cit., p. 90-124.

Por outro lado, os embargos de declaração não servem para o propósito de rediscutir os temas devidamente examinados e decididos no julgamento proferido, como é exemplificativo o acórdão que segue:

> "EMBARGOS DE DECLARAÇÃO.REDISCUSSÃO DA MATÉRIA JÁ DECIDIDA NO ACÓRDÃO. IMPOSSIBILIDADE.Não pode justificar a interposição de embargos declaratórios a alegação de ocorrência de contradição, obscuridade ou omissão, quando, em verdade, a postulação esconde a pretensão de rediscutir temas já examinados.
>
> OMISSÃO. INOCORRÊNCIA. DISPOSITIVOS LEGAIS DEDUZIDOS PELO EMBARGANTE.Os embargos declaratórios não constituem meio idôneo para amoldar a decisão da Corte aos dispositivos legais alegados pela parte. Ou seja, desnecessário é o enfrentamento de cada dispositivo legal suscitado pela parte.
>
> PREQUESTIONAMENTO. Tendo sido a matéria enfocada nos embargos de declaração devidamente enfrentada e julgada no acórdão-recorrido, impõe-se a sua rejeição quando o seu objetivo é apenas prequestionar artigos que entende o embargante sejam aplicáveis.
>
> Embargos desacolhidos."
>
> (Embargos de Declaração N. 70033777749, Décima Nona Câmara Cível, Tribunal de Justiça do RS, Relator: Guinther Spode, Julgado em 16.03.2010)

Dos embargos de declaração como instrumento para modificação do julgado

Como já se disse, os embargos de declaração podem ensejar a modificação do julgado, parcial ou total, podendo tal modificação ter caráter infringente — alteração do resultado da demanda —, mesmo quando tal modificação venha em desfavor da parte embargante, não se admitindo, no caso, a proibição do *reformatio in peiu*".[23]

Nesses casos de modificação do julgado, a jurisprudência pacífica é a de que, sob pena violação do amplo direito de defesa e do contraditório, a parte embargada deve ser previamente intimada para contestar os embargos.[24]

Embora omissa a legislação a respeito, em processos trabalhistas, em que há possibilidade de modificação do julgado, a prática é a da inclusão do processo em pauta de julgamento, intimando-se as partes e, mesmo, admitindo a sustentação oral.[25] Não faz falta que a parte explicitamente declare o caráter infringente dos embargos, mas sim, que o juiz, na possibilidade de alterar o resultado da decisão, atenda o princípio do contraditório.

---

(23) HORTA, ob. cit., p. 40.
(24) Em tal sentido, a Orientação Jurisprudencial 142 da SDI-1 do Tribunal Superior do Trabalho.
(25) Esta, pelo menos, a praxe da maioria das Turmas do TRT da 4ª Região.

A subsistência do entendimento de que os embargos possam alterar o resultado da demanda — e de que esta possibilidade é um fator benéfico à segurança e à celeridade processuais — é um dos principais motivos para que os embargos de declaração persistam, devendo-se buscar seu aperfeiçoamento por meio de medidas de alteração legislativa.

Uma proposta de alteração legislativa

A preservação do instituto dos embargos de declaração atende a, pelo menos, duas finalidades essenciais, que justificam sua existência: 1) viabilizar a colaboração das partes na prestação jurisdicional, indicando ao juiz falhas e equívocos contidos na decisão judicial que possam ser corrigidos pelo magistrado, sem alteração do resultado e 2) em casos especiais (em que as falhas na decisão judicial comprometem o julgamento) propiciar a modificação do resultado.

No primeiro caso, estar-se-á diante de simples pedido de aclaramento do conteúdo da decisão judicial; no segundo, haverá o caráter infringente. Em ambos os casos, há de se entender que é direito da parte requerer a melhoria da prestação jurisdicional. Em ambos os casos, também, há de se reconhecer ser praticamente impossível determinar, com segurança que a parte é destituída de qualquer razão e que litiga com má-fé. Por outro lado, deve-se encontrar uma forma mais célere e econômica de julgamento dos embargos de declaração, aliviando o trabalho dos juízes e restringindo o campo de controvérsia sem descurar do dever de integral prestação jurisdicional.

Parece-nos que a melhor maneira de realizar tais propósitos seja atribuir ao bom-senso do magistrado decidir a respeito do conteúdo dos embargos propostos, reconhecendo tratar-se de real contribuição à prestação jurisdicional ou de necessário requerimento de reapreciação da matéria por força de erros que possam levar à modificação do resultado da decisão.

Não sendo o caso, caberá ao juiz, liminarmente rejeitar os embargos (por mero despacho e, sem maior fundamentação), reportando-se às razões e argumentos já expendidos na decisão. Provavelmente, em tal situação poderão ser enquadrados a grande maioria dos embargos de declaração que, hoje, são propostos.

Por outro lado, em caso de embargos procedentes, deverá o juiz esclarecer a dúvida, sanar a omissão, resolver a contradição ou corrigir o erro material, acolhendo os embargos como uma contribuição concreta ou, se for o caso de infringência, alterar o resultado do julgamento depois de intimar a parte contrária, atendendo o princípio do contraditório.

Além disso, parece-nos necessário alterar o prazo de interposição dos embargos, voltando ao de quarenta e oito horas, mais do que suficiente ante as novas facilidades propiciadas pelo processo eletrônico. Também parece medida oportuna alterar a natureza do prazo, de interruptivo para suspensivo, de modo a retirar parte do incentivo que a atual lei processual confere à utilização dos embargos de declaração como forma de aumentar o prazo recursal.

Por fim, parece não ser mais necessária nem útil qualquer previsão de multa específica pela utilização de embargos de declaração, devendo ser revogada a previsão contida no art. 538, parágrafo único do CPC, extirpando-se, assim, fonte de controvérsias e desentendimento entre magistrados e advogados.

Conclusões provisórias

Assim, entendemos que a norma processual que regula os embargos de declaração está a merecer algumas modificações, que restabeleçam a grande utilidade desse instituto e impeçam sua instrumentalização indevida em prejuízo da celeridade e da efetividade do processo.

Portanto, propõe-se:

a) que se entenda como implicitamente prequestionado qualquer dispositivo legal mencionado pela parte nos embargos de declaração, sem necessidade de qualquer declaração do juiz a esse respeito na decisão dos mesmos embargos;

b) a possibilidade do juiz não acolher os embargos de declaração por simples despacho, sem necessidade de fundamentar, apenas se reportando as razões já expendidas na decisão embargada.

c) que o prazo para interposição dos embargos de declaração volte a ser interruptivo;

d) que tal prazo seja suspensivo, como antes da modificação imposta pela Lei n. 8.950/94;

e) que seja extinta a multa por embargos procrastinatórios.

Porto Alegre, 23 de janeiro de 2011.

GREVE DOS SERVIDORES PÚBLICOS E STF
— O Direito de Greve dos Servidores Públicos após a decisão do Supremo Tribunal Federal —

Ricardo Carvalho Fraga
Luiz Alberto de Vargas[*]

O Estado e a greve

A greve sempre foi ponto de difícil ponderação para a doutrina, pelas amplas conseqüências sociais e políticas de qualquer movimento paredista. Pelos mesmos motivos, nenhum Estado desistiu de regular o conflito.[1] Conforme Norberto Bobbio, "a partir do momento em que o Estado avocou a solução dos conflitos, ele passou a dever Justiça".[2] Para tanto, "o Estado deve regular o exercício do direito de greve, não no sentido de restringi-lo, mas de garantir o bem-estar comum, e, por outro ângulo, retirar as causas geradoras de que movimentos dessa natureza são consequência".[3]

Ao contrário do que pregavam os teóricos do "absenteísmo" ou da não-participação do Estado na intermediação dos conflitos coletivos,[4] a intervenção estatal acentuou-se, a ponto de surgir, a partir dos anos 80, o chamado "neocorporativismo", pelo qual se procura dar conta da sobrecarga das pretensões e das expectativas sociais no circuito político-democrático pela incapacidade do sistema parlamentar e da administração pública em canalizar o conflito. Através dele, recorre-se à institucionalização de mecanismos de conciliação entre o governo, os sindicatos e as associações profissionais.[5] Também como consequência desta

---
(*) Juízes do Trabalho no TRT-RS.
(1) "Nenhum Estado é indiferente (...) mesmo à greve tipicamente econômica, porque a produção é fundamental para a própria sobrevivência do Estado, seja ele qual for" (GENRO, Tarso. *Contribuição à Crítica do Direito Coletivo do Trabalho*. São Paulo: LTr, 1999. p. 44).
(2) Citado em TEODORO, Maria Cecília Máximo e SILVA, Aarão M. *A imprescindibilidade da negociação coletiva nas demissões em massa e a limitação de conteúdo constitucionalmente imposta*, disponível em <http://jusvi.com/artigos/39249/2>, acessado em 01.12.2009.
(3) FRANCO FILHO, Georgenor de Sousa. *Liberdade sindical e direito de greve no direito comparado*. São Paulo: LTr, 1992. p. 75
(4) Ao passo que um setor doutrinal prognosticava um "lassez-faire" do Estado, outro, em oposição, não acreditava em um livre jogo de "forças compensadoras" que, por si só, alcançasse um ponto de equilíbrio automático. Para estes, o Estado era necessário "para regular os fenômenos coletivos em determinadas condições, estimulando e apoiando o exercício da autonomia coletiva e de suas diversas manifestações, na linha de uma *legislação de sustento* à italiana" (BAYLOS, Antonio. *Derecho del Trabajo: modelo para armar*. Ed.Trotta, Madrid, 1991, p. 110).
(5) Ob. cit., p. 109.

tendência à institucionalização dos conflitos coletivos,[6] a greve, antes considerada um "caso de polícia", passou, paulatinamente, a ser encarada como um "caso de política", ganhando reconhecimento como forma legítima de pressão social dos trabalhadores na busca de solução de conflitos coletivos, bem como instrumento efetivo dos mesmos em prol da melhoria de sua situação social.[7]

A greve, assim, é elemento fundamental da luta dos trabalhadores, configurando-se como manifestação da chamada "autonomia privada coletiva", inerente das sociedades democráticas.[8]

Em uma conceituação clássica, greve "é a suspensão do trabalho levado a cabo concertadamente por uma coalizão de trabalhadores com o objetivo de lograr o equilíbrio entre os fatores de produção, logrando-se com ela a aplicação efetiva de uma justiça social no âmbito dos interesses do capital e do trabalho".[9]

O registro do conceito "clássico" não pode nos fazer esquecer que a realidade ocorre com muito maior riqueza do que as tentativas de sua análise e previsões. A greve pode ocorrer, não somente por razões econômicas, mas também por razões políticas, sociais ou mesmo de solidariedade. Já se conheceu, por exemplo, greve de motoristas na cidade de Campinas, São Paulo, em que incidente bem diferenciado no momento de seu encerramento (morte de um trabalhador grevista em lamentável choque com segurança privada de uma das empresas) levou ao prolongamento da greve por mais um dia. Por óbvio, o descontentamento somente poderia levar a algum tipo de protesto, mas este não tinha conexão direta com as reivindicações dos trabalhadores. Este fato novo, ausência de trabalho no dia posterior ao encerramento da greve foi levado à juízo. O voto vencido da Juíza Fany Fajestein é uma obra jurídica a merecer leitura e respeito[10].

A Constituição Brasileira é bem clara, ao não limitar a greve no campo das reivindicações meramente econômicas, mas, ao contrário, deixando unicamente

---

(6) A respeito da gradativa passagem do estágio de repressão para o de reconhecimento da autonomia coletiva, ver JACOBS, Antoine. "La autonomia colectiva" in BOB, HEPPLE. "La formación del Derecho del Trabajo en Europa", MTSS, Madrid, 1986, p. 239-93.
(7) Conforme Godinho Delgado: "Destituir os trabalhadores das potencialidades de tal instrumento é tornar falacioso princípio juscoletivo da *equivalência entre os contratantes coletivos*, em vista da magnitude dos instrumentos de pressão coletiva naturalmente detidos pelos empregadores" (GODINHO DELGADO, Mauricio. *Direito Coletivo do Trabalho*. São Paulo: LTr, 2001. p. 143)
(8) "O Direito Coletivo do Trabalho cumpre função social e política de grande importância. Ele é um dos mais relevantes instrumentos de democratização do poder, no âmbito social, existente nas modernas sociedades democráticas" (DELGADO, Mauricio Godinho. *Curso de direito do trabalho*. São Paulo: LTr, 2002. p. 1268).
(9) LOPEZ, Gerardo Valente Perez. La Huelga en el sistema jurídico mexicano. *Sus perspectivas en la cultura laboral del siglo XXI*. Cidade do México, Sista, 2007. p. 97
(10) FAJESTEIN, Fany. "A causa da greve. Um problema de epistemologia jurídica" in *Democracia e direito do trabalho*. VARGAS, Luiz Alberto (coord), São Paulo: LTr, 1995, p. 117.

aos próprios trabalhadores a decisão sobre a oportunidade da greve e os interesses a serem por ela defendidos (art. 9º, CF).

Fazemos tais considerações para lembrar que a greve de servidores, talvez, seja algo novo, não previsto ao início do sistema capitalista. Hoje, com a maior presença do Estado e um número crescente de servidores públicos, é fenômeno que não pode ser desprezado. A superação da idéia liberal do "Estado gendarme" levou a que este assumisse, cada vez mais, atividades outrora reservadas para a iniciativa privada, ao mesmo tempo em que, paralelamente, também a iniciativa privada desenvolvesse "serviços de alto interesse e essencialidade" o que levou à uma "considerável aproximação do setor público à situação do setor privado", de modo que "a distinção quanto ao exercício do direito de greve já não pode passar, lisa e rasamente, pela linha divisória entre um e outro".[11] Exige um tratamento na doutrina e na legislação. Certamente, tem peculiaridades diversas da greve "clássica" do empregado contra o empregador, acima de tudo, porque na outra parte está a sociedade toda. De qualquer modo, na sua origem, existe a exata mesma situação de um trabalhador buscando melhores condições de trabalho.

A sedimentação do conceito de greve

Superando intermináveis discussões sobre se a greve é um direito ou um fato[12], pode-se reconhecer, hoje, a sedimentação de alguns pontos, sobre os quais se pode dizer que há, na doutrina, razoável consenso:

a) a greve é um direito coletivo

Assegurado em praticamente todas as constituições modernas, está previsto também na Constituição Brasileira, desde 1946, a greve como um direito dos trabalhadores, ainda que restrito. As Constituições brasileiras anteriores não tratavam da greve, exceto a de 1937, que a declarava como um recurso antissocial. Já a Constituiçao de 1988 consagra amplamente o direito de greve, incluindo-a como um direito social constante do título dos Direitos e Garantias Fundamentais e, portanto, com aplicação imediata (art.5º, parágrafo 1º).

Da mesma forma, diversos tratados internacionais incorporados ao ordenamento jurídico brasileiro reconhecem o direito de greve como um direito

---

(11) URIARTE, Oscar Ermida. "La huelga y la solución de los conflictos colectivos en los servicios esenciales" in AAVV, "El derecho de huelga. Nuevas experiencias en América Latina Y Europa", Fundación Friedrich Ebert en Argentina, Editorial Nueva Sociedad, 1990, Venezuela, p. 116.
(12) "A greve — movimento de defesa de uma coletividade — é, no fundo um *fenômeno de força*, inerente à existência na sociedade de interesses coletivos poderosos e organizados" (MARANHÃO, Délio e CARVALHO, Luiz Inácio. *Direito do trabalho*. São Paulo: FGV, p. 368).

fundamental dos trabalhadores[13], em especial a Convenção n. 151 da OIT (art. 8º) e o Pacto Internacional dos Direitos Econômicos, Sociais e Culturais (art. 8º, 1, d).

O direito de greve como direito fundamental está assegurado a todos os trabalhadores, dotando-os, assim, da possibilidade de, através da luta coletiva, obterem a melhoria das suas condições de vida.

b) a greve é fundamental para o equilíbrio das relações sociais

O acolhimento da greve como um direito dos trabalhadores implica no reconhecimento do Estado de que a greve é necessária para o equilíbrio das relações sociais, na medida que representa uma tentativa de contrabalançar a significativa desigualdade das partes em conflito. Se os empregadores possuem o controle incontrastável dos meios produtivos (e, assim, também da fonte de manutenção dos empregados), os trabalhadores nada mais têm do que a possibilidade de coalizão para, de forma coletiva, exercerem algum tipo de pressão sobre o patrão em apoio às reivindicações de melhoria das condições de trabalho. A forma de pressão mais efetiva (senão a única) é a da paralisação coletiva do trabalho, ou seja, a greve.

Sem o direito de greve, as reivindicações obreiras tornam-se súplicas e o atendimento das mesmas dependerá da boa vontade do patronato — e não o resultado do embate social.

De um ponto de vista econômico, a greve pode ser vista como um instrumento a serviço da distribuição de renda e de promoção da igualdade na medida em que sirva como mecanismo de pressão pela repartição da riqueza social.

Cabe a nós perceber que a análise da "vontade" dos interessados diretos não é a mesma compreendida pelo Direito Civil. Esse outro se propunha mais exatamente a superar a ordem medieval, na qual pouco ou nada podia pretender/desejar quem não fosse nobre. Estamos muito mais além no tempo e em outra área do conhecimento do Direito.

Hector-Hugo Barbagelata, autor contemporâneo de Américo Plá Rodrigues acompanhou os debates sobre os princípios do Direito do Trabalho desde os primeiros escritos de seu colega ilustre e recentemente falecido.[14] O autor aponta que, na França, o que se denomina "particularismo" (na Itália, "peculiariedades"),

---

(13) "Sem dúvida alguma, a greve constitui um direito fundamental, ainda que não um fim em si mesmo" (OIT, "Libertad Sindical y negociación colectiva", Oficina Internacional del Trabajo, Genebra, 1994, verbete 136).
(14) Hector-Hugo Barbagelata foi o palestrante de abertura em evento da AMATRA, realizado em Montevidéu, no ano de 2008. É autor de "Particularismo do Direito do Trabalho, traduzido para o português pela Editora LTr, 1996. Mais recentemente, em março de 2009, escreveu um acréscimo ao mesmo livro, sob o título "Reconsideración del tema del particularismo del Derecho del Trabajo".

no Brasil, provavelmente, seja o conceito mais amplo de "autonomia do Direito do Trabalho". Todos estes avanços da humanidade receberam significativas "mutilações" nas últimas décadas do século passado. Exige-se, pois, examinar novamente o nascimento do Direito do Trabalho.

O Direito do Trabalho nasceu para **liberar as forças da autonomia coletiva**, nas palavras por nós traduzidas, do autor em exame. Ora, "liberar as forças da autonomia coletiva" é algo muitíssimo distinto de outra expressão, mais frequentemente divulgada entre nós, de "autonomia da vontade", seja individual ou coletiva. Este segundo conceito deriva do Direito Civil.

No Direito Civil o reconhecimento de que todos tem "vontade" foi relevante para se ultrapassar as amarras dos sistemas medievais, nos quais apenas o senhor feudal detinha poderes e "vontade". Pretende-se que todos participem da sociedade, viabilizando a circulação de riqueza. Nesta nossa nova disciplina, o Direito do Trabalho, a "vontade", desejo e aspiração maior é a busca da sobrevivência do trabalhador e, em determinados momentos excepcionais a busca de melhores condições de trabalho. Não se trata de acolher a "autonomia da vontade" com menor intensidade, mas, sim, compreender que são conceitos diversos, com finalidades bem distintas.

c) a greve é um dos elementos essenciais à democracia

Não pode um Estado se pretender democrático quando, na prática, imobiliza ou amordaça uma parte significativa da população (os trabalhadores), condenando-os a se conformarem com as suas atuais condições de trabalho, retirando-lhe o único instrumento de luta que possuem.

Em outro momento, lembramos que a construção de sua dignidade também é preocupação, com prioridade acentuada, do Direito do Trabalho. Aí, sim, neste momento mais atual, ganha relevo a proximidade com o Direito Constitucional e também com o Direito Civil, agora igualmente já "constitucionalizado".

A Organização Internacional do Trabalho (OIT), em múltiplas ocasiões, em especial na sua Conferência de 1970, tem enfatizado os vínculos profundos entre as liberdades sindicais e as liberdades civis, ressaltando que "o sistema democrático é essencial para o exercício dos direitos sindicais".[15] Por outro lado, desde o pós-guerra, a liberdade sindical e o direito de greve foram consagrados como direitos humanos fundamentais e assim tem se mantido, mesmo diante das mais agudas crises políticas e econômicas, e vinculando-se, dessa maneira, à democracia.[16]

---

(15) OIT, "La Libertad Sindical. Recompilación de decisiones e princípios del Comité de Libertad Sindical del Consejo de Administración de la OIT", Genebra, 2006, 5. ed. revisada, p. 13
(16) SIQUEIRA, José Francisco. *Liberdade sindical no mercosul e chile*. — [Electronic ed.]. — São Paulo, 1999. FES Library, 2000, in <http://library.fes.de/fulltext/bueros/saopaulo/00658toc.htm>, acessado em 01.12.2009.

d) em relação ao resultado da greve, o Estado deve ser neutro

Desde que evoluiu para fato neutro para o Direito para, por fim, ser direito assegurado ao cidadão e merecedor de regulação pública. porém o resultado mesmo do conflito deve ser indiferente ou neutro para o Estado e, assim, este deve se abster de favorecer qualquer das partes e, por isso, influenciar no resultado do conflito, que deve expressar a livre competição das partes. Assim não cabe ao Estado incentivar, fomentar, reprimir ou coibir o conflito, de forma a afetar seu resultado. Bem entendido deve o Estado assegurar a equidade das partes envolvidas.[17]

Assim, a greve, mais do que nunca, deve ser encarada como instrumento imprescindível da negociação coletiva e como direito constitucionalmente assegurado aos trabalhadores. Se, a pretexto de resolver o conflito coletivo, muitas vezes tolerou-se, no passado, que o Judiciário interviesse abruptamente, pondo fim a movimentos grevistas, hoje, tal intervenção é totalmente descabida, ante a clara intenção do legislador constitucional de desautorizar a atuação do Estado nos conflitos coletivos, exceto pela vontade expressa e conjunta dos atores sociais envolvidos ou na hipótese excepcional prevista na própria norma constitucional, em que possa haver lesão ao interesse público.[18]

Exemplo negativo de uma postura neutra em relação ao conflito pode ser constatado na atuação do TST na greve dos petroleiros, em 1995, onde, sob o argumento de impedir o desabastecimento de gasolina e óleo diesel e garantir o "Estado de direito", foi decretada a ilegalidade da greve, determinando-se o retorno imediato ao trabalho. Foram fixadas multas excessivas foram cominadas aos sindicatos de trabalhadores, demissões de grevistas e feitas e autorizada a substituição dos grevistas. Claramente, o Estado, através do TST, colocou-se contra as reivindicações obreiras e empenhou-se em pôr fim ao movimento paredista.[19] A atuação do TST no episódio foi condenada pelo Comitê de Liberdade Sindical da OIT, que pediu a reintegração imediata dos trabalhadores demitidos na paralisação.

e) também por isso, compete ao Estado manter um ambiente favorável à negociação coletiva, favorecer o diálogo entre as partes e, com o consentimento geral, servir como mediador ou, em casos excepcionais, como árbitro

A OIT, em sua "Declaração sobre os princípios e direitos fundamentais no trabalho", considera que o "reconhecimento efetivo do direito à negociação coletiva"

---

(17) Em outro texto, tratamos dos "piquetes", VARGAS, Luiz Alberto e FRAGA. Ricardo. *Aspectos dos direitos sociais*, São Paulo: LTr, 1989.
(18) VARGAS, Luiz Alberto e FRAGA, Ricardo. *Relações coletivas e sindicais* — novas competências após a EC-45, Porto Alegre: Revista do TRT 4ª Região, dezembro/2005.
(19) Sobre a exata finalidade das multas, recorde-se GONZALES, Carmen. Direito de greve, *Jornal Zero Hora*, coluna Opinião, maio de 1996.

é um compromisso de todo Estado-membro, ainda que não tenha ratificado qualquer convenção, compromisso esse derivado do fato de pertencer à Organização, de respeitar, promover e tornar realidade, de boa fé e de conformidade com a Constituição, os princípios relativos aos direitos fundamentais que são objeto dessas convenções.

Pela Convenção n. 98, IV, tem o Estado o dever de adotar medidas adequadas às condições nacionais para estimular e fomentar o pleno desenvolvimento e o uso de procedimentos de negociação coletiva voluntária, com o objetivo de regular, por meio de convenções coletivas, as condições de emprego.

Já a Convenção n.154 estabelece que a negociação coletiva deva ser possibilitada a todos os empregados e a todas as categorias de trabalhadores, de todos os ramos de atividade, inclusive aos trabalhadores da Administração Pública, ressalvado, quanto a estes, que a aplicação das normas possa atender formas diferenciadas que atendam as peculiaridades da legislação ou das práticas nacionais. Especificamente em relação aos servidores públicos, a Convenção n. 151, art. 7º prevê que "deverão ser adotadas medidas adequadas às condições nacionais para estimular e fomentar as autoridades competentes e as organizações de empregados públicos acerca das condições de emprego ou de quaisquer outros métodos que permitam aos representantes dos empregados públicos participar na determinação de tais condições".

Finalmente, o Comitê de Liberdade Sindical da OIT considera o direito à negociação coletiva um componente essencial à liberdade sindical.

f) compete, porém, ao Estado garantir o direito de terceiros, de modo que não sejam prejudicados ou, na impossibilidade disso, que o prejuízo seja o menor possível

Quanto aos efeitos sobre terceiros, o Estado não pode nem deve ser neutro. Tampouco pode ser neutro o Estado quanto ao efeito na sociedade do prolongamento da greve. Assim, o estado tem o dever de fomentar a negociação coletiva e, mesmo, empenhar-se para que, sem interferir no resultado da greve, aproximar as partes de um acordo, de modo que a duração da greve seja a menor possível, reduzindo os prejuízos para todos os envolvidos e para a própria sociedade.

O dever de atuação do Estado na preservação do direito de terceiros se fundamenta não apenas na cláusula geral de proteção dos direitos do cidadão, mas, particularmente, porque aqui estamos em um dos raros casos em que o Estado assegura ao particular a autotutela de seus interesses.[20]

---

(20) Sobre o tema, recorde-se BELTRAN, Ari Possidonio. *A autotutela nas relações de trabalho*. São Paulo: LTr, 1996.

No entanto, a atuação do Estado deve ser proporcional e há de se ter em conta não mera inconveniência, eis que inevitável algum grau de transtorno, por estarmos em sociedade com trabalhadores não satisfeitos.

g) em relação aos serviços essenciais à coletividade, deve o Estado garantir a continuidade na prestação dos mesmos

Como pondera Oscar Ermida Uriarte, "en todo sistema de solución de conflictos del trabajo en los servicios esenciales, el problema fundamental radica en que forzosamente su finalidad es evitar una interrupción prolongada — y en algunos casos cualquier interrupción — de ciertas actividades", lo que inevitablemente implica la introducción de algún límite al ejercicio del derecho de huelga: "se trata, pues, de establecer un equilibrio entre el interés general y los derechos de las partes en conflicto".[21]

Conforme a OIT, por sua Comissão de Peritos na aplicação de Convênios e Recomendações, "a proibição deveria limitar-se aos funcionários que atuam na qualidade de órgãos dos poderes públicos ou em serviços cuja interrupção poderia pôr em perigo a vida, a segurança ou a saúde das pessoas de toda ou parte da população" Assim, este órgão internacional tem desqualificado como "serviços essenciais" a rádio e televisão, os setores de petróleo, os portos, os bancos, os serviços de informática para arrecadação de taxas e impostos, os grandes supermercados e os parques de diversão, a metalurgia e o conjunto do setor mineiro, os transportes em geral, os pilotes de aeronaves, a geração transporte e distribuição de combustíveis, os serviços ferroviários, os transportes metropolitanos, os serviços de correios, o serviço de recolhimento de lixo, as empresas frigoríficas, os serviços de hotelaria, a construção, a fabricação de automóveis, as atividades agrícolas, o abastecimento e a distribuição de produtos alimentícios, a "Casa da Moeda", a "Agência Gráfica do Estado", o setor de educação, empresas de engarrafamento.[22]

Em todo caso, a OIT prevê uma "salvaguarda" (ou uma "extensão" do conceito de "serviço essencial") para situações em que a greve, por sua extensão ou duração, possa provocar "uma situação de crise nacional aguda, tal que as condições normais de existência da população possam estar em perigo" ou em "serviços públicos de importância transcendental". Nesses casos, se considera legítima a exigência de que se mantenha um "serviço mínimo de funcionamento" ainda que em setores que, "a priori", não seriam essenciais. Por outro lado, na própria definição de quais seriam

---

(21) PANKERT, Alfred, 1981, Solución de conflictos del trabajo en los servicios esenciales in *Revista Internacional del Trabajo*, T. XXI, n. 110, Montevideo)" citado por URIARTE, Oscar Ermida. Ob. cit., p. 115.
(22) OIT, La Libertad Sindical. Recompilación de decisiones y principios de Comité de Libertad Sindical del Consejo de Administración de la OIT, 5ª. Edición revisada, Oficina Internacional de la OIT, Ginebra, 2006. Disponível em <http://www.ilo.org/ilolex/gbs/ceacr2009.htm>. Acessado em 01.12.2009.

esses serviços mínimos deveriam participar as organizações sindicais, junto com os empregadores e as autoridades públicas. De toda sorte, insiste a OIT que esses serviços mínimos "deveriam limitar-se às operações estritamente necessárias para não comprometer a vida ou as condições normais de existência de toda ou parte da população" e devem ser determinadas "de forma clara, aplicadas estritamente e de conhecimento, em seu devido tempo, pelos interessados".[23]

Esses consensos são relativizados quando se trata de serviço público, em parte preconceitos outra parte reais dificuldades de transposição das regras pensadas a princípio no âmbito do serviço privado.

A greve e os servidores públicos

As controvérsias sobre o direito dos servidores públicos à greve se situam num patamar ainda anterior, qual seja, se os servidores públicos são trabalhadores — e, assim, a relação com seu tomador de serviços (o Estado) é uma relação bilateral ou, ao contrário, estamos diante de uma relação unilateral em que, em nome do interesse público, o Estado impõe as condições de trabalho sem espaço para a negociação contratual.[24] Para a maioria dos autores, a bilateralidade foi introduzida pela Constituição de 1988, que, a par dos princípios anteriores de direito administrativo (moralidade, legalidade, etc.), incorporou princípios novos, dentre os quais o mais importante, "o da bilateralidade do vínculo funcional, verdadeira contrariedade para os administrativistas clássicos".[25]

No campo do direito do trabalho, na esteira de uma cada vez mais presente participação do Estado em atividades antes restritas ao setor privado, assistimos a uma verdadeira "celetização" de relações antes marcadas pelo regime estatutário. Passaram a fazer pouco sentido as doutrinas que negavam ao servidor público direitos de natureza contratual.[26]

---

(23) OIT, 2006, ob.cit., verbetes 606-25.
(24) A doutrina tradicional, a partir das quais o Direito Administrativo Brasileiro se desenvolveu, estão baseadas na teoria do "ato-condição" de Leon Duguit, juspublicista francês, como lembra Francisco Rossal de Araújo, citando Celso Antônio Bandeira de Mello, para o qual "o funcionário se encontra debaixo de uma situação legal, estatutária, que não é produzida mediante um acordo de vontades, mas imposta unilateralmente pelo Estado, e, por isso mesmo, suscetível de ser, a qualquer tempo, alterada por ele sem que o funcionário possa se opor..." (ARAÚJO, Francisco Rossal. "A Relação de Trabalho na Administração Pública", Revista do TRT 4ª Região. Porto Alegre,1992, n. 25, p. 44.
(25) Carlos Simões ("Direitos dos Servidores no Regime Jurídico Único e Desenvolvimento da Bilateralidade na Constituição Federal, *Revista LTr*, 55-04/413 citado em MACHADO, Pedro Maurício. Sevidores Públicos Federais. Regime Jurídico Único. Competência da Justiça do Trabalho, Caderno Especial da Fenastra, Federação Nacional das Associações e Sindicatos dos Servidores da Justiça do Trabalho, 1991, Florianópolis, p. 7.
(26) "Passando (o Estado) a competir no campo na forma de empresas ou patrimônios explorados pelo poder público, seja ele mesmo, diretamente, como gestor de mão-de-obra que o serve, viu-se gradual e sucessivamente movendo-se em círculos concêntricos, enredado nas teias da legislação trabalhista" (VILHENA, Paulo Emílio R. Contrato de Trabalho com o Estado. São Paulo: LTr, 2002. p. 14)

Superando uma noção muito restrita de "interesse público", na esteira das modernas Constituições, a Carta Magna brasileira reconhece que o interesse público se encontra também na base dos direitos fundamentais dos trabalhadores, entre os quais estão o direito de sindicalização e o direito de greve.[27] De tal direito, não se exclui os servidores públicos, na medida que o art. 9º da Constituição Federal assegura o direito de greve a todos os trabalhadores, não discriminando os servidores públicos. Da mesma forma, não há dúvidas de que os servidores públicos civis gozam de direito de sindicalização (art. 37, VI, CF), já que, quanto ao militares há expressa proibição (art. 42 parágrafo 5º, CF).[28]

Quando da edição da Lei n. 8.112/90, que institui o regime único dos servidores públicos civis, foram previstos, pelo menos, dois pontos importantes, que significavam um avanço no estabelecimento dos direitos sindicais dos trabalhadores da Administração Pública: o direito à negociação coletiva e ao dissídio coletivo (art. 240, alíneas "d" e "e"). Entretanto, o STF afastou esses avanços através de ADIN 492-1, que, já liminarmente, entendeu pela inconstitucionalidade da extensão aos servidores públicos da Administração direta dos direitos à negociação coletiva e ao ajuizamento de dissídio coletivo, decisão, posteriormente, confirmada no mérito.[29] O fundamento da decisão remete à superada teoria da unilateralidade.[30]

Paradoxalmente, assim, passou a existir uma categoria de trabalhadores a que são reconhecidos os direitos de sindicalização e de greve, mas que não possuem direito a negociar coletivamente[31]. Como bem aponta Fernando Belfort, "os servidores públicos da Administração direta acabaram, na prática, sendo expurgados, através da interpretação dada pelo Supremo Tribunal Federal, de seus direitos constitucionais, na medida em que, não podendo exercer o direito de negociação, os seus sindicatos passaram a atuar exclusivamente como forma de pressão para a alteração da legislação.[32]

---

(27) COELHO, Rogério Viola. A Relação de Trabalho com o Estado. São Paulo: LTr, 1994. p. 70.
(28) Quanto a determinadas categoriais, ditas sensíveis (militares, funcionários de alto escalão),a OIT entende justificável a existência de restrições aos direitos de direito de sindicalização e de greve.
(29) Comentamos o tema e o veto do Presidente José Sarney, "derrubado" no Congresso Nacional, em "Direitos e Sonhos — além dos limites do orçamento", in "Direito e Castelos", Ricardo Carvalho Fraga, São Paulo: LTr, 2002, p. 9.
(30) "Para ser o resultado de uma negociação coletiva exigível juridicamente, deve ser transformada em ato administrativo válido, exarado por autoridade competente (...) sobre restrições, também, do entendimento cultural doutrinário e jurisprudencial dominante no sentido que a unilateralidade do estabelecimento das condições de trabalho no setor público, pelo Administrador, seria de natureza ontológica do mesmo" (BELFORT,Fernando. *Apontamentos de direito coletivo*. São Luís: Lithograf, 2005. p. 81).
(31) Desconhece-se, assim, a natureza *instrumental* do direito à sindicalização e do direito de greve — institutos que pressupõem o reconhecimento, pelo direito, da existência de conflitos coletivos de interesses e que se destinam à viabilização da negociação coletiva, aceita universalmente como a forma mais elevada para solucioná-los" (COELHO, ob. cit., p. 30).
(32) BELFORT, ob. cit. p. 82.

Na mesma linha de negação dos direitos sindicais dos servidores públicos, o Supremo Tribunal Federal, no julgamento do Mandado de Injunção n. 20, apreciando a auto-aplicabilidade do art. 37, VI da Constituição Federal, decidiu que "o preceito constitucional que reconheceu o direito de greve ao servidor público civil constitui norma de eficácia meramente limitada, desprovida, em consequência, de auto-aplicabilidade, razão pela qual, para atuar plenamente, depende da edição de lei complementar exigida pelo próprio texto da constituição" (MI n. 20, Relator Min. Celso de Mello,DJ de 22.11.96, p.45690).

As oscilações da doutrina e da jurisprudência sobre o direito de negociação coletiva e de greve dos servidores públicos não impediram que, no mundo da vida, eclodissem inúmeras greves de servidores públicos e que, na prática, houvesse negociação entre os entes públicos e os grevistas, ocorrendo na realidade o que é negado pelo ordenamento jurídico nacional. Provavelmente, entre as primeiras negociações neste âmbito e após a Constituição de 1988 tenha ocorrido na cidade de São Paulo, ao tempo da Prefeita Luiza Erundina.

Os impasses mais significativos ocorreram, emblematicamente, quanto ao desconto/compensação do salário relativo aos dias de não-trabalho dos grevistas em decorrências da paralisação. Buscando enfrentar sucessivas greves no serviço público, o Governo Federal editou, o Decreto n. 1.480/95, o qual, a pretexto de regular o art. 37, VI da Constituição Federal, proibia o abono, a compensação e o cômputo para tempo de serviço e para qualquer vantagem das faltas decorrentes de paralisação de servidor público em movimento de paralisação de serviços públicos. Tendo por base tal regulamentação, o Poder Executivo da época procedeu ao desconto dos salários dos grevistas relativamente aos dias de paralisação, contra o que as entidades sindicais dos servidores públicos ingressaram em juízo, propondo mandados de segurança que terminaram por exitosos, suspendendo o descontos salariais. O Judiciário, então, reconheceu a ilegitimidade dos procedimentos baseados em "ato normativo de baixo escalão" que não poderia "dispor de forma contrária ao texto magno, estabelecendo restrições e direitos e impondo sanções"[33] Outras decisões entenderam pela inaplicabilidade do referido decreto em decorrência da impossibilidade de "reconhecimento da ilegalidade da greve".[34]

---

(33) Mandado de Segurança n.2000.34.00.018227-1, impetrado: Confederaçao Nacional dos Trabalhadores em Seguridade Social — CNTSS e outros; impetrado: Coordenador de Recursos Humanos do Ministério do Orçamento e Gestão, Oitava Vara da Seção Judiciária do Distrito Federal, Juiz Márcio Barbosa Maia.
(34) "Se faltam parâmetros para o exercício do direito de greve, falta que não se pode creditar ao universo dos servidores, cabia à Administração, primeiro, obter a declaração de ilegalidade, na sede e foro próprios, para só então, aplicar as sanções cabíveis" (Mandado de Segurança n. 2000.19402-6, impetrante Federação Nacional dos Sindicatos de Trabalhadores em Saúde e Previdência Social — Fenasps e impetrado Coordenador de Recursos Humanos do Ministério do Orçamento e Gestão — MOG e outros, Nona Vara da Seção Judiciária do Distrito Federal, Juiz Antonio Correa).

No mesmo processo, em outra linha argumentativa, entendeu o julgador que não poderia haver descontos salariais decorrentes de faltas por greve em situações em que a paralisação ainda não havia terminado e, assim, não cabia ao poder público descontar o salário dos servidores sem, antes, permitir-lhes o exercício do devido processo, vulnerando a garantia do art. 5º, LV da Constituição Federal e resvalando para o "abuso, porque nega aos servidores o devido processo e sonega-lhes os alimentos, estes imprescindíveis para a manutenção própria e da família".

Tais decisões evidenciam a perplexidade gerada pela insegurança jurídica criada pelo vazio legislativo decorrente da omissão do Legislativo em regulamentar o direito de greve dos servidores públicos. De um lado, o administrador se via impedido de descontar os dias de greve e punir grevistas que participassem de greve abusiva — mesmo porque sequer havia base normativa para declaração da abusividade da greve. Por outro, os grevistas se viam privado de negociar coletivamente (mesmo os salários dos dias de paralisação) e, assim, dar consequência ao movimento paredista. As soluções para o movimento de greve de servidores públicos terminavam, invariavelmente, em acordos informais e beirando à ilegalidade, onde o administrador se comprometia em buscar os meios para o atendimento das reivindicações dos grevistas, enquanto que estes se comprometiam em compensar os dias de falta decorrentes da paralisação.

Os impasses levaram a incontáveis manifestações pela urgência quanto à regulamentação do direito de greve previsto na norma constitucional.[35]

Entretanto, ainda que vários projetos de lei tenham sido apresentados ao longo dos últimos 19 anos[36], o Congresso Nacional deixou de editar lei a respeito, seja lei complementar, seja lei ordinária.[37]

O julgamento do direito de greve no serviço público pelo STF

Ante esse verdadeiro clamor, finalmente, o STF — que já desde 1994 (data do julgamento), por ocasião da apreciação do Mandado de Injunção n. 20, já havia denunciado a omissão legislativa em regulamentar o direito de greve, porém sem avançar em colmar a lacuna legislativa — revisando o posicionamento anterior, decidiu pela adoção da lei de greve do setor privado como regulamentação das greves do setor publico (Mandados de Injunção, números 670, 708 e 712).[38]

---

(35) A respeito do assunto a reportagem por Marcos Cézari, "Falta de lei emperra greve no serviço público", Correio Sindical Mercosul, 31.7.2005, acessado em 01.12.2009, disponível em <http://www.sindicatomercosul.com.br/noticia02.asp?noticia=25548>.
(36) Um dos primeiros, o Projeto de Lei Complementar, n. 56 de 1989, de autoria do Deputado Ruy Nedel.
(37) Por força da Emenda Constitucional n. 19/1998, o artigo 37, VII foi alterado, passando a não mais exigir regulamentação do direito de greve por lei complementar, mas apenas por lei ordinária.
(38) MI 670, Rel. Gilmar Mendes, impetrante: Sindicato dos Servidores Policiais Civis do Estado do Espírito Santo – Sindpol; Impetrado: Congresso Nacional MI 708, Rel. Gilmar Mendes, Impetrante: Sintem — Sindicato dos Trabalhadores em Educação do Município de João Pessoa; Impetrado: Congresso Nacional.

Conforme voto condutor do Ministro Gilmar Ferreira Mendes[39], acolheu-se a pretensão dos impetrantes no sentido de que, após um prazo de 60 dias para que o Congresso Nacional legisle sobre a matéria, caso não o faça, determina-se que, solucionando a omissão legislativa, "se aplique a Lei n. 7.783 de 28 de junho de 1989, no que couber", enquanto a omissão não seja devidamente regulamentada por Lei específica para os servidores públicos".

Na mudança drástica da posição anterior — que meramente sinalizava ao Congresso Nacional a omissão legislativa —, destaca-se a clara preocupação da Corte Constitucional em dar efetividade a norma fundamental que assegura o direito de greve aos servidores públicos, dando cobro à inércia abusiva dos poderes constituídos que, por dezenove anos, frustrou "a eficácia de situações subjetivas de vantagem reconhecidas pelo texto constitucional". Segundo o Ministro Celso de Mello, "*revela-se essencial* que se estabeleça, tal como sucede na espécie, *a necessária correlação entre a imposição constitucional de legislar*, de um lado, *e o consequente reconhecimento do direito público subjetivo à legislação*, de outro, de forma que, presente a obrigação jurídico-constitucional de emanar provimentos legislativos, *tornar-se-á possível* não só imputar comportamento moroso ao Estado (...) *mas*, o que é muito mais importante ainda, pleitear, junto ao Poder Judiciário, *que este dê* expressão concreta, que confira efetividade *e que faça atuar* a cláusula constitucional *tornada inoperante* por um incompreensível estado de inércia governamental".

Não pode haver dúvidas de que a decisão do STF se dá num contexto de garantia dos direitos subjetivos dos trabalhadores do serviço público ao exercício do direito de greve assegurado constitucionalmente, mas até então, negado pela inércia do Legislativo e do Executivo.[40] É nesse espírito de extensão à significativa parcela dos trabalhadores dos mesmos direitos à luta coletiva pacífica já assegurados aos trabalhadores da iniciativa privada que se deve interpretar a aplicação à greve no serviço público das normas atinentes à greve do setor privado.

Por outro lado, também visível ter pesado na decisão do Supremo a urgência de que as paralisações no serviço público tivessem algum parâmetro para declaração

---

MI 712, Rel. Eros Grau. Impetrante: Sindicato dos Trabalhadores do Poder Judiciário do Estado do Pará — Sinjep. Impetrado; Congresso Nacional.
Data de Julgamento: 25.10.2007.
(39) Tal solução já havia sido preconizada pelo Ministro Marco Aurélio Mendes de Farias Mello, já por ocasião do Mandado de Injunção n. 20, no julgamneto ocorrido em 19.05.1994. Da mesma forma, o Ministro Carlos Velloso, no MI n. 631 (Rel.Ilmar Galvão, DJ 02.08.2002).
(40) "Evidentemente, não se outorga ao legislador qualquer poder discricionário quanto à edição ou não de lei disciplinadora do direito de greve. O legislador poderá adotar um modelo mais ou menos rigido, mais ou menos restritivo do direito de greve no âmbito do serviço público, mas não poderá deixar de reconhecer o direito previamente definido na Constituição" (voto do Ministro Gilmar Mendes).

ou não de sua eventual abusividade, forma constitucional de restrição do exercício do direito de greve pelo Poder Judiciário em caso de paralisações que, entre outras formas de abuso de direito, desatendam o princípio da boa-fé negocial, que terminem por violar outros direitos fundamentais ou que atinjam seriamente o direito de terceiros, em especial em serviços essenciais ou em desatendimento de necessidades inadiáveis da comunidade.[41]

Assim, no entendimento majoritário do STF, trata-se de construir, para o serviço público, um conceito de "serviços essenciais" que, mais do que uma repetição do contido na Lei n. 7.783/89, assegure o direito da população a "serviços públicos adequados e prestados de forma contínua", em atendimento ao art. 9º, *caput* c/c art. 37, VII da Constituição Federal). Parece claro que a amplitude dessa limitação ao exercício do direito de greve pelo reconhecimento da necessidade de continuidade de determinados serviços públicos será feita, caso a caso, jurisprudencialmente, na medida em que "de acordo com as peculiaridades de cada caso concreto e mediante solicitação de órgão competente, seja facultado ao juízo competente impor a observância a regime de greve mais severo em razão de tratar-se de serviços ou atividades essenciais nos termos dos já mencionados arts. 9º e 11 da Lei n. 7.783/89" (voto do Ministro Gilmar Mendes).

O disciplinamento da greve em serviços públicos que tenham características afins aos "serviços ou atividades essenciais" deve ser tão ou mais severo que o dispensado aos serviços privados ditos "essenciais". Fica claro que, ao contrário do art. 10 da Lei n. 7.783/89, não se está preso a um arrolamento exaustivo de "serviços essenciais" (*numerus clausus*)[42], mas trata-se de uma orientação para uma construção pretoriana de uma regulamentação provisória que, identificando, no caso concreto, a similariedade com as situações previstas na norma legal (imperativo de atendimento de necessidades inadiáveis da comunidade que, em caso de não atendimento, coloquem em "perigo iminente a sobrevivência, a saúde ou a segurança da população" — Lei n. 7.783/89, art.11), preserve os interesses maiores da coletividade mesmo que a custa de alguma restrição ao exercício do direito fundamental de greve.

Estamos, aqui, claramente ante a possível colisão entre dois valores juridicamente protegidos pela Constituição Federal, o que exige do intérprete

---

(41) Significativo, no voto condutor do Ministro Gilmar Mendes: "Mencione-se, a propósito, episódios mais recentes relativos à paralisação dos controladores de vôo do país; ou, ainda, no caso da greve dos servidores do Judiciário do Estado de São Paulo, ou dos peritos do Instituto Nacional de Seguridade Social (INSS), que trouxeram prejuízos irreparáveis a parcela significativa da população dependente desses serviços públicos. A não-regulação do direito de greve acabou por propiciar um quadro de selvageria com sérias consequências para o Estado de Direito".
(42) "Pela complexidade e variedade dos serviços públicos e atividades estratégicas típicas de Estado, há outros serviços públicos, cuja essencialidade não está contemplada pelo rol dos arts. 9º a 11 da Lei n. 7.783/1989. Para fins desta decisão, a enunciação do regime fixado pelos art. 9º a 11 da Lei n. 7.783/1989 é apenas exemplificativa ("numerus apertus")". (Voto do Ministro Gilmar Mendes).

uma lógica distinta da própria à resolução dos conflitos de normas. Se neste caso, não se admite a coexistência no mesmo sistema jurídico de duas normas contraditórias entre si, quando se trata de conflito entre dois princípios constitucionais, não se aplica a lógica da exclusão. Em tal caso, a regra é exatamente o oposto: a da coexistência e da harmonia dos princípios colidentes, através do mecanismo da ponderação. Ou seja, ao invés da eliminação de um dos termos contraditórios, busca-se o equilíbrio dos contrários, a convivência possível entre dois valores essenciais ao sistema constitucional, de modo que a harmonização de ambos no caso concreto seja a reafirmação de ambos, que, ainda que se limitados reciprocamente em sua eficácia.[43]

Sem dúvida, trata-se de um difícil equilíbrio, mesmo em face de greves no setor privado e que se torna ainda mais problemático quando ocorrem greves no setor público.

No voto do Ministro Joaquim Barbosa, por exemplo, são citados, como exemplos, da insuficiência da aplicação analógica da Lei n. 7.783/89 ao setor público, a ausência de regulação específica quanto à continuidade dos serviços judiciais para garantia do *habeas corpus* (art. 5º, LXVIII, CG); quanto à continuidade dos serviços administrativos no que tange ao fornecimento de certidões (art. 5º, XXXIII, CF); quanto à continuidade dos serviços do setor de saúde, de forma que não se comprometa o direito de todos à vida (art. 5º, *caput*. CF)[44] e quanto à continuidade dos processos eleitorais. Certamente, estes são apenas alguns exemplos de como a greve no serviço público pode, especificamente, ser causa de violação de direitos fundamentais da população no que se refere à continuidade de serviços essenciais.

Na tentativa de estabelecer algum balizamento para essa difícil tarefa de ponderaçao de princípios constitucionais, o voto do Min. Gilmar Mendes levou em consideração algumas propostas legislativas que tramitam no Congresso Nacional para estabelecer uma regulamentação provisória para a greve dos servidores públicos, tomando por base a lei de greve para o setor privado (Lei n. 7.783/89).[45] Assim, comparando tais anteprojetos e o texto da Lei n. 7.783/89, o voto do Ministro Gilmar Mendes ponderou, entre outros aspectos, algumas possibilidades interpretativas na aplicação analógica da lei de greve ao serviço público:

---

(43) A esse respeito, ver ALEXY, Robert. *Teoría de los Derechos Fundamentales*. Madrid: Centro de Estudios Políticos y Constitucionales, 2001. p. 112.
(44) Em relação aos serviços de saúde, reconhecendo que, atualmente, em alguns locais, o funcionamento "regular e pleno de tais serviços já não atende ao mínimo exigido para assegurar o direito à vida", o voto do Ministro chega a admitir que, "como conseque~encia dessa orientação, a possibilidade de vierem a ser inviáveis, por exemplo, greves que resultem em paralisação ou redução dos mesmos".
(45) Citam-se, expressamente, os anteprojetos de Lei n. 4.497/2001 (dep. Rita Camata), n. 5.662/2001 (dep. Airton Cascavel), n. 6.032/2002 (de autoria do Executivo), n. 6.141/2002 (dep. Iara Bernardi), n. 6.668/2002 (dep. Elcione Barbalho), n. 6.775/2002(oriundo da Comissão de Legislação Participativa), n. 1.950/2003 (dep. Eduardo Paes), n. 4.497/2001 (dep. Francisco Rodrigues)

— a aplicabilidade integral da norma constitucional quanto a competir aos servidores públicos, nos termos e nos limites da lei, decidir sobre a oportunidade de exercer o direito de greve e sobre os interesses que devam por meio dele defender;

— que a prerrogativa de convocar greve é das entidades sindicais, em assembleia-geral convocada conforme seus estatutos;

— que, tratando-se de serviços essenciais, quando da deflagração da greve, o prazo para comunicação prévia da data de seu início deve ser, pelo menos, de 72 horas;

— tal como ocorre no setor privado, em caso de greve em serviços considerados essenciais em que não se observem as garantias estabelecidas em lei, a Administração poderá proceder à contratação de pessoal por tempo determinado ou de serviços de terceiros;

— que os dias de greve sejam de suspensão do contrato de trabalho e, assim, não há falar em pagamento de salários. Entretanto, tratando-se de matéria a ser decidida no julgamento do dissídio de greve, caberá ao Tribunal, apreciando a questão, entender pelo pagamento dos dias de paralisação;[46]

— configuram-se abuso do direito de greve, entre outras condutas, a recusa à prestação de serviços inadiáveis e a manutenção de greve após celebrado acordo ou decisão judicial, com as sanções correspondentes.

É de se citar, no voto do Ministro Marco Aurélio, uma tentativa de criar uma verdadeira "Carta de princípios e regras", de onde se extraem, além das normas citadas anteriormente, também as que seguem:

— a suspensão da prestação dos serviços deve ser temporária, pacífica, podendo ser total ou parcial;

— a paralisação dos serviços deve ser precedida de negociação ou tentativa de negociação;

— a entidade dos servidores públicos representará os interesses dos trabalhadores nas negociações perante a Administração e o Poder Judiciário;

— são assegurados aos grevistas, dentre outros direitos, o emprego de meios pacíficos tendentes a persuadir ou aliciar os servidores a aderirem à greve e à arrecadação de fundos e livre divulgação do movimento;

— em nenhuma hipótese, os meios adotados pelos servidores e pela Administração poderão violar ou constranger os direitos e garantias fundamentais de outrem;

---

[46] Em sentido diverso, é de se notar que, em muitos dos anteprojetos já referidos, os dias de greve são contados como de efetivo exercício, inclusive remuneratório, desde que, encerrada a greve, as horas não trabalhadas sejam repostas de acordo com cronograma estabelecido conjuntamente pela Administração e pelos servidores;

— é vedado à Administração adotar meios para constranger os servidores ao comparecimento ao trabalho ou para frustrar a divulgação do movimento;

— as manifestações e atos de persuasão utilizados pelos grevistas não poderão impedir o acesso ao trabalho, nem causar ameaça ou dano à propriedade ou pessoa;

— durante o período de greve, é vedada a demissão de servidor fundada em fato relacionado à paralisação, salvo se se tratar de ocupante de cargo em comissão de livre provimento e exoneração;

— é lícita a demissão ou a exoneração de servidor na ocorrência de abuso do direito de greve;

— durante a greve, a entidade representativa dos servidores ou a comissão de negociação, mediante acordo com a Administração, deverá manter em atividade equipes de servidores com o propósito de assegurar a prestação de serviços essenciais e indispensáveis ao atendimento das necessidades inadiáveis da coletividade;

— a responsabilidade pelos atos praticados durante a greve será apurada, conforme o caso, nas esferas administrativas, civil e penal.

Por fim, na delicada questão sobre quem deverá julgar o conflito, o STF adotou "parâmetros institucionais e constitucionais de definição de competência, provisória e ampliativa, para a apreciação de dissídios de greve instaurados entre o Poder Público e os servidores com vínculo estatutário". Assim, em linhas gerais, pode-se dizer que:

— se a paralisação ocorrer em âmbito nacional, ou abranger mais de uma região da Justiça Federal, ou ainda abranger mais de uma unidade da federação, a competência será do STJ, por aplicação analógica do art. 2º I, "a", da Lei n. 7.701/88;

— se a controvérsia estiver adstrita a uma única região da Justiça Federal, a competência será dos Tribunais Regionais Federais (aplicação analógica do art. 6º, da Lei n. 7.701/88);

— para os servidores estatutários estaduais ou municipais, em caso de controvérsia restrita a uma unidade da Federação, a competência será do respectivo Tribunal de Justiça (também por aplicação analógica do art. 6º, da Lei 7.701/88).

A partir da decisão do STF

Há de se reconhecer o notável esforço do STF, já que a transposição das normas relativas ao direito de greve, previstas para os trabalhadores civis do setor privado, para o âmbito do serviço público não se faz de forma simples. Nesse sentido, o alerta do Ministro Ricardo Lewandowski de que "as consequências e implicações para a sociedade de uma greve de servidores públicos são distintas daquelas produzidas por uma paralisação de empregados na área privada", o que, segundo o Ministro, pode e deve "ensejar tratamento diferenciado".

Porém, a necessária cautela na adequação do direito aplicável a situações realmente distintas, não deve paralisar a operação analógica que reconhece que, guardadas as devidas particularidades de cada fenômeno, a greve no setor público não se mostra tão distinta da greve no setor privado, especialmente quando esta acontece nos chamados serviços essenciais, já que ambas ameaçam a continuidade da prestação de serviços inadiáveis à comunidade, não se justificando um tratamento essencialmente distinto em situações análogas (permissão em um; proibição ou grave restrição em outro).

De fato, alguns pontos merecem alguma ponderação.

Em primeiro lugar, em relação à competência, tratando expressamente a decisão do STF de conflitos entre Administração e servidores estatutários, parece claro que a competência em relação aos servidores celetistas seja a da Justiça do Trabalho. Porém, mesmo em relação aos estatutários, há de se analisar criticamente a posição do STF, pois afasta a competência da Justiça especializada justamente na solução de conflitos coletivos de trabalho.

Antonio Álvares da Silva afirma, inclusive, que "No Direito Coletivo, as partes são os sindicatos (art. 8º, VI da CF ou, no máximo sindicato e empresa(s) e o objeto do conflito não é o direito posto, mas o direito a ser criado. Não é o *ius factum* mas o *ius condendum*, o direito a ser constituído. Há, pois, fundamental diferença que importa em metodologia própria dos dois ramos do Direito do Trabalho, que são estudados autonomamente pela doutrina e expostos distintamente nos livros e manuais. São profundamente diferentes os dissídios para reivindicar um direito subjetivo garantido por lei e dissídios que visam criar a própria lei."[47]

De outra parte, a decisão do STF sinaliza para uma posição algo rígida em uma aproximação pouco justificada entre "serviços essenciais" e serviço público. Se parece correto que os conceitos da lei de greve do setor privada são insuficientes para abarcar as particularidades do setor público, a definição de que "todo serviço público é essencial" (especialmente contida no voto do Ministro Joaquim Barbosa) parece excessiva em face ao recomendado pela Organização Internacional do Trabalho.

---

(47) SILVA, Antonio Álvares da. "Servidor Público Competência da Justiça do Trabalho para o Julgamento de Conflitos Coletivos de Trabalho dos Servidores Públicos" acessado em 01.12.2009. Disponível em <http://www.revistas.unifacs.br/index.php/redu/article/view/442>.

Quanto aos serviços mínimos de funcionamento, deixou o STF de indicar mais claramente as formas de fixação dos mesmos, que, do ponto de vista das normas internacionais — e da própria legislação brasileira —, devem ser objeto de negociação prévia da qual participem os próprios trabalhadores. Conforme a OIT, na fixação desse serviço mínimo, dever-se-ia atender, pelo menos duas condições: a) deve fixar, *real e exclusivamente*, um serviço *mínimo*, quer dizer, um serviço limitado às atividades estritamente necessárias para cobrir as necessidades básicas da população ou satisfazer as exigências mínimas do serviço, sem menoscabar a eficácia dos meios de pressão; b) dado que este sistema limita um dos meios de pressão essenciais de que dispõem os trabalhadores para defender seus interesses econômicos e sociais, suas organizações deveriam poder participar, se assim o desejarem, na definição desses serviços mínimos, da mesma forma que os empregadores e as autoridades públicas". Diz, ainda, da "suma conveniência" de que as negociações sobre a definição e a organização do serviço mínimo não se celebre durante os conflitos de trabalho, "a fim de que todas as partes interessadas possam negociar com a perspectiva e a serenidade necessárias".[48]

Por outro lado, a decisão do STF deixa de reconhecer que, do ponto de vista da OIT e dos tratados internacionais, toda restrição ao direito de greve deve ser equilibrada pela adoção concomitante dos chamados "mecanismos de compensação" ou "garantias compensatórias", de forma que "sejam compensadas as restrições impostas a sua liberdade de ação durante os conflitos que possam surgir".[49]

Um dos mecanismos compensatórios mais importante é justamente o da adoção de "procedimentos de conciliação e arbitragem adequados, imparciais e rápidos em que os interessados possam participar em todas as etapas e em que os laudos ditados sejam aplicados por completo e rapidamente".[50] No caso brasileiro, onde a "judicialização" do conflito coletivo é tradicional, certamente a revisão do entendimento do STF quanto à possibilidade de ajuizamento de dissídio coletivo pelos sindicatos de servidores públicos representaria um passo extremamente relevante, especialmente para as categorias de trabalhadores públicos em serviços essenciais. Como bem diz Oscar Ermida Uriarte, "tal vez en este terreno, el arbitraje obligatorio que, de regla, resulta incompatible com el derecho de huelga, podría significar uma garantia sustitutiva para los trabajadores, siempre que fuera rápido, participativo y de acatamiento verdaderamente obligatorio para ambas partes em conflicto, aun cuando una de estas sea el Estado".[51]

---

(48) OIT, 1994, verbete 161.
(49) OIT, 2006, verbete 595.
(50) OIT, 2005, verbete 596.
(51) URIARTE, Oscar Ermida. Ob. cit. p. 128.

No entender da OIT, não há falar em impossibilidade de negociação pela vinculação do Administrador ao orçamento aprovado pelo Legislativo, uma vez que, no entender de sua Comissão de Perito sobre Liberdade Sindical, tal fato "não tem como conseqüência impedir a aplicação de um laudo ditado por um tribunal de arbitragem obrigatório"[52]. Tanto é assim que, na prática, a negociação já ocorre entre Administração e grevistas, de forma informal ou "à brasileira", no dizer do ex-Ministro do TST José Luciano Castilho Pereira.[53]

Como bem lembra o voto do Ministro Marco Aurélio, "a negociação coletiva tem abrangência que extrapola a simples concessão de direitos, e exclui a de benesses. Pode mostrar-se como meio hábil até mesmo ao encaminhamento de projeto de lei contendo as condições de trabalho almejadas (...) impossível é deixar de admitir que a negociação coletiva pode visar ao afastamento do impasse, do conflito seguido de greve, mediante a iniciativa, exclusiva do Executivo, de encaminhar projeto objetivando a transformação de lei do que acordado na mesa de negociações. (...) Nem mesmo o Estado, do qual é esperado procedimento exemplar, pode prescindir desse instrumento viabilizador da paz social é a negociação coletiva, no qual, para a busca do entendimento global, geralmente, coloca em plano secundário interesses isolados e momentâneos".

Em outro estudo, lembramos Pinho Pedreira, ao comentar a situação da Inglaterra, França com possibilidade de modificações na remuneração, Suécia, EUA com "alguma forma de negociação" prevista na legislação de 39 Estados em 1981, Japão, Itália, Alemanha com "consulta oficial antes da intervenção legislativa", Espanha, Venezuela, Peru com negociação "desde que não relacionados com salários" e Argélia. Entre nós, existiria, no mínimo, a situação prevista na Constituição Federal, quanto ao artigo 39, § 2º, e o artigo 7º, incisos VI e VII, relativos à negociação sobre redução salarial e duração do trabalho. No específico da previsão orçamentária, Washington Luiz da Trindade concluiu que se "... os gastos do Estado dependem de autorização legal e reclamam controle do Parlamento. O argumento não chega a convencer, porque os gastos da empresa privada são muito mais fiscalizados com a figura do manager e dos auditores que os gastos do Estado."[54] No dizer do mesmo ex-Presidente do TRT da Bahia, "intransponível" mesmo é a realidade da presença expressiva do Estado-empregador.

---

(52) OIT, 2005, verbete 597.
(53) Citado em FERREIRA, Duvanier Paiva e outros. "Negociação Coletiva de Trabalho no Serviço Público Brasileiro", acessado em 01/12/2009. disponível em <http://www.slideshare.net/CharlesMoura/negociao-coletiva-de-trabalho-no-servio-pblico>.
(54) Ricardo Carvalho Fraga, Direitos e Sonhos — além dos limites do orçamento, in *Direito e castelos*, Ricardo Carvalho Fraga, São Paulo: LTr, 2002. p. 10.

DA COMUNICAÇÃO DOS ATOS PROCESSUAIS NO PROCESSO DO TRABALHO: ESPECIFICIDADES E PROCEDIMENTOS

Joe Ernando Deszuta[*]

I — Introdução

O tema relacionado com os atos processuais e a comunicação destes atos não tem demandado estudo crítico e com a devida atenção para as especificidades do processo do trabalho, salvo raras exceções. No que se refere aos atos processuais representados pela citação, intimação e notificação, por exemplo, verifica-se verdadeira confusão entre uns e outros e o mais puro desprezo pelo sistema que se poderia dizer próprio da CLT. Não menos problemática se mostra a situação relacionada com a comunicação dos atos processuais por meio de cartas, em especial precatórias, onde se verifica uma atitude mecanizada de aplicação das normas do CPC — arts. 200/212 —, até porque não há regulamentação na CLT, mas sem a menor adaptação aos princípios e especificidades do Processo do Trabalho.

O que pretendemos nesse breve trabalho é demonstrar (1) a necessidade de uma reafirmação da autonomia[1][2][3] — ou no mínimo de certa autonomia — do

---

[*] Juiz do Trabalho, Mestre em Direito Público, Professor Direito do Trabalho da UNISINOS. Professor nos cursos de Pós-graduação do CETRA/CESUSC, UNISINOS, IMED, CESUSC, UNIPLAC, UNc, UNESC. Pesquisador do CETRA.
[1] MARANHÃO, Délio e outros. *Instituições de Direito do Trabalho*. 22. ed. São Paulo: LTr, 2005. p. 1382/1383, é taxativo quando afirma que " O direito processual do trabalho é um direito autônomo. Sua técnica, seus métodos, seus fundamentos não se confundem com os do direito processual comum. Tal autonomia, porém, como a de qualquer ramo do direito, deve ser entendida em termos, como a seus justos limites.(...) O fenômeno processual, por exemplo, em última análise, é um só.". É evidente que a noção de autonomia para o presente trabalho leva em conta esta necessária comunicação com os demais ramos do direito, em especial da teoria geral do processo, onde busca-se suporte para a problematização da discussão.
[2] BATALHA, Wilson de Souza Campos. *Tratado de Direito Judiciário do Trabalho*. São Paulo: LTr, 1995. p. 217/218 afirma, com base em DE LITALA, que "... autonomia de uma disciplina jurídica não significa independência absoluta em relação a outras disciplinas. Assim, não obstante dotado de autonomia, o direito processual do trabalho está em situação de interdependência com as ciências processuais particulares, notadamente com o direito processual civil, com o qual tem muitíssimos pontos de contacto;"
[3] MAIOR, Jorge Luiz Souto. *Direito processual do trabalho*. São Paulo: LTr, 1998. p. 21/22. O autor afirma não ser importante a discussão com a dita autonomia, mas reconhece que deve haver "uma evolução do estudo da técnica processual trabalhista" levando em conta as complexidades das relações de direito material.

processo do trabalho, com princípios e institutos próprios, apenas podendo haver a subsidiariedade nos estreitos limites dos arts. 769 e 889 da CLT. Calha aqui a lembrança de Teixeira Filho[4] alertando, com base em Nicola Jaeger, que *"se em alguma hipótese for absolutamente necessária a adoção supletória de determinada disposição pertencente ao processo civil, deverá o intérprete trabalhista ter em mente que as normas do processo comum devem adquirir o espírito do processo trabalhista sempre que forem transportadas para o Direito Processual do Trabalho"*; e (2) uma verificação do aspecto positivo da instrumentalidade na efetividade do processo[5] trabalhista a partir da análise de *"quatro aspectos fundamentais"*[6] identificados como a) admissão em juízo; b) o modo-de-ser do processo; c) a justiça das decisões; e d) a sua efetividade.

Cumpre registrar que em recente obra organizada por Chaves[7], há entusiasmada produção de excelentes artigos no sentido de uma ampliação para a subsidiariedade prevista nos arts. 769 e 889 da CLT, principalmente em face das reformas do CPC, produzidas pelas Leis ns. 11.187/05, 11.232/05, 11.276/06, 11.277/06 e 11.280/06 e 11.382/06, ao argumento básico de que o processo do trabalho encontra-se "acomodado", em estado de "letargia", merecendo incorporar ditas alterações. Para Cordeiro[8], *"O processo do trabalho, do ponto de vista normativo, é atávico, rígido e elemento de atraso na prestação jurisdicional. Já o processo civil, pelo menos do ponto de vista normativo, apresenta-se dinâmico, flexível e apto a oferecer uma prestação jurisdicional rápida e efetiva"*.

II — *Citação, intimação, notificação*

Um primeiro aspecto a ser examinado diz respeito à regulamentação legal, definições e distinções dos atos processuais identificados como citação, intimação e notificação, quer no sistema do processo civil, quer no sistema do processo do trabalho.

Antes do CPC de 1973 pretendia-se uma distinção entre as figuras da citação, da intimação e da notificação, basicamente nos termos dos arts. 161 e seguintes do CPC de 1939. Esta pretendida distinção, entretanto, conforme afirma Moniz

---

(4) TEIXEIRA FILHO, Manoel Antonio. *A prova no processo do trabalho*. 7. ed. São Paulo: LTr, 1997. p. 119.
(5) DINAMARCO, Cândido Rangel. *A instrumentalidade do processo*. 11. ed., São Paulo: Malheiros, 2003. Efetividade do processo traduzida "... na ideia de que o processo deve ser apto a cumprir integralmente toda a sua função sócio-político-jurídica, atingindo em toda a plenitude todos os seus escopos institucionais". p. 330.
(6) Ainda DINAMARCO. Ob. cit., p. 334
(7) CHAVES, Luciano Athayde (organizador). *Direito processual do trabalho*: Reforma e efetividade. São Paulo: LTr, 2007.
(8) CORDEIRO, Wolney de Macedo. Da releitura do Método de aplicação subsidiária das normas de direito processual comum ao processo do trabalho, in CHAVES, *op. cit.* p. 27.

Aragão, com base em Lopes da Costa, não se apresentava explícita nos dispositivos legais, afirmando que *"Lopes da Costa fez-lhe certeira crítica sobre a confusão reinante, mostrando que a apregoada distinção não se corporificava nos dispositivos da lei"*. É ainda Moniz Aragão quem sustenta que *"Citação dizia-se o chamamento a juízo, para apresentar defesa; notificação, a notícia de que se deve praticar ou abster-se de algum ato, sob certa cominação; intimação, a ciência dos atos passados em juízo"*.

Com a vigência do CPC de 1973, verifica-se que há definição própria para o ato de citação, nos termos do art. 213 do CPC[9], no sentido de representar o chamamento do réu a juízo para se defender. Neste sentido, tem-se a citação pessoal (art. 215 do CPC) a ser cumprida por oficial de justiça (art. 221, II e 224, do CPC), a citação postal (art. 221, I, do CPC) com as exceções previstas (art. 222, do CPC), a citação por edital (art. 221, III e 231, do CPC). Normalmente se verifica uma vinculação da citação pessoal à figura do oficial de justiça, quando, na verdade, não há qualquer suporte para tal, na medida em que a citação feita pelo correio também é pessoal (art. 223, parágrafo único, do CPC). Distinção que se apresenta mais compatível é a citação real (oficial/correio) e a citação presumida (edital/hora certa, em alguns casos). Para Moniz Aragão[10] *"Na realização desses atos ateve-se o Código a duas conhecidas formas: a real, em que tudo se passa face a face com o destinatário, e a presumida (ou ficta, como também é denominada, apesar de não haver identidade entre os conceitos de presunção e ficção), que é feita por intermédio de órgãos ou pessoas, que se espera levem ao conhecimento do interessado. Da primeira espécie são as citações ou intimações feitas pelo escrivão, pelo oficial de justiça ou pelo correio; da segunda, as que são feitas por intermédio de editais divulgados pela imprensa ou com o concurso de pessoas vizinhas ou aparentadas do destinatário"*. No art. 611 do CPC, revogado em face da Lei n. 11.232/05, havia menção à citação do réu após a realização dos cálculos, agora modificado para intimação em face da nova sistemática, conforme art. 475 (letras) do CPC.

No CPC de 1939 também havia o instituto da intimação, nos termos do art. 168. Na sistemática de 1973, a intimação tem expressa definição no art. 234 do CPC[11], entendendo-se como o ato pelo qual é dada ciência a alguém dos atos e termos processuais, para que faça ou deixe de fazer alguma coisa. Verifica-se que as intimações são feitas mediante publicação dos atos "no órgão oficial" (art. 236 do CPC) pelo correio (art. 237,II e 238, do CPC), pessoalmente (art. 237, I e 238, do CPC) e por oficial de Justiça, mas nesta hipótese apenas quando frustrada a intimação pelo correio.

No CPC de 1939 havia, ainda, a figura da notificação no título III (DAS CITAÇÕES, NOTIFICAÇÕES E INTIMAÇÕES), mas não havia regulamentação capaz

---

(9) "Art. 213. Citação é o ato pelo qual se chama a juízo o réu ou o interessado a fim de se defender".
(10) *Comentários ao CPC*. V. II, 7. ed. Rio de janeiro: Forense, 1993. p. 187/188.
(11) "Art. 234 do CPC — Intimação é o ato pelo qual se dá ciência a alguém dos atos e termos do processo, para que faça ou deixe de fazer alguma coisa".

de emprestar efetiva distinção entre os institutos, valendo a crítica formulada por Lopes da Costa. A Lei n. 1.533/51 (Mandado de Segurança) utiliza-se do termo "notificação" (arts. 7º, I, e 9º) como forma de comunicação ao "coator" para que *"... preste as informações que achar necessárias;"*. Não há, no sistema do processo civil contemporâneo, a comunicação dos atos processuais por meio de notificação. Verifica-se que a notificação aparece no CPC de 1973 como medida cautelar (arts. 867/873, do CPC).

No âmbito do processo do trabalho constata-se, inicialmente, uma nomenclatura própria de notificação (art. 841, *caput* e parágrafos 1º e 2º, da CLT), tanto para o reclamado quanto para o reclamante, bem como para as testemunhas (art. 825 *caput* e parágrafo único da CLT), cumprindo registrar que em relação a estas faz referência também à intimação. Também no art. 852 da CLT há menção à notificação dos litigantes sobre a decisão proferida.

Mesmo no processo coletivo do trabalho verifica-se a opção própria do legislador neste sentido na redação dos arts. 860 e 867 da CLT. O Direito Administrativo do Trabalho também vai na mesma direção nos arts. 636 e 712 "i", da CLT. Neste sentido Giglio[12], ainda que discordando do resultado, esclarece que *"No desejo incontido de ressaltar sua independência e autonomia em relação ao processo comum, a legislação trabalhista fez questão de abandonar até a nomenclatura tradicional, criando outra, própria. E por isso cognominou de notificação a notícia inicial de chamamento a juízo, certamente porque o legislador entendeu também que a simplicidade e a falta de ritual da comunicação por via postal eram incondizentes com a solenidade tradicional da citação. E fê-lo sem razão, no nosso entender"*.

Aqui há uma estranha influência do CPC de 1939, então vigente quando do início da vigência da Consolidação das Leis do Trabalho, na medida em que nem mesmo naquele código havia uma perfeita distinção entre citação e intimação frente à notificação. Parece que a aposta do legislador foi justamente no sentido de trazer para o processo do trabalho aquela figura inaproveitada no processo civil para dar-lhe conteúdo e função própria, qual seja, *um sentido simplificado para a comunicação dos atos processuais* no processo/fase de conhecimento.

O que se apresenta interessante é que mesmo a doutrina mais representativa e definitivamente comprometida com o processo do trabalho tenha preferido

---

(12) GIGLIO, Wagner D. *Direito processual do trabalho*. 11. ed. São Paulo: Saraiva, 2000. p. 161/162. Na verdade o autor termina por não concordar com a opção do legislador ao afirmar que "Não seria mediante superficial alteração da nomenclatura que o processo trabalhista marcaria sua autonomia, mas pela adoção de princípios próprios e inovadores. Seria preferível manter a denominação anterior, sedimentada pelo uso, de citação, que não perde seu caráter pelo fato de ter simplificada a forma externa de comunicação: os objetivos e os efeitos são os mesmos, quer a citação seja feita por oficial de justiça, quer por comunicação postal."

minimizar esta característica para adotar desde sempre (e principalmente após o CPC de 1973) a nomenclatura do processo civil para continuar chamando de citação aquilo que a CLT chama de notificação. Neste sentido, por exemplo, Coqueijo Costa[13], Tostes Malta[14] e Amauri Mascaro Nascimento[15]. Façam-se aqui as ressalvas necessárias em relação a Saad[16] e Almeida[17]. Leite[18], por sua vez, nem mesmo aborda o tema.

A jurisprudência também parece não se ter importado muito com esta distinção, tanto que as várias súmulas que tratam da matéria referem-se indistintamente à notificação e intimação como situações similares[19]. Note-se, contudo, que recente decisão do TRT da 6ª Região faz adequada abordagem do tema, nos seguintes termos[20]:

---

(13) COQUEIJO COSTA, Carlos: *Direito processual do trabalho*. 4. ed., Rio de Janeiro: Forense, 1995. p. 239. Por exemplo, afirma que "Enquanto no processo civil a citação se faz na pessoa física ou jurídica do réu, do seu representante legal ou do procurador legalmente autorizado (art. 215 do CPC), a trabalhista é postal, no processo de conhecimento, e, por isso mesmo, mais insegura".
(14) TOSTES MALTA, Piragibe. *Prática do processo trabalhista*. 31. ed. São Paulo: LTr, 2002. p. 274, por sua vez, afirma que "A lei fala em notificação, mas a expressão é incompleta. Trata-se por um lado, de citação, ou seja, do chamamento inicial do reclamado ao juízo, da comunicação de que contra ele foi proposta reclamatória; por outro lado, o reclamado é notificado para comparecer à audiência de conciliação e julgamento. A designação notificação citatória pode ser utilizada".
(15) NASCIMENTO, Amauri Mascaro. *Curso de direito processual do trabalho*. 11. ed. São Paulo: Saraiva, 1990. p.182, afirma que "No processo trabalhista, a citação independe de qualquer participação do Juiz, é automática, feita pela Secretaria ou Cartório, salvo casos especiais".
(16) SAAD, Eduardo Gabriel. *Direito processual do trabalho*. 3. ed. São Paulo: LTr, 2002. p. 242, afirma que "Pela notificação (correspondente à citação no processo civil) é o reclamado chamado a juízo para defender-se".
(17) ALMEIDA, Isis de. *Manual de direito processual do trabalho*. 9. ed. São Paulo: LTr, 1998. p. 107, v. I, ainda que posteriormente fale em citação, afirma que "A CLT não faz distinção entre essas três formas de comunicação, às partes, dos atos que se praticam no processo, salvo quando se trata de execução, pois então declara que 'o juiz ou presidente do tribunal, requerida a execução, mandará expedir o mandado de citação' ao executado" (art. 880).
(18) LEITE, Carlos Henrique Bezerra. *Curso de direito processual do trabalho*. 2. ed. São Paulo: LTr, 2004.
(19) SÚMULAS 01 "Prazo Judicial — Quando a intimação tiver lugar na sexta-feira, ou a publicação com efeito de intimação for feita nesse dia, o prazo judicial será contado da segunda-feira imediata, inclusive, salvo se não houver expediente, caso em que fluirá no dia útil que se seguir"; SÚMULA 16 " Notificação — presume-se recebida a notificação 48 (quarenta e oito) horas depois de sua postagem. O seu não-recebimento ou a entrega após o decurso desse prazo constituem ônus de prova do destinatário"; SÚMULA 30 "Intimação da Sentença — Quando não juntada a ata ao processo em 48 horas, contadas da audiência de julgamento (art. 851, § 2º, da CLT), o prazo para recurso será contado da data em que a parte receber a intimação da sentença."; SÚMULA 262 "Prazo judicial. Notificação ou intimação em sábado. Recesso forense. I — Intimada ou notificada a parte no sábado, o início do prazo se dará no primeiro dia útil imediato e a contagem , no subsequente; II — O recesso forense e as férias coletivas dos Ministros do Tribunal Superior do Trabalho (art. 177, § 1º, do RITST) suspendem os prazos recursais".
(20) TRT da 6ª Região. Rel. MILTON GOUVEIA DA SILVA FILHO. PROC. N. TRT- 06941-2002-906-06-00-6, 1ª T.

EMENTA: O ato que busca a Agravante macular de viciado foi a notificação (que é o gênero no Processo de Trabalho das espécies citação, intimação e também notificação) da penhora, sob o argumento de que não fora dirigida para o endereço devido. Contudo, a afirmação da Agravante não é consentânea com a verdade dos autos. A notificação foi dirigida para o endereço do advogado constituído pela agravante e ali recebida, como foram, também, todas as notificações, inclusive da sentença, e nunca houve insurgimento, ou informação no processo de que tal endereço teria sido modificado. Válidas, portanto, todas as notificações para ali enviadas, até que o Juízo seja comunicado pela parte ou por seu advogado de um novo endereço para receber notificação/intimação/citação, por inteligência do art. 39, parágrafo único do CPC. Agravo Improvido.

O que se verifica é que em face da constante alteração do corpo da CLT pela legislação posterior, passou-se a incorporar com mais naturalidade ainda as expressões citação (art. 852-B, II, da CLT, com redação dada pela Lei n. 9.957/00) e intimação (art. 852, parágrafos 2º e 3º, da CLT, com redação dada pela Lei n. 9.957/00; art. 832, § 4º, da CLT, com redação dada pela Lei n. 10.035/00).

Cumpre registrar que a notificação não se apresenta como baluarte de comunicação de todos os atos processuais, tendo o legislador tomado o cuidado de atribuir à citação lugar e função próprios, mas somente na execução, nos termos do art. 880 da CLT. Aqui haverá citação, pessoalmente e por oficial de justiça (art. 880, § 1º, da CLT), distinguindo-se, então, daquela comunicação proposta como notificação no conhecimento. Note-se que mesmo nesta hipótese — citação — o procedimento adotado tem sido a via postal, porque mais simples e rápido, conforme exige o processo do trabalho.

III — Das Cartas: de Ordem, Rogatória e Precatória

Tema que se apresenta especialmente delicado no processo do trabalho é aquele relacionado com a comunicação dos atos processuais por meio de cartas. O processo do trabalho não regulamenta o sistema de cumprimento de atos processuais fora da respectiva jurisdição, buscando-se, por força novamente do art. 769 da CLT, suporte no processo civil. Não se apresenta impertinente a insistência de que a norma do art. 769 da CLT deve ser interpretada adequadamente como um permissivo à supletividade e não como substituição do processo do trabalho pelo processo civil. Repise-se tal aspecto com a lição de Valentin Carrion[21], nos seguintes termos: "Ao processo laboral se aplicam as normas, institutos e estudos da doutrina do processo geral (que é o processo civil), desde que : a) não esteja aqui regulado de outro modo ("casos omissos", "subsidiariamente");

---

(21) CARRION, Valentin. *Comentários à consolidação das leis do trabalho*. 31. ed. São Paulo: Saraiva, 2006.

b) não ofendam os princípios do processo laboral ("incompatível"); c) se adapte aos mesmos princípios e peculiariedades deste procedimento; d) não haja impossibilidade material de aplicação (institutos estranhos à relação deduzida no juízo trabalhista); a aplicação de institutos não previstos não deve ser motivo para maior eternização das demandas e tem de adaptá-las às peculiaridades próprias. Perante novos dispositivos do processo comum, o intérprete necessita fazer uma primeira indagação: se, não havendo incompatibilidade, permitir-se-ão a celeridade e a simplificação, que sempre foram almejadas. Nada de novos recursos, novas formalidades inúteis e atravancadoras".

Ainda que não seja proposta do presente artigo polemizar sobre os reflexos da reforma do CPC no processo do trabalho — mas apenas os limites da subsidiariedade do processo civil —, apresenta-se oportuna a lembrança de Cordeiro[22] quando pretende estabelecer *"um método para aplicação subsidiária das alterações da legislação processual civil ao processo do trabalho"*, a partir do que chama de *"regulamentação inexistente", "regulamentação referencial"* e *"regulamentação concorrencial"*. Relativamente às hipóteses de regulamentação inexistente e referencial parece não haver qualquer problema para a incidência das normas do processo civil. Quanto à denominada regulamentação concorrencial é que a situação se torna mais complexa, não havendo demonstração cabal de que, por exemplo, " ...a regulamentação da execução de títulos executivos judiciais no processo civil, imposta pela Lei n. 11.232/2005, (...) estabelece um marco normativo bem mais inteligente e flexível do que o preconizado pela norma laboral." Primeiro porque não nutrimos o mesmo entusiasmo com as modificações postas, até porque mais topográficas do que de conteúdo, ao menos em sede de processo do trabalho. Segundo porque o norte da reforma — o processo sincrético — sempre foi a base do processo do trabalho (tanto que a execução sempre se fez de ofício, nos mesmos autos, com simplificação dos atos), não havendo aqui qualquer acréscimo. Terceiro porque a pretendida "escolha" de apenas alguns aspectos de um artigo, ou mesmo de alguns artigos de um sistema, pode conduzir a um processo oportunista e desarticulado como conjunto, potencializando as possibilidades de insegurança e injustiças.

Afinado com esta interpretação deve-se buscar um sentido positivo na instrumentalidade para a busca da efetividade do processo a partir da análise, ainda que breve, daqueles quatro aspectos anunciados no início do trabalho, quais sejam, a) admissão em juízo; b) o modo-de-ser do processo; c) a justiça das decisões e d) a sua efetividade —, mas em sede estritamente trabalhista, conforme segue[23].

A admissibilidade em juízo ou acesso à Justiça definitivamente não se constitui em um problema a ser enfrentado no processo do trabalho, ao menos nos moldes

---

(22) CORDEIRO, Wolney de Macedo, Da releitura do Método de aplicação subsidiária das normas de direito processual comum ao processo do trabalho, in CHAVES, *op. cit.* p. 44/50.
(23) Tudo inspirado em uma análise sucinta do último capítulo de "A instrumentalidade do Processo", CÂNDIDO RANGEL DINAMARCO.

em que normalmente é discutido no processo comum. No campo econômico, os aspectos relacionados com o custo do processo e com a pobreza daqueles que necessitam da prestação jurisdicional trabalhista, não representam óbice para o acesso ao Judiciário Trabalhista em face do PRINCÍPIO DA GRATUIDADE. No campo psicossocial, dizente com a desinformação e com eventual descrença, tem-se verificado que significativa parcela dos trabalhadores têm buscado o Judiciário, quer por meio da atuação sindical, quer por meio da facilidade na contratação de advogados que atuam nesta área, ao menos quando se trata de regiões com um maior desenvolvimento econômico e social. Evidentemente que tal aspecto não tem eliminado por completo as chamadas "listas negras" em certos segmentos produtivos, ainda que o Ministério do Trabalho e o Ministério Público do Trabalho se empenhem na identificação e combate de tais práticas. Por fim, no campo jurídico, identificado com a legitimidade ativa individual, ainda que não esteja bem dimensionada tal situação, também tem-se verificado um alargamento da concepção de substituição processual por meio dos sindicatos das categorias profissionais. Talvez o grande entrave para que o trabalhador possa ter pleno acesso ao Judiciário Trabalhista seja realmente a falta de qualquer estabilidade/garantia ao emprego, identificando-se a Justiça do Trabalho com uma "clientela" formada basicamente por desempregados.

Quanto ao modo-de-ser do processo, interessa nova sub-divisão relacionada com o contraditório, a inquisitividade, a prova e o procedimento, a fim de dar suporte para a análise crítica que será feita em relação à utilização da Carta precatória, por exemplo. Quanto ao contraditório, parece não haver qualquer dissonância doutrinária quanto à sua importância e extensão, representando a natureza dialética do processo, inclusive, evidentemente, o trabalhista. Aspecto marcante do sistema processual contemporâneo é a inquisitividade, aliás bastante presente no sistema processual do trabalho, principalmente na execução trabalhista — que se desenvolve ex-ofício. Conforme Dinamarco "Nos sistemas políticos constitucionais marcados pela busca do bem-comum e nos de conotação socialista, o processo recebe influxos publicistas que impõem a presença do juiz atuante. E assim é o nosso sistema processual da atualidade, onde a todo momento é preciso enfatizar que os juízes são os condutores do processo e o sistema não lhes tolera atitudes de espectador." Finalmente, a prova produzida no processo — que no dizer de Russomano[24] "... é o pedestal da sentença". — e o procedimento, com observância do princípio da adaptabilidade, significam um modo-de-ser do processo na busca da efetividade. Dinamarco[25] resume tal aspecto da seguinte forma: "Assim é que a efetividade do processo está bastante ligada ao modo como se dá curso à participação dos litigantes em contraditório e à participação inquisitiva do juiz, os primeiros sendo admitidos a produzir alegações, a recorrer, a comprovar

---

(24) RUSSOMANO, Mozart Victor. *Comentários à CLT*. 16. ed. Rio de Janeiro: Forense, 1994. p. 887, v. II.
(25) DINAMARCO, ob. cit. p. 359.

os fatos de seu interesse e este sendo conclamado a ir tão longe quanto possível em sua curiosidade institucionalizada com aqueles. O grau dessa participação de todos constitui fator de aprimoramento da qualidade do produto final, ou seja, fator de efetividade do processo do ponto-de-vista do escopo jurídico de atuação da vontade concreta do direito. Por outro lado, a celeridade com que todo procedimento deve desenvolver-se e a que constitui marca fundamental de alguns são fatores de maior efetividade no campo social e no político, seja para pacificar logo, seja para obter enérgico repúdio aos atos ilegais do poder público."

A busca de Justiça nas decisões constitui o valor que legitima e dá sentido à atividade jurisdicional num Estado de Direito. Conforme Dinamarco[26] *"A eliminação de litígios sem o critério de justiça equivaleria a uma sucessão de brutalidades arbitrárias que, em vez de apagar os estados anímicos de insatisfação, acabaria por acumular decepções definitivas no seio da sociedade"*. Evidentemente que no processo do trabalho a situação não pode ser diferente, principalmente levando-se em conta o significativo número de ações ajuizadas em confronto com a necessidade de rapidez na solução dos processos, quer por meio da conciliação, quer por meio de sentenças. Este norte somente pode ser alcançado com a aplicação do direito a partir de uma abordagem eminentemente crítica e independente do Juiz, inclusive quanto a eventuais utilizações demagógicas do que se tem denominado de "direito à razoável duração do processo", aliás hoje positivado na Constituição[27][28].

Por fim, tem-se que a efetividade das decisões representam o suporte de credibilidade do Judiciário perante a sociedade. Trata-se da *"dimensão teleológica e instrumental de todo o discurso"*, ou seja, de um sistema apto à produção de decisões dotadas de eficácia. Aqui, tratando-se no mais das vezes de sentença condenatória, a sistemática de execução trabalhista tem buscado superar os entraves da satisfação dos créditos trabalhistas, quer em face da simplificação dos cálculos, da delimitação de valores incontroversos, do sistema Bacen-jud, da utilização de medidas cautelares, enfim da execução de ofício e de uma maior atuação do Juiz na execução.

---

(26) *Idem, ibidem.*
(27) Diz-se demagógica porque parece que somente agora é que o Judiciário passa a se importar com a rápida e adequada solução dos processos! Diz o art. 5º, LXXVIII, da Constituição Federal — a todos, no âmbito judicial e administrativo, são assegurados a razoável duração do processo e os meios que garantam a celeridade de sua tramitação". Este inciso foi acrescentado pela Emenda Constitucional 45 de 08.12.2004. Note-se que se apresenta louvável a inserção do denominado "direito à razoável duração do processo" no âmbito da Constituição Federal – ainda que sem um parâmetro objetivo mais definido —, sendo certo, contudo, que somente tal inserção não se apresenta capaz de tornar a prestação jurisdicional mais efetiva.
(28) FURTADO, Emmanuel. Direito ao Processo do Trabalho em Tempo Razoável , in CHAVES, *op. cit.* p. 151/179, distingue entre "tempo razoável" e "celeridade", afirmando que " ..*o fato de o processo tramitar de forma rápida não implica que, até a entrega da prestação jurisdicional, haja transcorrido tempo razoável, isto por uma série de variáveis.*" Na verdade o autor vai concluir que as reformas do CPC estariam aptas a dar ao processo do trabalho o aparato necessário para se alcançar dito tempo razoável.

É a partir desse breve arcabouço doutrinário que se pode examinar, por exemplo, o sistema de cartas no processo do trabalho. No sistema do CPC as cartas têm a finalidade de se fazer cumprir as ordens judiciais fora da jurisdição e têm definição própria no art. 201 do CPC, ou seja, (a) Carta de ordem (*"Expedir-se-á carta de ordem se o juiz for subordinado ao tribunal de que ela emanar;"*), (b) Carta Rogatória (*"carta rogatória, quando dirigida à autoridade judiciária estrangeira;"*) e (c) Carta Precatória (e *carta precatória nos demais casos*). Não nos parece que possa haver dúvida quanto à possibilidade de utilização de qualquer dessas modalidades, apenas merecendo referência o procedimento que se tem adotado, principalmente em relação às cartas precatórias. Analisaremos, pois, os tipos de cartas e as peculiaridades do processo do Trabalho.

Quanto à carta de ordem, dada sua especificidade, verifica-se com certa frequência para a consecução daqueles atos necessários à instrução ou diligências em face de ações originárias nos TRTs, como por exemplo, as ações rescisórias, as ações de dissídio coletivo, dentre outras. O procedimento se apresenta bastante simplificado, apenas valendo a pena mencionar que nem sempre — como as demais — trazem todos os elementos necessários à total compreensão da discussão posta. Quanto àquelas situações que envolvem dissídios coletivos (ações coletivas) cumpre registrar a especial situação inscrita na última parte do art. 866 da CLT, em que a autoridade delegada, além de cumprir a diligência, tem por incumbência a indicação da solução que entender adequada à discussão[29].

Quanto à carta rogatória, também não parece haver maiores problemas quanto ao seu cumprimento, salvo aqueles inerentes à natureza da carta que evidentemente se cumprirá fora do país. Em face dos flagrantes limites impostos pelas jurisdições nacionais, tal modalidade de carta é implementada pela via diplomática, observadas as regras próprias de cada país. No Brasil, compete ao Superior Tribunal de Justiça (STJ) — art. 105, inciso I, alínea *i*, da CF/88 — a concessão das cartas rogatórias do exequatur, isto é, do despacho que ordena a exequibilidade, no Brasil, de diligência judicial oriunda do estrangeiro. Cabe aos juízes federais a competência para processar e julgar, em primeira instância, a execução de carta rogatória, após a concessão de *exequatur* pelo STJ (art. 109, inciso X, da CF/88).[30] Instrumentos que assumem papel significativo para a efetividade no

---

(29) Art. 866 da CLT " Quando o dissídio ocorrer fora da sede do Tribunal, poderá o presidente, se julgar conveniente, delegar à autoridade local as atribuições de que tratam os arts. 860 e 862. Nesse caso, não havendo conciliação, a autoridade delegada encaminhará o processo ao Tribunal, fazendo exposição circunstanciada dos fatos e indicando a solução que lhe parecer conveniente."

(30) Dispõem sobre carta rogatória e homologação de sentença estrangeira os seguintes dispositivos legais: A) Constituição da República Federativa do Brasil – Arts. 13; 105, inciso I, alínea *i* e 109, inciso X; B) Lei de Introdução ao Código Civil Brasileiro – Decreto-lei n. 4.657, de 4 de setembro de 1942 – Arts. 12, §§ 1º e 2º, 13, 14, 15, alíneas *a* a *e*, parágrafo único, l6 e 17; C) Código de Processo Civil – Lei n. 5.869, de 11 de janeiro de 1973 – Arts. 151, incisos I e II, 152, incisos I a III, 153, 156, 157, 200, 201, 202, incisos I a IV, §§ 1º e 2º, 203, 210, 211, 212, 483, 484 e 584, inciso IV; D) Código de Processo Penal

cumprimento destas cartas são os Acordos Internacionais Bilaterais ou multilaterais, apresentando-se como exemplo mais próximos aqueles que envolvem o MERCOSUL. Neste sentido, apresenta-se oportuna a transcrição de parte da palestra do Ministro Vantuil Abdala[31]: "(....) O Protocolo de Las Leñas (1992) tem uma relação e uma eficácia mais direta em relação à solução dos conflitos trabalhistas no Mercosul. A partir desse Protocolo, tornam-se facilitadas as atividades de prática de atos ordinatórios e probatórios dos processos a serem realizadas em outro Estado-parte. Mais importante ainda é a disposição de seu art. 20, que trata do reconhecimento da eficácia extraterritorial das sentenças e laudos arbitrais, observados os requisitos próprios. No processo Carta Rogatória n. 7.899, oriundo da República da Argentina, o egrégio Supremo Tribunal Federal concedeu o "exequatur", com o fundamento de que, pelo Protocolo de Las Leñas, 'agora, as sentenças estrangeiras, desde que proferidas por autoridades judiciárias integrantes dos demais estados integrantes do Mercosul, poderão, para efeito de sua execução em território nacional, submeter-se a reconhecimento e homologação, mediante instauração de procedimento ritual simplificado fundado na tramitação de simples carta rogatória dirigida à Justiça brasileira'. Assim, decisão reconhecendo direito ao trabalhador em um Estado-parte poderia vir a ser executada em outro, mormente porque, como já se disse, os princípios de ordem pública, nessa área, são praticamente os mesmos entre eles."

A carta precatória, que representa a grande maioria no quotidiano judiciário, é aquela que merece uma análise mais crítica e detalhada quanto à utilização e procedimentos, sempre na busca de uma maior efetividade do processo.

O primeiro aspecto está relacionado com a noção de excepcionalidade para a utilização da carta precatória, na medida em que a regra se estabelece pelo princípio da oralidade — com as características de imediatidade[32], da identidade física do

---

— Decreto-lei n. 3.689, de 3 de outubro de 1941 – Arts. 780, 781, 782, 783, 784, §§ 1º ao 4º, 785, 786, 787, 788, incisos I a V, 789, §§ 1º ao 7º, e 790; E) Lei sobre Ações de Alimentos – Lei n. 5.478, de 25 de julho de 1968 – Arts. 1º, §§ 1º ao 4º, e 26, parágrafo único; F) Estatuto da Criança e do Adolescente – Lei n. 8.069, de 13 de julho de 1990 – Arts. 98, incisos I a III, 141, §§ 1º e 2º, 148, incisos I a VII, parágrafo único, alíneas a a h, e 209; G) Regulamento para Ofício de Tradutor Público e Intérprete Comercial – Decreto n. 13.609, de 21 de outubro de 1943, alterado pelo Decreto n. 20.256, de 20 de dezembro de 1945 – Art. 18; H) Portaria n. 26, de 14 de agosto de 1990, do Departamento Consular e Jurídico do Ministério das Relações Exteriores e da então Secretaria Nacional dos Direitos da Cidadania e Justiça, atual Secretaria Nacional de Justiça, do Ministério da Justiça, publicada no Diário Oficial da União de 16 de agosto de 1990. Fonte: <www.mj.gov.br> (Cooperação Jurídica Internacional – Cartas Rogatórias).
(31) Palestra proferida pelo Ministro do Tribunal Superior do Trabalho no Painel "Jurisdição das Relações Trabalhistas no Mercosul", promovida pelo Supremo Tribunal Federal, em 22.11.2005. Fonte: <www.tst.gov.br> (notícias)
(32) MAIOR, Jorge Luiz Souto. Direito processual do trabalho. São Paulo: LTr, 1998. p. 69, define " Por imediatidade entende-se a necessidade de que a realização dos atos instrutórios deve se dar perante a pessoa do juiz, que assim poderá formar melhor seu convencimento, utilizando-se, também, de impressões obtida das circunstâncias nas quais as provas se realizaram. Permite-lhe analisar o modo como as pessoas prestam seus depoimentos — partes, testemunhas, peritos – como respondem às suas indagações. Não importa muito o quê elas dizem, mas como o fazem"(grifo nosso).

juiz[33][34][35][36] e de concentração[37] dos atos —, tudo em prol da efetividade do processo. Assim, a testemunha que reside em outro local deve comparecer ao juízo para prestar depoimento independentemente de intimação, conforme normas dos arts. 845 c/c 825 da CLT, somente sendo hipótese de expedição de carta precatória a situação posta no parágrafo único do já citado art. 825, ou seja, quando houver recusa no comparecimento. Parece evidente que nesta hipótese não poderá haver a determinação de condução da testemunha que reside fora de sua jurisdição. Note-se que tal aspecto se apresenta mais flagrante ainda quando verificamos aquelas situações de jurisdições contíguas ou limítrofes, onde não há qualquer justificativa plausível ou razoável para a expedição de carta precatória, na medida em que nestes casos ter-se-ia por aplicável a regra do art. 230 do CPC.

O segundo aspecto está ligado ao princípio da economia processual[38][39] que, em última análise significa a prevalência da utilidade dos atos processuais,

---

(33) MAIOR, Jorge Luiz Souto. *Op. cit.* p. 71, diz que tal característica ou princípio "... Consiste na vinculação do juiz que instruiu o processo ao ato de julgar este mesmo processo."
(34) Quanto à identidade física do juiz, cumpre registrar a existência da Súmula 136 do TST, no sentido da não aplicação do princípio ao processo do trabalho. Tal súmula tem merecido pertinentes críticas, até porque refere-se a uma situação que atualmente se encontra totalmente modificada, ou seja, de um juízo colegiado (juntas de conciliação e julgamento) para um juízo monocrático (varas do trabalho — art. 644, c, da CLT ou juízes do trabalho — art. 111, III, da CF. Afirma OLIVEIRA, Francisco Antonio de. *Comentários às súmulas do TST*. 6. ed. São Paulo: Revista do Tribunais, 2005. p. 375, que " Referida súmula deve ser repensada pelo TST. A não aplicação não tem mais sentido nem suporte, e retira um apoio da base do tripé que forma o princípio da oralidade. A sua adaptação ao processo do trabalho é perfeitamente viável." Mais adiante, na p. 378, arremata dizendo que " Com o advento da EC 24/99, extinguindo a representação classista, é aplicável o princípio da identidade física do juiz".
(35) GOUVÊA, Lígia Maria Teixeira e WRONSKI, Ana Paula Volpato, O Princípio da Identidade Física do Juiz no Processo do Trabalho — Revivendo um Velho Mote, Revista LTr, 65-07/775, afirmam que "Como consequência lógica do princípio da oralidade, o interesse do princípio é obrigar o juiz que ouviu a prova oral a sentenciar", mas concluem relativizando a incidência do princípio no processo do trabalho em face, por exemplo, do princípio da transcendência, positivado no art. 794 da CLT.
(36) Como desdobramento do desprezo à identidade física do juiz tem-se percebido a prática de alguns Tribunais do Trabalho, por suas Corregedorias, no sentido de redistribuição de processos para prolação de sentenças por juízes que efetivamente não participaram da instrução processual, fulminando talvez o princípio mais caro ao processo do trabalho que é justamente a ORALIDADE.
(37) MAIOR, Jorge Luiz Souto. *Op. cit.* p. 76, afirma que "Fator de Efetividade dos princípios da imediatidade e da identidade física, a concentração consiste na realização dos atos processuais com a maior proximidade possível."
(38) NASCIMENTO, Amauri Mascaro. *Curso de direito processual do trabalho*. 11. ed. São Paulo: Saraiva, 1990. p. 48, arrola como princípios do processo do trabalho segundo Russomano, que estariam no abandonado anteprojeto de Código de Processo do Trabalho: A) Princípio da finalidade social; B) Princípio da Oralidade; C) Princípio de impulso pelas partes e, quando autorizado, pelo juiz; D) "Princípio da economia processual, devendo o Juiz do Trabalho zelar pela concentração dos atos judiciais, evitando diligências desnecessárias e adiamentos protelatórios, a fim de que a instrução e o julgamento do processo sejam realizados na mesma audiência ou sessão."
(39) THEODORO JÚNIOR, Humberto, in BARROS, Alice Monteiro de. *Compêndio de direito processual do trabalho* — Obra em homenagem a Celso Agrícola Barbi (Coordenadora), São Paulo: LTr, 2001. p. 48/64, afirma que a ECONOMIA PROCESSUAL seria um princípio informativo do procedimento, presente tanto no processo civil quanto no processo do trabalho.

principalmente quando se está diante de um processo que tem a celeridade como suporte técnico e ideológico marcante. Não se apresenta razoável a expedição de carta precatória antes da oitiva das partes e demais testemunhas, não se justificando por qualquer argumento a inversão natural da produção da prova. É que não há qualquer sentido prático na determinação de expedição de uma carta precatória que nem mesmo se sabe de sua necessidade ou utilidade, antes da oitiva das partes e outras testemunhas no juízo da causa, inclusive podendo haver o tranquilo indeferimento na hipótese de já estarem esclarecidas as questões controvertidas. Por outro lado, parece evidente que ao juízo deprecado ficará facilitada a função — diga-se de passagem coadjuvante — de produção da prova, quer pelo fato de que já haverá esclarecimentos proporcionados no juízo da causa em face dos depoimentos já tomados, quer pelo fato de que à testemunha ouvida por meio da precatória restará situação normalmente limitada de aspectos controvertidos.

Note-se que não se apresenta exagerado o registro de que se tem percebido verdadeira manobra no sentido de retirar do juízo da causa a coleta da prova testemunhal, talvez até porque a oitiva de testemunhas por precatória se realize, quase que normalmente, sem que o juízo deprecado tenha todos os elementos dos autos, necessários a uma melhor coleta da prova. Note-se que nestas hipóteses realizam-se um sem-número de perguntas, muitas vezes sem que o juízo possa até mesmo verificar da pertinência e da oportunidade das questões postas. O juízo, que é diretor do processo, fica refém das circunstâncias. Parece, então, evidente que uma carta precatória inquiritória seja expedida somente após a oitiva das partes e demais testemunhas no juízo da causa, entendendo-se que deve prevalecer a REGRA do *caput* do art. 410, do CPC, apresentando-se a hipótese do inciso II, apenas como uma EXCEÇÃO.

Um terceiro aspecto merece ser anotado, basicamente relacionado com o potencial constrangimento que pode ser produzido pelos procedimentos que vêm sendo adotados. Verifica-se que em muitas ocasiões há a expedição de carta precatória inquiritória apenas com a cópia da inicial e da defesa[40], designando-se audiência onde comparece apenas a testemunha, ainda que notificados os procuradores, ou nem mesmo comparece a testemunha. Nestas hipóteses têm ocorrido as mais diversas atitudes dos juízos deprecados, variando desde (a) a simples devolução da carta ao deprecante; (b) a devolução da carta com realização de uma ou outra pergunta, na medida em que nem sempre resta possível delimitar a matéria controvertida; (c) devolução da carta sem qualquer providência quanto

---

(40) TEIXEIRA FILHO, Manoel Antonio. *A prova no processo do trabalho*. 8. ed. São Paulo: LTr, 2003. p. 334/335, afirma não ser necessária a anexação de rol de perguntas (ou de reperguntas), na medida em que tal ato compete eminentemente ao Juiz, além de não fazer parte dos requisitos formais exigidos por lei — art. 202, I a IV e §1º, do CPC. Ainda que do ponto de vista formal o autor tenha razão, verifica-se que do ponto de vista prático tal situação pode efetivamente inviabilizar o cumprimento da diligência.

à eventual condução da testemunha, com entendimento de desistência de oitiva da testemunha no juízo deprecado e (d) ofício à vara deprecante para a solicitação de informações quanto às providências a serem adotadas.

O que se verifica, em qualquer hipótese, é que sempre pode haver uma situação constrangedora ou de mal-entendido entre deprecante e deprecado, não sendo rara a hipótese de devolução da carta ao deprecado ou mesmo de eventual verificação correicional[41].

Cumpre anotar, finalmente, que tal matéria tem sido objeto de regulamentação, também, no âmbito de Provimentos das Corregedorias dos

Tribunais Regionais do Trabalho[42], mas de forma bastante superficial, até mesmo em face dos necessários limites impostos a estas regulamentações. Tem-se,

---

(41) TEIXEIRA FILHO, Manoel Antonio. *Op. cit.*, p. 335, flagra esta situação como passível de procedimento correicional, o que nos parece de rigor extremo, ainda que se possa classificar de efetivamente deselegante.

(42) No âmbito do Tribunal Regional do Trabalho da 4ª Região, por exemplo, a matéria é regulamentada no Provimento 213/2001 — com alterações posteriores — nos arts. 68/77, nos seguintes termos:
Das Citações, notificações e intimações
Art. 68 — A notificação inicial, objeto do art. 841 da CLT, as citações, as intimações para comparecimento à audiência e as que envolvam prazo preclusivo, serão sempre expedidas mediante SEED, com comprovante, nas localidades em que haja convênio com a Empresa Brasileira de Correios e Telégrafos (ECT), e com aviso de recebimento (AR) nas demais localidades, juntando-se aos autos o respectivo comprovante, quando necessário.
Parágrafo único. As demais intimações serão expedidas mediante SEED, sem comprovante, nas localidades em que haja convênio com a ECT, e por via postal simples nas demais, ainda que endereçadas a destinatário fora dos limites da jurisdição da unidade judiciária.
Art. 69 — A secretaria, ao expedir comunicação por via postal, certificará a data de sua efetiva entrega à ECT, quando diversa da constante do documento.
Art. 70 — Nos foros em que autorizada, as intimações dirigidas a advogados e/ou procuradores, excetuadas aquelas que, por força de lei, devam ser realizadas pessoalmente, serão efetuadas por meio de publicação no Diário Oficial do Estado do Rio Grande do Sul.
§ 1º A secretaria da vara do trabalho, após a expedição da intimação para publicação na imprensa oficial, certificará nos autos a respeito, procedendo à conferência da listagem eletrônica quando da publicação da nota de expediente.
§ 2º Caso a publicação não se efetive, tal circunstância será devidamente certificada nos autos antes da expedição de nova intimação.
Das Cartas
Art. 71 — Recebida a carta precatória, a secretaria da vara do trabalho deprecada, onde não houver serviço de distribuição dos feitos, procederá à autuação e ao lançamento no sistema informatizado.
Art. 72 — O juízo deprecante fará constar, em destaque, a expressão "Procedimento Sumaríssimo" nas cartas precatórias referentes aos feitos sujeitos a tal rito, cabendo ao juízo deprecado identificá-las por tarja preta aposta na lombada superior da capa dos autos.
Art. 73 — No juízo deprecado, as cartas precatórias terão as folhas dos autos numeradas na margem inferior direita. No juízo deprecante, serão juntadas aos autos principais, excluída a contracapa, e a numeração seguirá a sequencial do processo.
Art. 74 — A secretaria da vara do trabalho deprecante, mensalmente, verificará o andamento das cartas precatórias expedidas e solicitará informações às unidades deprecadas, quando constatada a ausência, por mais de trinta dias, de notícia a respeito de seu cumprimento.

contudo, que as situações problematizadas no presente trabalho poderiam ser objeto de regulamentação procedimental nos respectivos provimentos dos Tribunais Regionais, com significativo ganho para os jurisdicionados e também para a comunidade jurídica empenhada na efetividade do processo do trabalho.

IV — Conclusão

À guisa de conclusão, tem-se que as questões postas sugerem, ao menos, reflexões que podem ser sintetizadas (1) na busca de um reforço da ideia de autonomia do processo do trabalho, observando-se que, na ausência de regulamentação própria, a utilização do CPC deve levar em conta os limites impostos pelo art. 769 da CLT — que a nosso ver representa uma salvaguarda para, no mínimo, certa autonomia do Processo do Trabalho e não uma porta aberta à invasão de institutos do processo civil incompatíveis com a sistemática trabalhista e, ainda, (2) a valorização dos institutos próprios do processo do trabalho — ou trazidos ao processo do trabalho — para constituir um forte elemento de afirmação das características de um processo simplificado, útil, célere e efetivo.

Art. 75 — Quando impossível a devolução da carta precatória em tempo hábil para a realização da audiência, o juízo deprecado comunicará ao deprecante o cumprimento da diligência.
Art. 76 — Previamente à juntada aos autos de carta precatória cumprida, serão desentranhadas as cópias que a instruíram.
Art. 77 — Aplicam-se, relativamente ao cumprimento das cartas de ordem e rogatórias, no que couber, as disposições desta Seção.

APOSENTADORIA E AÇÃO RESCISÓRIA

Ricardo Carvalho Fraga(*)

As dificuldades enfrentadas pelos aposentados, em nosso País, são conhecidas. Também entre nós, o idoso ainda está por ser mais e melhor protegido. No mínimo, haverá de ficar livre de cálculos insuficientes e mesmo incorretos, quanto aos seus ganhos.

As decisões definitivas do Supremo Tribunal Federal nas Ações Diretas de Inconstitucionalidade ns. 1.721 e 1.770 foram marcos relevantes. Mais adiante, transcreveremos certo trecho, a exigir a reflexão mais profunda.

O Brasil, provavelmente, tenha o mais elaborado sistema de revisão dos julgamentos, através da ação rescisória. Pontes de Miranda apresentou esta afirmativa e outras bem semelhantes, inúmeras vezes, na sua obra sobre o tema. No Prefácio de 1964, consta que o tema "não foi em qualquer outro ponto do mundo, levado a tão grande altura como no Brasil". É dito também que "não podemos, aqui e noutros pontos do sistema jurídico, deixar de pôr em relevo o que o direito brasileiro herdou e que conseguiu melhorar, em comparação mesmo com Estados que muito fizeram nos séculos XIX e XX".[1]

Ao final de 2007, no TRT-RS, iniciaram-se os julgamentos de ações rescisórias decorrentes da declaração de inconstitucionalidade dos parágrafos do art. 453 da CLT, nas Adins antes mencionadas.[2]

Repetem-se aqui algumas linhas das ideias não acolhidas naqueles primeiros julgamentos. Acredita-se que o melhor debate ainda poderá levar a outras decisões, diversas, nos TRTs, TST[3] e, se for o caso, STF.

Frequentemente, tratavam-se de Órgãos Públicos, não sendo oportunas algumas manifestações posteriores à decisão na Ação Direta de Constitucionalidade,

---

(*) Juiz do Trabalho, no TRT-RS. Repete-se que muitas destas linhas constaram parcialmente dos julgamentos mencionados ao início. Acrescenta-se que sempre foram elaboradas com a contribuição do Assessor Jorge Eduardo Angelo.
(1) MIRANDA, Pontes de. *Tratado da Ação Rescisória*, Campinas: Bookseller, 2003. p. 141. Na mesma obra, existem afirmativas semelhantes nas p. 184, 489, 609, 626 e, de certo modo, p. 577 e 560.
(2) No Ac 00899-2007-000-04-00-3, de 17 de setembro de 2007, existiu apenas um voto vencido, do signatário. No Ac 02822-2008-000-04-00-9, de 22 de maio de 2009, existiram quatro votos vencidos.
(3) No TST, já existem julgamentos no sentido aqui preconizado, como veremos mais adiante no presente texto e nestas notas. Ao início, o tema não apontava para este entendimento, tal como no AC ROAR 570/2005-000-04-00, de 24 de abril de 2007, DJ 11.05.2007.

ADIn 1721, tentando restringir seus alcances. Incabíveis, pois, na maioria dos casos, as tentativas de encontrar possíveis diferenças entre as previsões do *caput* e dos parágrafos do art. 453 da CLT.[4] O julgamento pelo STF, na ADIn 1770, inclusive examina a continuidade da relação de trabalho e a disposição do art. 37, II, da Constituição Federal de 1988, não sendo mais aceitável a exigência de suposto novo concurso para a continuidade da relação, como se estivesse havendo nova "investidura".

Já há mais tempo, se questionava, de um modo mais abrangente, a permanência de decisões contrárias à Constituição. Dizia Manoel Antonio Teixeira Filho[5]:

> "De uns tempos até esta parte, contudo, certo setor mais lúcido da doutrina passou a manifestar uma espécie de indignação em face desse status quo, imposto pela norma legal, indagando se, tendo se esgotado o prazo para exercício da ação rescisória, verdadeiramente nada mais restaria a fazer do que se resignar diante desse quadro, mesmo sabendo que, em determinados casos, a decisão judicial transitada em julgada estava a colocar em risco a supremacia da ordem constitucional, por havê-la desrespeitado.
>
> Da resposta a essa inquietante indagação nasceu um movimento que se viria denominar, mais tarde, de "relativização da coisa julgada" — e do qual temos a honra da precedência, nos sítios do processo do trabalho.
>
> Com efeito, já nas primeiras edições deste livro chamávamos a atenção ao fato de que o atributo da imutabilidade da coisa julgada — derivante da necessidade de estabilização das relações sociais e jurídicas — pressupunha que ela se houvesse formado em consonância com a ordem constitucional. Deste modo, fazer-se respeitar a autoridade e a imutabilidade da *res iudicata* implicava, *ipso facto*, defender-se a supremacia do texto constitucional. Invertendo o raciocínio, sustentávamos que quando a coisa julgada se

---

(4) Entre outros, menciona-se o cuidadoso artigo do Juiz do Trabalho em Minas Gerais, Julio Bernardo do Carmo, "Aposentadoria Espontânea e Contrato de Trabalho", *Revista LTr*, São Paulo: agosto de 2006, p. 955 a 958, escrito antes das Decisões definitivas nas Adins referidas. Escritos após as Decisões definitivas nas Adins, outros textos merecem registros, entre eles três, registrando-se que contêm poucas coincidências com as atuais linhas e não tratam diretamente de ação rescisória. Arion Sayão Romita, "Aposentadoria Espontânea do Empregado — Efeitos Sobre o Contrato de Trabalho", *Revista LTr*, SP: Ano 70, Dezembro/2006, p. 1415/1420. Jairo Halpern, "FGTS, Multa de 40% e Cancelamento da OJ N. 177, da SDI-I do TST — Uma Abordagem Cotidiana do Direito do Trabalho e das Relações Sociais e Institucionais — uma breve visão opinativa", *Revista LTr*, SP: Ano 71, Junho/2007, p. 724/727. Irany Ferrari, "A Aposentadoria Espontânea do Empregado é Causa de Rescisão de seu Contrato de Trabalho"?, *Revista LTr*, SP: ano 71, Julho/2007, p. 786/788.

(5) TEIXEIRA FILHO, Manoel Antonio. *Ação rescisória no processo do trabalho*. 4. ed. São Paulo: LTr, 2005. p. 206 e 208.

formasse contra a Constituição, ela, longe de constituir um instrumento de pacificação das relações sociais e jurídicas, consistia, isto sim, em um elemento de perturbação dessas mesmas relações, pois não apenas na mente do vencido pelo provimento jurisdicional, mas, sobretudo, na consciência coletiva, jamais se acomodaria a aceitação de prevalência da coisa julgada diante do texto constitucional por esta violado.

A partir, portanto, dessa conscientização de que **a coisa julgada contrária à Constituição da República colocava em risco toda a estrutura político-jurídica do Estado**, passou-se a questionar se, mesmo assim, se deveria continuar a render culto, a prestar homenagem à coisa julgada, cuja figura, em nosso meio, se reveste, até mesmo, de uma certa sacralidade.

(...)

Temos para conosco que o zetético **movimento doutrinal que concebeu a notável teoria da "relativização" da coisa julgada material, é irreversível** e se encontra vocacionado ao sucesso, mercê dos relevantes argumentos em que se funda. O escopo medular desse movimento é deitar por terra o dogmatismo em que se confina a coisa julgada, para rompê-lo em determinadas situações. O espaço, que ainda está para ser preenchido, no âmbito desse movimento, diz respeito ao alcance da teoria, vale dizer, em que casos ela seria aplicável. O tempo e os debates cuidarão de definir esse alcance" (com grifos atuais).

Em outros temas, tais como diferenças salariais resultantes de planos econômicos, o Tribunal Superior do Trabalho, desde muito, vem decidindo que não se aceita a existência de controvérsia jurisprudencial como óbice à procedência da ação rescisória, quando se tratar de matéria constitucional. Esta ressalva final da Súmula n. 83 tem sido lembrada em inúmeros julgamentos.[6] Trata-se, nestes casos, de desfazer a condenação, ao contrário dos julgamentos sobre aposentadorias, nos quais se busca a condenação, por primeira vez.

Igualmente o Supremo Tribunal Federal já afastou a possibilidade de aceitar-se "controvérsia", em matéria constitucional. Tratava-se de situação sobre preterimento de primeiro colocado em concurso público no Estado de Goiás, com exame do caso concreto e de Lei Estadual. O relato dos votos e pedidos de vista, bem como de outros julgamentos posteriores, inclusive sobre acidente de trabalhador rural, sem previsão de benefício previdenciário, bem retrata a delicadeza do tema, conforme Bruno Noura de Moraes Rêgo.[7]

---

(6) Entre outros, vale mencionar os Acórdãos ns. TST-ROAR-2004/2000-000-15-00.9, TST-ROAR-183/2005-000-17-00.3, bem como Acórdão proferido em 28 de agosto de 2007, em que foi Relator o Ministro Emmanoel Pereira.
(7) RÊGO, Bruno Noura de Moraes, *Ação Rescisória e a retroatividade das Decisões de Controle da Constitucionalidade das Leis no Brasil*. Porto Alegre: Sergio Fabris Editor, 2001. p. 76 até 90. O caso de Goiás foi apreciado no Ac 89.108, do STF.

Em data mais atual, o mesmo Supremo Tribunal Federal examinou Ação Rescisória proposta pela Caixa Econômica Federal contra decisão que determinara a consideração de diferenças de correção monetária em saldos de contas do FGTS.[8] O Ministro Gilmar Ferreira Mendes, em voto ainda que não prevalente, apresentou considerações sobre a ação rescisória, lembrando Pontes de Miranda, e mais gerais sobre o papel do Supremo Tribunal Federal. Também sustenta a preponderância da Constituição. Disse, quase ao final, que não se pode aceitar "uma fragilização da força normativa da Constituição" e, antes disto, expressou que:

> "Poder-se-ia, ainda, dizer que o instituto da rescisória atende a uma perspectiva de efetiva realização da **ideia de Justiça**. Isso pode ser extraído das hipóteses de admissibilidade da rescisória descritas no art. 485 do CPC. Sem dúvida, de uma leitura **"positiva"** dos incisos que compõem o art. 485, poder-se-ia dizer que o sistema está a buscar, entre outros aspectos: sentenças proferidas por juízes honestos (incisos I e II), que sejam harmônicas em relação a outros pronunciamentos judiciais (inc. IV), que tenham um substrato probatório consistente (VI, VII e VIII), e que respeitem a ordem legal objetiva (V), etc. Não observados tais objetivos, estabelece o sistema, nas hipóteses específicas do art. 485, uma via processual de correção.
>
> (..)
>
> **A violação à norma constitucional** para fins de admissibilidade de rescisória, é sem dúvida algo **mais grave que a violação à lei**. Isto já havia sido intuído por Pontes de Miranda ao discorrer especificamente sobre a hipótese de rescisória hoje descrita no art. 485, inciso V, do CPC. Sobre a violação à Constituição como pressuposto para a rescisória, dizia Pontes que "o direito constitucional é direito, como os outros ramos; não o é menos; **em certo sentido, é ainda mais**. Rescindíveis são as sentenças que o violam, quer se trate de sentenças das Justiças locais, quer de sentenças dos tribunais federais, inclusive as decisões unânimes do Supremo Tribunal Federal". (cit., p. 222)
>
> (...)
>
> Se por um lado a rescisão de uma sentença representa certo fator de instabilidade, por outro não se pode negar que uma aplicação assimétrica de uma decisão desta Corte em matéria constitucional oferece instabilidade maior, pois representa uma violação a um referencial normativo que dá sustentação a todo o sistema. Isso não é, certamente, algo equiparável à uma aplicação divergente da legislação infraconstitucional.
>
> Certamente já não é fácil explicar a um cidadão porque ele teve um tratamento judicial desfavorável enquanto seu colega de trabalho

---

(8) Ag. Reg. no Agravo de Instrumento 460.439-9 Distrito Federal.

alcançou uma decisão favorável, considerado o mesmo quadro normativo infraconstitucional. Mas aqui, por uma opção do sistema, tendo em vista a perspectiva de segurança jurídica, admite-se a solução restritiva à rescisória que está plasmada na Súmula n. 343.

Mas essa perspectiva **não parece admissível quando falamos de controvérsia constitucional. Isto porque aqui o referencial normativo é outro, é a Constituição, é o próprio pressuposto que dá autoridade a qualquer ato legislativo, administrativo ou judicial!**

(...)

Ora, se ao Supremo Tribunal Federal compete, precipuamente, a guarda da Constituição Federal, é certo que a sua interpretação do texto constitucional deve ser acompanhada pelos demais Tribunais, em decorrência do efeito definitivo absoluto outorgado à sua decisão. **Não estou afastando, obviamente, o prazo das rescisórias, que deverá ser observado. Há um limite, portanto, associado à segurança jurídica.**

Mas não parece admissível que esta Corte aceite diminuir a eficácia de suas decisões com a manutenção de decisões diretamente divergentes à interpretação constitucional aqui formulada. Assim, se somente por meio do controle difuso de constitucionalidade, portanto, anos após as questões terem sido decididas pelos Tribunais ordinários, é que o Supremo Tribunal Federal veio a apreciá-las, é a ação rescisória, com fundamento em violação de literal disposição de lei, instrumento adequado para a superação de decisão divergente.

Contrariamente, a manutenção de soluções divergentes, em instâncias inferiores, sobre o mesmo tema, provocaria, além da desconsideração do próprio conteúdo da decisão desta Corte, última intérprete do texto constitucional, uma **fragilização da força normativa da Constituição**." (com destaques atuais, alguns).

O Ministro Gilmar Ferreira Mendes refere estudo de Teori Albino Zavascki.[9]

Neste estudo, em outro item, não referido, é apresentada observação que também merece exame. Diz, o atual Ministro do Superior Tribunal de Justiça que não é relevante que a manifestação do STF tenha sido anterior ao julgamento questionado em ação rescisória. Aponta que: "a declaração de inconstitucionalidade

---

(9) Teori Albino Zavascki, texto publicado também na Revista "Interesse Público", Porto Alegre: Nota dez, número 12 de 2001, p. 46-65, especial p. 56. O autor chega a sustentar que a liminar em Adin também teria o mesmo efeito, o que se tem dificuldade de aceitar.

e o reconhecimento da constitucionalidade de um preceito normativo tem eficácia *ex tunc*, alcançando, portanto, todas as situações jurídicas anteriores". Ao final, Teori Albino Zavascki acrescenta que "Também não será plausível invocar o enunciado da Súmula n. 343, que **importaria injustificável contenção da eficácia vinculativa da decisão tomada na ação de controle concentrado**" (com grifos atuais). Dito de outro modo, a decisão em Adin alcança todos.

Ada Pellegrini Grinover igualmente estudou o tema, sob o título *"Ação Rescisória e Divergência de Interpretação em Matéria Constitucional"*.[10] Disse que *"transparece, assim, de todos os votos que enfrentaram a questão da inaplicabilidade da Súmula n. 343 ao dissídio jurisprudencial em matéria constitucional, sua única motivação: a lei declarada inconstitucional pelo Supremo, com efeitos ex tunc, é nula e írrita"* (p. 41). Após, a mesma autora distingue as decisões do Supremo Tribunal Federal em controle concentrado e em controle difuso, nesta segunda hipótese, sim, com menores consequências. Mais próximo à conclusão, Ada Pellegrini Grinover renova que a declaração de inconstitucionalidade, em controle concentrado impede *"divergências de interpretação"* (p. 45, letra "a"). Medite-se que tais manifestações são apresentadas em texto que, já, ao início, reconhece a gravidade do debate em casos de tributos, inicialmente considerados constitucionais e, após, inconstitucionais.

Registre-se livro atual de Adriane Donadel.[11] Ali, foram lembradas decisões do STJ e STF. A decisão do STF ali mencionada, em que foi Relator o Ministro Gilmar Ferreira Mendes, diz que:

> "Ora, se ao Supremo Tribunal Federal compete, precipuamente, a guarda da Constituição Federal, é certo que a sua interpretação do texto constitucional deve ser acompanhada pelos demais Tribunais, em decorrência do efeito definitivo absoluto outorgado à sua decisão. Não se pode diminuir a eficácia das decisões do Supremo Tribunal Federal, com a manutenção de decisões divergentes. Assim, se somente por meio do controle difuso de constitucionalidade, portanto, anos após as questões terem sido decididas pelos Tribunais inferiores, é que o Supremo Tribunal Federal veio a apreciá-la, é a ação rescisória, com fundamento em violação de literal disposição de lei, instrumento adequado para a superação de decisão divergente.
>
> Contrariamente, a **manutenção de soluções divergentes, em instâncias inferiores, sobre o mesmo tema, provocaria, além da**

---

(10) Ada Pellegrini Grinover. "Ação Rescisória e Divergência de Interpretação em Matéria Constitucional", *Revista de Processo*, n. 87, p. 37/47, publicado também na Revista Dialética de Direito Tributário, São Paulo, n. 8, p. 9/20, maio/jun 1996. Sobre o tema, a tese de doutoramento na PUC-RS, de Sérgio Gilberto Porto, no prelo na metade de 2009, RT-SP.
(11) DONADEL, Adriane. *A ação rescisória no direito processual civil brasileiro*. Rio de Janeiro: Forense, 2008. p. 142 e 143.

desconsideração do próprio conteúdo da decisão desta Corte, última intérprete do texto constitucional, a fragilização da força normativa da constituição" (grifos atuais).

Tratava-se de Acórdão proferido em Agravo Regimental no Recurso Ordinário que teve como Agravante o Sindicato dos Empregados em Estabelecimentos Bancários de Rio do Sul e Região, em que houve debate sobre I.P.C. de março de 1990 e questionamento sobre direito adquirido.[12] No mesmo julgamento, além do conhecido Acórdão n. 89.108, do Estado de Goiás, foram mencionadas duas decisões sobre Acidente de Trabalho Rural.[13]

Mais recentemente, já existem alguns Acórdãos do TST com o mesmo entendimento, mesmo quando julgadas antes da decisão final nas Adins 1.721 e 1.770, no subtema em exame, ou seja, das aposentadorias espontâneas e exigência de novo concurso para a continuidade da relação de trabalho com Órgãos Públicos.[14]

Nesse sentido, convém transcrever trecho do Acórdão no qual foi Relator o Ministro Simpliciano Fontes de F. Fernandes[15]:

> "*Sem razão.*
>
> O entendimento regional relativo aos efeitos da aposentadoria espontânea encontrava, até pouco tempo, ressonância na OJ 177 da SBDI-1 do TST. Contudo, em sessão realizada em 25 de outubro de 2006, o Pleno do TST cancelou referida orientação jurisprudencial motivado pela decisão proferida pelo Pleno do excelso STF no julgamento da ADIN 1.721-3, de relatoria do Ministro Carlos Ayres Brito, segundo o qual a aposentadoria não põe fim ao contrato de trabalho e, se o Reclamante opta por permanecer no emprego, a rescisão contratual deverá obedecer a legislação de regência.
>
> É verdade que essa não é a discussão posta no Recurso do Recorrente, que se limitou a alegar que o contrato de trabalho que se seguiu à aposentadoria seria nulo pela **ausência de concurso público**. Mesmo **antes** da decisão acima referida, a maioria da egrégia Segunda Turma **julgava** regular a relação empregatícia que se desenrolava posteriormente

---

(12) Agravo Regimental no Recurso Ordinário 235.794-7, que teve como Agravante o Sindicato dos Empregados em Estabelecimentos Bancários de Rio do Sul e Região.
(13) As decisões sobre Acidente de Trabalho Rural são os Acórdãos RE n. 101.114/SP e RE n. 103.880/SP, que tiveram como Relatores os Ministros Rafael Mayer e Sydney Sanches, respectivamente.
(14) Vale referir os Acórdãos ns. TST-AR-707040/2000.6, Relator Alberto Bresciani, TST-RXOF e ROAR-179/2005-000-03-00.1, Relator José Simpliciano Fontes, e TST-AR-92.027/2003-000-00-00.1, Relator Renato de Lacerda Paiva.
(15) Acórdão da 2ª Turma do TST, no RR 96178/2003-900-04-00, datado de 28.11.2007, e publicado em 14.12.2007, no qual foi Relator o Ministro Simpliciano Fontes de F. Fernandes.

à aposentadoria voluntária do empregado. Para tanto entendia-se que não obstante os entendimentos jurisprudenciais constantes da OJ-SBDI-1 e da Súmula 363, ambas do TST, **a situação descrita no caso em tela difere** daquela espelhada nos verbetes citados, pois a base do entendimento contido na Súmula 363 do TST é a exigência de concurso público, prevista no art. 37, inciso II, da CF/88. Este dispositivo, contudo, não contempla a hipótese de continuidade de prestação de serviços públicos, como aqui verificado.

Trata-se de nova e peculiar relação contratual que emerge no mundo jurídico, à margem dos requisitos exigidos pelo art. 37, incisos II e XVI, da Constituição Federal, como bem definido pelo Exmo. Ministro do TST Milton Moura França, no julgamento do processo TST-RR-620.415/00.4.

Afastada a incidência do art. 37, inciso II e § 2º ao caso, não há de se falar em nulidade do contrato de trabalho, desenvolvido após a aposentadoria do empregado público. Consequentemente, não incide à hipótese a limitação da condenação referida na Súmula 363 do TST, sendo devidas as verbas rescisórias referentes ao citado período contratual" (com grifos atuais).

Ainda no mesmo tema, ou exatamente no sub-tema, mais frequente, repete-se que, já antes da decisão final do STF e da revogação da OJ 177, da SBDI-1, do TST, esta especificidade era apontada pelo TST. Julgava-se que não se podia exigir concurso público para quem permanecesse no mesmo cargo. Em Acórdão no qual foi Relator o Ministro Ives Gandra Martins Filho, são indicados vários precedentes com diversos Relatores.[16]

Dito de outro modo o registrado no parágrafo anterior: desde muito, em inúmeros julgamentos do TST já não prevalecia o entendimento da OJ 177, da SBDI-1, do TST, em situações como a que se exemplifica.

Neste ponto, é relevante e urgente assinalar que os julgamentos do TST bem percebiam as situações nas quais suas súmulas e orientações não se adequavam ao caso. Certamente, estando mais próximo da autoria destas "unificações jurisprudenciais", era mais fácil perceber as suas virtudes e limitações. Julgamentos de outros tribunais, regionais, e singulares, por mais distantes, nem sempre perceberam que a jurisprudência unificada não mais poderia ter uma abrangência tão larga.[17]

---

(16) Acórdão n. TST-RR-245/1999-037-03-00.0 em que foi Relator o Ministro Ives Gandra Martins Filho, indicando vários precedentes com diversos Relatores, ou seja: TST-RR-715.807/2000.1, TST-AIRR-7.868/2002-900-01-00.9, TST-RR-782.283/2001.0 e TST-E-RR-451.272/1998.7.

(17) O Professor de História Antonio Ransolin, da Equipe de Pesquisadores do Memorial do TRT-RS esclarece que a expressão "mais realista que o Rei", embora seja uma expressão muitíssimo utilizada, tem origem de difícil precisão: "Após exaustiva pesquisa, percebe-se uma menção à frase original:"Não

No TST, aponta-se, ainda, o Acórdão publicado em 03 de abril de 2009, o qual teve como Relator novamente o Ministro Ives Gandra Martins Filho, decidindo "desconstiuir o acórdão rescindindo, por violação do art. 7º, inciso I, da Constituição Federal, para, em juízo rescisório, condenar a Reclamada ao pagamento do aviso prévio indenizado e da multa de 40% (quarenta por cento) do FGTS sobre todos os depósitos realizados na conta vinculada do empregado na vigência do contrato de trabalho, inclusive sobre os recolhimentos anteriores à aposentadoria".[18]

Medite-se, ainda, que, nestes casos todos, estamos diante de direito assegurado constitucionalmente. Neste sentido, foi o julgamento da Adin 1.721. Ali, o Ministro Carlos Ayres Britto lembrou, já ao início de seu voto, item 14, o **choque com o artigo sétimo**, ou seja, "a relação de emprego protegida contra a despedida arbitrária ou sem justa causa, nos termos da legislação complementar, que preverá indenização compensatória, dentre outros direitos". Retornando à manifestação do Ministro Gilmar Ferreira Mendes, percebe-se que a única diferença é que, aqui, a violação mais visível é a este mencionado artigo sétimo e não ao artigo quinto, invocado pela Caixa Econômica Federal, naquelas outras lides.

No TST, além deste Acórdão de 24 de março de 2009, antes referido, em que foi Relator o Ministro Ives Gandra Martins Filho, também, no mesmo sentido, foram proferidos os Acórdãos nos quais foram Relatores os Ministros Ministro Barros Levenhagen, Pedro Paulo Manus e Renato de Lacerda Paiva.[19]

Muitas vezes, em casos mais simples, os autores das ações rescisórias, ex-reclamantes, não receberam nem mesmo o aviso prévio e os 40% do FGTS. Agiram muitos empregadores como se o acontecimento no âmbito da previdência tivesse consequências direta na esfera trabalhista, ao contrário do decidido, após, na Adin já mencionada.

---

se deve ser mais realista que o rei", que foi utilizada pelo escritor francês François-René de Chateaubriand (1768-1848), mais conhecido pelo seu sobrenome. Foi importante escritor, ultrapassando as fronteiras de seu país natal, influente inclusive na literatura de língua portuguesa. Além de literato, foi embaixador e ministro de Negócios Estrangeiros de Carlos X (rei da França), a qual acabou se opondo. Carlos X, bem como seu antecessor e irmão Luís XVIII, fazem parte da chamada restauração, que compreende o período pós-Napoleão e Congresso de Viena, marcadamente reacionária a tentativa de restaurar a ordem conservadora anterior a revolução francesa. Mas não sendo inviável a exata verificação para se contextualizar se foi esse o período que Chateaubriand pronunciou sua célebre frase. Era de origem aristocrática, chegou a Visconde de Chateaubriand, extremamente católico, chegou a pensar em ser padre, mas abandonou a idéia, no entanto, escreveu livros sobre o cristianismo. Para ilustrar a sua influência, nosso conhecido empresário da imprensa Assis Chateaubriand Bandeira de Mello (1892-1968), deve seu nome a uma homenagem a essa personagem".

(18) Acórdão ROAR 581/2006-000-06-00.0, julgado em 24 de março de 2009 e publicado em 03 de abril de 2009, o qual teve como Relator novamente o Ministro Ives Gandra Martins Filho.

(19) Acórdãos 190738/2008-000-00-00 AR, em que foi Relator o Ministro Barros Levenhagen, 188135/2007-000-00-00 AR, em que foi Relator o Ministro Pedro Paulo Manus e 190094/2008-000-00-00 AR, em que foi Relator o ministro Renato de Lacerda Paiva.

No julgamento da referida, e já parcialmente transcrtita, Adin 1721-3, pelo Supremo Tribunal Federal, sendo Relator Ministro Carlos Ayres Britto, decidiu-se que:[20]

"... 19. Sucede que o novidadeiro § 2º do art. 453 da CLT, objeto da presente ADIn, instituiu uma outra modalidade de extinção do vínculo de emprego. E o fez inteiramente à margem do cometimento de falta grave pelo empregado e até mesmo da vontade do empregador. Pois o fato é que o ato em si da concessão da aposentadoria voluntária a empregado passou a implicar automática extinção da relação laboral (empregado, é certo, "que não tiver completado trinta e cinco anos, se homem, ou trinta, se mulher (...)" (inciso I do § 7º do art. 201 da CF).

20. Ora bem, a Constituição versa a aposentadoria do trabalhador como um benefício. Não como um malefício. E se tal aposentadoria se dá por efeito do exercício regular de um direito (aqui se cuida de aposentadoria voluntária), é claro que esse regular exercício de um direito não é de colocar o seu titular numa situação jurídico-passiva de efeitos ainda mais drásticos do que aqueles que resultariam do cometimento de uma falta grave. Explico. Se um empregado comete falta grave, assujeita-se, lógico, a perder o seu emprego. Mas essa causa legal de ruptura do vínculo empregatício não opera automaticamente. É preciso que o empregador, no uso de sua autonomia de vontade, faça incidir o comando da lei. Pois o certo é que não se pode recusar a ele, empregador, a faculdade de perdoar seu empregado faltoso.

21. Não é isto, porém, o que se contém no dispositivo legal agora adversado. Ele determina o fim, o instantâneo desfazimento da relação laboral, pelo exclusivo fato da opção do empregado por um tipo de aposentadoria (a voluntária) que lhe é juridicamente franqueada. Desconsiderando, com isso, a própria e eventual vontade do empregador de permanecer com o seu empregado. E também desatento para o fato de que o direito à aposentadoria previdenciária, uma vez objetivamente constituído, se dá no âmago de uma relação jurídica entre o "segurado" do Sistema Geral de Previdência e o Instituto Nacional de Seguridade Social. Às expensas, portanto, de um sistema atuarial-financeiro que é gerido por esse Instituto mesmo. Não às custas desse ou daquele empregador. O que já significa dizer que o financiamento ou a cobertura financeira do benefício da aposentadoria passa a se desenvolver do lado de fora da própria relação empregatícia, pois apanha o obreiro já na singular condição de titular de um direito à aposentadoria, e não propriamente de assalariado de quem quer que seja. Revelando-se equivocada, assim penso, a premissa de que a extinção do pacto de trabalho é a própria condição empírica para o desfrute da aposentadoria voluntária pelo Sistema Geral de Previdência Social. Condição empírica, isto sim, é o concurso da idade de nascimento do segurado com um certo tempo de contribuição pecuniária (incisos I e II do § 7º do art. 201 da CF). Quero dizer: a relação previdenciária até que principia com relação de emprego, sem dúvida (caso dos autos). Mas a relação de aposentadoria, uma vez aperfeiçoada, se autonomiza perante aquela. Ganha vida própria e se plenifica na esfera jurídica do "segurado" perante o sistema previdenciário em si.

---

(20) "11.10.2006 TRIBUNAL PLENO AÇÃO DIRETA DE INCONSTITUCIONALIDADE 1.721-3. DISTRITO FEDERAL. RELATOR: MIN. CARLOS BRITTO REQUERENTE: PARTIDO DOS TRABALHADORES — PT. ADVOGADOS: ALBERTO MOREIRA RODRIGUES E OUTROS. REQUERENTE: PARTIDO DEMOCRÁTICO TRABALHISTA — PDT. ADVOGADOS: RONALDO JORGE ARAÚJO VIEIRA JÚNIOR E OUTROS. REQUERENTE: PARTIDO COMUNISTA DO BRASIL — PC DO B. ADVOGADO: PAULO MACHADO GUIMARÃES. REQUERIDO: PRESIDENTE DA REPÚBLICA. EQUERIDO: CONGRESSO NACIONAL INTERESSADO(A/S): FEDERAÇÃO NACIONAL DOS TRABALHADORES NAS EMPRESAS DE CORREIOS E TELÉGRAFOS E SIMILARES — FENTECT. ADVOGADO(A/S): ALEXANDRE SIMÕES LINDOSO E OUTROS.

22. Nada impede, óbvio, que, uma vez concedida a aposentadoria voluntária, possa o trabalhador ser demitido. Mas acontece que, em tal circunstância, deverá o patrão arcar com todos os efeitos legais e patrimoniais que são próprios da extinção de um contrato de trabalho sem justa motivação. Obrigação patronal, essa, que se faz presente até mesmo na hipótese em que a aposentadoria do empregado é requerida pelo seu empregador. Note-se:

"Lei n. 8.213/91, que dispõe sobre os Planos de Benefícios da Previdência Social.

Art. 51. A aposentadoria por idade pode ser requerida pela empresa, desde que o segurado empregado tenha cumprido o período de carência e completado 70 (setenta) anos de idade, se do sexo masculino, ou 65 (sessenta e cinco) anos, se do sexo feminino, sendo compulsória, caso em que será garantida ao empregado a indenização prevista na legislação trabalhista, considerada como data da rescisão do contrato de trabalho a imediatamente anterior à do início da aposentadoria". (Sem marcação no original)

23. Não enxergo, portanto, fundamentação jurídica para deduzir que a concessão da aposentadoria voluntária ao trabalhador deva extinguir, instantânea e automaticamente, a relação empregatícia. Quanto mais que os "valores sociais do trabalho" se põem como um dos explícitos fundamentos da República Federativa do Brasil (inciso IV do art. 1º). Também assim, base e princípio da "Ordem Econômica", voltada a "assegurar a todos existência digna, conforme os ditames da justiça social (...)" (art. 170 da CF), e a "busca do pleno emprego" (inciso VIII). Sem falar que o primado do trabalho é categorizado como "base" de toda a ordem social, a teor do seguinte dispositivo constitucional: "Art. 193. A ordem social tem como base o primado do trabalho, e como objetivo o bem-estar e a justiça sociais."

A Orientação Jurisprudencial n. 177 da SDI-I do TST terminou sendo cancelada, finalmente.[21] Hoje, tem-se a Orientação Jurisprudencial n. 361 da mesma SDI-I do TST.[22]

Nos dias de hoje, é comum repetir-se, em toda controvérsia, que os valores "segurança" e "justiça" devem ser "ponderados", em cada caso. No passado, afirmativas semelhantes já foram habituais, sem a palavra "ponderar" e, provavelmente, sem a expressão "em cada caso". Agora, nenhuma destas observações pode ter aceitação ou, no mínimo, ficar isenta de novos questionamentos.

Em outros debates, tais como sobre prescrição, valem raciocínios não muito distintos. Ao se examinarem os acidentes de trabalho, inclusive em processos vindos da Justiça Comum, tem-se deparado com situações bastante peculiares sobre a contagem e consideração do tempo. Em acidentes de trabalho, muitos já sabem(mos)

---

(21) Orientação Jurisprudencial n. *177 — Aposentadoria espontânea. Efeitos. (Inserida em 08.11.2000. Cancelada — Certidão de Deliberação — DJ 30.10.2006)* A aposentadoria espontânea extingue o contrato de trabalho, mesmo quando o empregado continua a trabalhar na empresa após a concessão do benefício previdenciário. Assim sendo, indevida a multa de 40% do FGTS em relação ao período anterior à aposentadoria.
(22) Orientação Jurisprudencial n. 361, da SDI-I, do TST: "**Aposentadoria espontânea. Unicidade do contrato de trabalho. Multa de 40% do FGTS sobre todo o período.** (DJ 20.05.2008) A aposentadoria espontânea não é causa de extinção do contrato de trabalho se o empregado permanece prestando serviços ao empregador após a jubilação. Assim, por ocasião da sua dispensa imotivada, o empregado tem direito à multa de 40% do FGTS sobre a totalidade dos depósitos efetuados no curso do pacto laboral".

que os aprendizados sobre prescrição necessitam ser revistos. Magda Biavaschi expressou que o instituto da prescrição trabalhista deve ser totalmente repensado, porque "os direitos trabalhistas trazem em seu bojo a marca da continuidade e da indisponibilidade".[23]

Em análise mais ampla sobre a solução dos conflitos "de modo menos rude", José Fernando Ehlers de Moura bem revelou o sentimento e a sabedoria adquiridos pela vivência. O ex-Presidente do TRT-RS e atual Diretor da Femargs expressou que:

> "...11. As sociedades humanas são naturalmente conflitivas, enquanto que a solução dos problemas comuns demanda a participação de todos. Essa participação, que envolve as vítimas da desigualdade, na busca de maior redistribuição de poder em proveito dos pobres ou subordinados, converte-se em luta de classes quando os detentores de maior poder resistem em redistribuí-lo. Se essa luta é inafastável e necessária para que a democracia avance, a rudeza e a brutalidade da luta podem ser relegadas pela ética especificamente humana que instaure a disputa com respeito aos direitos fundamentais de todos os contendores...".[24]

A obtenção de "justiça para todos" ou, no mínimo, para as imensas maiorias, é requisito para que se alcance alguma "segurança social". É verdadeira condição, inafastável.

Conclui-se, acreditando que estas informações e fundamentos de ilustres profissionais do Direito, ressalvada alguma dificuldade processual de cada caso, nos levem ao julgamento da procedência de ações rescisórias que, em situações diversas, busquem:

a) o recebimento de quarenta por cento do FGTS incidente sobre todos os períodos trabalhados;

b) a continuidade do vínculo com Órgãos Públicos, sem necessidade de concurso, por inexistir nova "investidura";

c) o re-exame de período supostamente prescrito, afastando-se afirmativa inconstitucional de inexistência de contrato único.

---

(23) BIAVASCHI, Magda Barros. *O direito do trabalho e a prescrição*: fundamentos, in *A prescrição nas relações de trabalho*. São Paulo: LTr e Jutra, 2007. p. 122.
(24) MOURA, José Fernando Ehlers de. *Condições da democracia*. Porto Alegre: Sérgio Fabris Editor, 2007. p. 235.

CLT – FUNDAMENTOS IDEOLÓGICO-POLÍTICOS: FASCISTA OU LIBERAL-DEMOCRÁTICA?

Camile Balbinot[*]

Introdução

Apesar das polêmicas que giram em torno da chamada Era Vargas, entre os anos 30 e 50 do século XX, é incontroverso que foi nesse período que se iniciou o processo de institucionalização dos direitos trabalhistas, individuais e coletivos. Cite-se, por exemplo, a criação da carteira de trabalho (1932), da Justiça do Trabalho (1946), do salário mínimo (1940) e do descanso semanal remunerado (1949). Durante o governo de Getúlio Vargas também foi regulamentado o trabalho do menor, da mulher, o trabalho noturno e o direito à aposentadoria para os trabalhadores urbanos. Estes e outros direitos, garantidos inicialmente na constituição de 1934, foram reunidos mais tarde na CLT, em 1943, e permanecem até hoje, apesar do vai-e-vem de avanços e retrocessos nas conquistas trabalhistas que se sucederam nos governos seguintes.

Segundo Ângela de Castro Gomes:

> mesmo no Estado Novo, trabalhar não era um meio de ganhar a vida, mas sobretudo um meio de servir à pátria. Já na Constituição de 1937 se adotava o critério de que o trabalho era um dever de todos (art. 136), e que a desocupação era crime contra o próprio Estado.[1]

Publicada no tumultuado cenário político e econômico mundial dos anos 40, a CLT até hoje tem sido alvo de críticas por grande parte da doutrina especializada. Alguns a acusam de contribuir no processo de controle da classe operária pelo Estado, nos moldes da *Carta del Lavoro*, idealizada durante o regime fascista na Itália. Essa ideia se difundiu face à instituição da unicidade sindical, do imposto sindical compulsório e do poder normativo atribuído à Justiça do Trabalho, os quais refletiriam a ideologia corporativista fascista. A partir dessa crítica, surgem propostas de reformas na legislação trabalhista, principalmente no que concerne ao direito coletivo, no sentido de atribuir maior liberdade sindical e autonomia da vontade coletiva.

(*) Especialista em Direito do Trabalho pela PUC/RS e servidora do Tribunal Regional do Trabalho/4ª Região.

(1) GOMES, Angela de Castro. *A invenção do trabalhismo*. Rio de Janeiro: FGV, 2005. p. 239.

De outro lado, a crítica conservadora argumenta que as leis trabalhistas, de certa forma, prejudicam os trabalhadores ao aumentarem o chamado "custo Brasil", onerando demasiadamente as empresas e gerando mais desemprego e subemprego. Para resolver tais problemas, acena com propostas de maior flexibilização e desregulamentação da legislação trabalhista.

Diante desse paradigma, faz-se necessário alguns esclarecimentos sobre a chamada doutrina fascista, sobre o movimento corporativista e sobre a *Carta del Lavoro*, todos originados na Itália, no início do século XX. O objetivo é averiguar em que medida a legislação trabalhista brasileira teria nascido sob a influência da ideologia fascista de Mussolini e lançar as bases para uma melhor compreensão dos fundamentos ideológicos e políticos da legislação trabalhista brasileira.

1. O Fascismo e o corporativismo na Itália do início do século XX

O fascismo foi um dos regimes totalitários do século XX, de inspiração hegeliana, surgido na Itália, no final da primeira Guerra Mundial, e que perdurou até o final da Segunda Guerra Mundial, em 1945. Ao então chefe de governo, Benito Mussolini, foram atribuídos todos os poderes de um ditador, fazendo com que a Itália vivesse um período de ausência total de liberdades individuais e políticas. Ao longo dos mais de 20 anos em que perdurou o regime foram suprimidas todas as formas de autogoverno das administrações locais, o sindicato fascista assumiu o monopólio da representação operária, as greves foram proibidas, a imprensa censurada e os partidos de oposição, suprimidos. Um tribunal especial foi criado para julgar os opositores do regime e a pena de morte voltou a viger.

O regime fascista surgiu, em parte, como uma reação à Revolução Bolchevique de 1917, na Rússia, e em parte, às ideias liberais características do pós-Revolução Francesa. Contudo, é certo que o fascismo se propunha a realizar um discurso liberal, mas conservador na prática, uma vez que Mussolini, no fundo, adotou por completo a ideia liberal mesmo dizendo combater o *Stato liberale*, como se fossem duas coisas diversas.[2]

Em um dos seus mais famosos discursos, ocorrido em 19 de agosto 1921, e publicado no *Diario della Volontà*, Mussolini afirmava que:

> Il Fascismo è una grande mobilitazione di forze materiali e morali. Che cosa si propone? Lo diciamo senza false modestie: governare la Nazione. Con quale programma? Col programma necessario ad assicurare la grandezza morale e materiale del popolo italiano. Parliamo schietto: Non importa se il nostro programma concreto, non è antitetico ed è piuttosto convergente con quello dei socialisti, per tutto ciò che riguarda

---

(2) CAROCCI, Giampiero. *Storia del fascismo*. Roma: Newton & Compton, 2003. p. 27.

la riorganizzazione tecnica, amministrativa e politica del nostro Paese. Noi agitiamo dei valori morali e tradizionali che il socialismo trascura o disprezza, ma soprattutto lo spirito fascista rifugge da tutto ciò che è ipoteca arbitraria sul misterioso futuro.

O objetivo do fascismo era, em síntese, substituir o sistema liberal democrático clássico, então vigente, — de inspiração rousseaunia e iluminista — por um modelo concentrado na ideia de representação por grupos profissionais — inspirada na noção de corporação de Hegel. Essa política veio a se tornar conhecida como corporativismo[3].

O nome corporativismo deriva das corporações de ofício que controlavam a vida urbana em muitas cidades da Itália medieval. Desde o início, o sistema corporativo encontrou, forte oposição interna por parte dos grandes industriais e dos proprietários de terra, os quais se sentiam ameaçados pelo Partido Nacional Fascista.

Contra as constantes exigências de liberdade, necessárias ao desenvolvimento do sistema econômico, o fascismo buscou obter a harmonização entre as exigências dos trabalhadores e dos empregadores, principalmente pelo método da coerção, a fim de que tudo ficasse sob a autoridade do Estado. Assim, empregados e empregadores passaram a ser enquadrados em um único sindicato fascista.

A *Carta del Lavoro*, editada em 21 de abril de 1927 pelo *Gran Consiglio Del Fascismo*, foi o documento político fundamental do ordenamento corporativo. Expunha, em trinta declarações, os princípios fundamentais sobre os quais se inspiraram as sucessivas legislações fascistas. A publicação da Carta, como escreveu De Felice, realizou os objetivos políticos que Mussolini prefixou e serviu para dar uma aura de sociabilidade ao novo regime.[4] Na verdade, tratava-se de um documento solene que exprimia a ética e os princípios sociais do fascismo e resumia toda a sua ideia de organização do trabalho, a qual estaria fundamentada em uma lógica produtivo-corporativa. Sob uma perspectiva social e em particular do melhoramento das condições do trabalho, a *Carta del Lavoro* não inovou significativamente. Segundo De Felice, a *Carta* foi uma tentativa tomada por parte do fascismo de impor um modelo de organização social que pudesse surgir como uma resposta à ideologia materialista do socialismo fundada na dinâmica da luta de classes. De qualquer modo, a *Carta del Lavoro* não nasceu de improviso, pois

---

(3) "O corporativismo é uma doutrina que propugna a organização da coletividade baseada na associação representativa dos interesses e das atividades profissionais (corporações). Propõe, graças à solidariedade orgânica dos interesses concretos e às fórmulas de colaboração que daí podem derivar, a remoção ou neutralização dos elementos de conflito: a concorrência no plano econômico, a luta de classes no plano social, as diferenças ideológicas no plano político." BOBBIO, Norberto. *Dicionário de Política*. Brasília: UNB, 1995. p. 287.
(4) DE FELICE, Renzo. *L'Organizzazione dello Stato fascista, 1925-1929*. Torino: Einaudi, 1995. p. 87-102.

antecipações daquelas ideias já se encontravam em curso no pensamento nacionalista, em legislações esparsas anteriores e, em especial, no institucionalismo autoritário de Alfredo Rocco. Diversamente daquilo defendido pelo próprio fascismo, a *Carta del Lavoro* não trazia grandes inovações — com exceção de algumas normas gerais de conduta e de aprimoramento das condições de trabalho — e pouco tinha de 'ponto de partida' para um novo 'Estado do povo', pois quase nada de revolucionário e inovador ela apresentou em relação à situação sócio-política que já vinha se desenvolvendo na Itália do início do século XX.[5]

A auto-administração da economia, a conciliação das diversas vertentes e conflitos de trabalho realizados no ordenamento corporativo, foram alguns dos principais argumentos propagandísticos usados pelo regime. Porém, este ordenamento nasceu frágil porque, como se sabe, os grandes industriais italianos se recusaram a fazer parte da implementação do corporativismo.

A ideia dos fascistas em matéria de corporativismo não era nada unânime. Havia numerosos fascistas, moderados e intransigentes, que não acreditavam em suas propostas. Tais eram, por exemplo, os moderados Grandi e Emilio De Bono, os fascistas intransigentes, como os secretários do PNF, Turatti, Giuriati, Leandro Arpinati e por fim, também Farinacci, que em um primeiro momento foi favorável. *O próprio Mussolini não tinha muita fé no corporativismo, pois temia que este tomasse espaço do partido.*[6]

Na época em que foi elaborada a *Carta del Lavoro*, impuseram-se as ideias de Mussolini sobre o corporativismo, quais sejam, o sindicato e as corporações deveriam ser concebidos como sendo tão-somente órgãos burocráticos do Estado. Contudo, após 1933, *a ideia de corporativismo foi abandonada por Mussolini*. O Duce queria realmente que as intervenções públicas na economia fossem conduzidas não pelas corporações, mas sim pelo Estado.[7] Mussolini tinha dois objetivos: (1) impedir que as corporações pudessem se tornar centros de poder capazes de fazer sombra a sua liderança política frente às massas, e (2) não fazer qualquer coisa que

---

(5) "La *Carta del Lavoro* fù approvata dal Gran Consiglio del Fascismo il 21-22 aprile 1927. Da un punto di vista formale, la *Carta del Lavoro* non era un atto giuridico, non era cioè una legge dello Stato. Di fatti l'attuazione dei suoi principi fù rimessa al governo. Essa fù l'atto più importante della politica del regime, quello che lo classificò sotto il profilo sociale. "Sotto il profilo sociale e in particolare del miglioramento delle condizioni di lavoro, la *Carta del Lavoro* — scrive De Felice — non innovava in realtà gran che. A parte alcune enunciazione piuttosto generiche, varie norme in essa contenute già preesistevano legislativamente, altre erano già allo studio e in clima politico diverso sarebbero quasi certamente già maturate naturalmente, logico portato dello sviluppo sociale di un paesi in trasformazione abbastanza rapida come era l'Italia, e si può dire che lo spirito di compromesso che presiedette a tutta l'elaborazione della *Carta del Lavoro* le rese, semai, meno incisive. Contrariamente a quanto sbandierato dal fascismo, che parlo di 'punto di partenza per la costruzione della nuova organizzazione della società italiana', di 'Stato di popolo' e di altre cose del genere **nulla vi era di 'rivoluzionario'** nella *Carta del Lavoro*". (Grifo nosso) De Rosa, Gabriele, *I Partiti politici in Italia*, Milano, Minerva Italica, 1978. p. 322.
(6) CAROCCI, Giampiero. *Op. cit.*, p. 61.
(7) CAROCCI, Giampiero. *Op. cit.*, p. 63.

desagradasse os grandes industriais, sobretudo naqueles temas que o Duce considerava de secundária importância.[8] A conclusão foi que no ordenamento corporativo os sindicatos acabaram sendo postos sob a tutela do Estado e tornaram-se instrumentos de controle político, subordinados ao Partido Nacional Fascista.[9] Ao fazerem parte da burocracia estatal nos anos 30, as corporações tornaram-se um meio de fazer carreira, paralelamente à via "oficial", seguida dentro do partido.

Pelo exposto, portanto, podemos concluir que a famigerada doutrina corporativista nasceu sob forte desconfiança do próprio partido fascista italiano e cedo foi abandonada por aqueles que queriam, acima de tudo, o controle do Estado e do Partido sobre as demais instituições, não obstante o modelo econômico proposto pelo fascismo fosse, sem dúvida alguma, o capitalista.

2. O contexto sócio-político brasileiro no momento de elaboração da CLT. Distinção entre as influências ideológico-políticas da Carta del Lavoro e da CLT

Feitas essas considerações, vejamos agora algumas pesquisas e depoimentos sobre as origens da legislação trabalhista brasileira.

Os críticos de Getúlio Vargas dizem que sob qualquer compreensão de corporativismo seria possível subsumir o populismo de seu governo. R. M. Levine diz que esta teria sido a forma encontrada por Vargas para manter o seu poder político controlador e centralizador, sendo que:

> Os programas decorrentes da legislação social de Vargas eram essencialmente manipuladores, técnicas enganosas empregadas para canalizar a energia de grupos emergentes — principalmente das classes médias e trabalhadoras assalariadas e urbanas — para entidades controladas pelo governo. Os brasileiros acolheram as iniciativas de Vargas por elas prometerem melhores condições de trabalho, garantia de emprego e oportunidade de habitação subsidiada.[10]

Contudo, sem querermos fazer uma apologia do governo de Getúlio Vargas, temos de referir que tal compreensão não é pacífica. O historiador José Augusto Ribeiro defende a tese de que Getúlio Vargas, ao criar as primeiras leis trabalhistas, pretendia tão-somente impulsionar o desenvolvimento social e industrial no país, sendo que suas ideias iniciais tinham profunda identificação com os ideais

---

(8) CAROCCI, Giampiero. *Op. cit.*, p. 64.
(9) *Ibidem*.
(10) LEVINE, Robert M. *Pai dos pobres? O Brasil e a era de Vargas*. SP: Companhia das Letras, 2001. p. 25-26.

socialistas. Segundo o autor, o documento conhecido como "Manifesto de Maio", no qual Luis Carlos Prestes expõe as razões de sua filiação ao Partido Comunista, é praticamente idêntico ao programa da plataforma da Aliança Liberal de Getúlio Vargas, que o levou ao seu primeiro governo provisório, no início dos anos 30.[11] Disto depreendemos que os ideais e a inspiração dos dois revolucionários eram, no mínimo, parecidas.

Ribeiro ainda menciona documentos e discursos que comprovam a participação direta de intelectuais e políticos marxistas, inclusive filiados ao então incipiente Partido Comunista, na elaboração do texto da CLT, como Joaquim Pimenta, Evaristo de Moraes, Carlos Cavaco, Agripino Nazaré, Jorge Street, todos assumidamente socialistas.[12]

O autor recorda, ainda, que a Lei dos Sindicatos, de 19 de março de 1931, estabelecia a necessidade de reconhecimento dos sindicatos pelo Ministério do Trabalho e previa a organização dos sindicatos, tanto de trabalhadores quanto de empregadores, em federações profissionais, regionais ou nacionais, e em confederações nacionais, o que, na época, tratava-se de um importante avanço dentro de uma seara legislativa quase inexistente em termos trabalhistas.[13]

O ponto mais importante da Lei mencionada era o estabelecimento do princípio da unicidade sindical: *em cada circunscrição territorial havia apenas um sindicato, de trabalhadores ou de empregadores, de cada categoria profissional ou econômica.*[14] Neste ponto, Ribeiro acrescenta que foi aí que várias tentativas surgiram no sentido de atrelar a CLT à *Carta del Lavoro*, ainda que aquela se assemelhasse mais à legislação francesa, a qual nada possuía de fascista.[15]

A nosso sentir, parte da doutrina tem incorrido no equívoco de tomar a parte como um todo. A legislação trabalhista, de fato, apresenta feições corporativistas, ao pretender a organização da coletividade baseada na associação representativa dos interesses e das atividades profissionais. Contudo, isso é mais visível no âmbito do *direito coletivo*.

Mesmo um dos árduos defensores da tese de que o direito do trabalho brasileiro teria sido axio-orientado pelo fascismo, Arion Sayão Romita, sustenta que os principais institutos do direito individual do trabalho pátrio não foram inspirados na *Carta del Lavoro*:

> A coincidência no tempo, da presença de certos institutos lá e cá não induz necessariamente à formação originária do instituto brasileiro a

---

(11) *Ibidem*, p. 63.
(12) *Ibidem*, p. 100-103.
(13) *Ibidem*, p. 91.
(14) *Ibidem*, p. 92.
(15) *Ibidem*.

partir do direito italiano, como se pode verificar por exemplo nos institutos do repouso semanal e das férias.[16]

O mesmo autor também reconhece que *não é por ter sido adotado pelo ordenamento fascista que determinado instituto será pernicioso ao direito brasileiro. Há normas no ordenamento corporativo perfeitamente ajustadas ou adaptáveis ao regime democrático.*[17]

Romita afirma, ainda, que

> No Brasil, entretanto, só foi possível construir os dois estágios inaugurais do corporativismo: a organização sindical e a Justiça do Trabalho, ambos instituídos em 1937, mercê do disposto nos Decretos-leis n. 1.402 e 1.237, respectivamente. Ambos estão em vigor até hoje, já que foram incorporados na CLT, em 1943, esta por seu turno compatível com os preceitos das Constituição de 1988 (exceção feita à autonomia sindical, como ficou esclarecido anteriormente). As corporações, contudo, não chegaram a ser criadas, embora previstas pela Carta de 1937.[18]

Contudo, é o eminente jurista Arnaldo Süssekind, membro da comissão que elaborou a CLT, ex-Ministro de Estado do Trabalho e ex-Ministro do Tribunal Superior do Trabalho, quem nos fornece uma das leituras mais lúcidas quanto às origens da CLT.[19]

Süssekind, revela que as principais fontes materiais da CLT foram os pareceres de Oliveira Vianna e de Oscar Saraiva, o 1º Congresso Brasileiro de Direito Social, as Convenções e Recomendações da OIT e a Encíclica Papal *Rerum Novarum*. Diz que na elaboração da CLT teriam participado, ainda, juristas como Evaristo de Moraes, Oliveira Vianna e Oscar Saraiva.

Durante o Primeiro Congresso de Direito Social, em comemoração aos 50 anos da *Rerum Novarum*, em maio de 1941, Süssekind conta que apresentou uma tese, aprovada — "A Fraude à Lei no Contrato de Trabalho", — e que inspirou, na comissão de elaboração da CLT, a redação do art. 9º, o qual combate a fraude e a simulação e configura a consagração do princípio da primazia da realidade.

Outro ponto importante esclarecido por Süssekind é o fato de que, quando Getúlio Vargas, após o movimento conhecido como Intentona Comunista, em 1935, passou a combater os comunistas, estes passaram a criticar aquilo que era o principal feito de Getúlio — a legislação do trabalho — , afirmando que a CLT seria cópia da *Carta del Lavoro*, de inspiração fascista. As críticas, então, começaram a partir de todos os lados, por questões unicamente políticas.

---

(16) ROMITA, Arion Sayão. *O fascismo no direito do trabalho brasileiro.* São Paulo: LTr, 2001. p.19.
(17) *Ibidem*, p.19.
(18) ROMITA, Arion Sayão. *Op. cit.*, p. 108.
(19) Em entrevista concedida à Juíza Magda Biavaschi para subsidiar sua tese de doutoramento em Economia Aplicada na UNICAMP, obtido em 2005, com o título *O Direito do Trabalho no Brasil — 1930/ 1942: A construção do sujeito de direitos trabalhistas.*

Contudo, atualmente, seriam os liberais mais conservadores os principais críticos da CLT ao alegarem que a magistratura do trabalho no Brasil tem poder normativo tal como a *"magistratura del lavoro"*, prevista na *Carta del Lavoro*. Nesse ponto, Süssekind esclarece que o Poder Normativo não foi criação do fascismo italiano. O instituto, na verdade, nasceu em 1904, na Nova Zelândia; depois, foi implantado na Austrália, Turquia, e no México, em 1917. De resto, diz o jurista, a CLT não fala em Poder Normativo, mas em "possibilidade de criar normas e condições de trabalho, tal como um poder arbitral". *O poder normativo nada mais é do que uma forma de arbitragem, como refere Américo Plá Rodrigues,* lembra.

Süssekind refere ainda que o outro foco de crítica dos neoliberais é a compulsoriedade da unicidade sindical, a qual está prevista também na *Carta del Lavoro*. O jurista rebate a crítica lembrando novamente que este instituto não é criação italiana, sendo que, já em 1917, Lenin havia instituído a unicidade sindical na extinta União Soviética. E, muito antes dele, havia sido defendida por vários juristas, como Max Leroix, em 1913 e Georges Scelle. Desta forma, entende que é falacioso afirmar que a CLT é uma cópia da *Carta del Lavoro,* tendo em vista que a CLT tem 922 artigos e a *Carta* possui apenas 11 princípios trabalhistas, a maioria deles de pouca aplicabilidade imediata.

No que pertine ao imposto sindical, é Ângela de Castro Gomes quem explica suas origens. Segundo a historiadora, este *visava adotar os sindicatos de recursos capazes de fazê-los arcar com suas responsabilidades entre as massas trabalhadoras. Ou seja, transformar o sindicato em um real dispensador de benefícios e, com isso, torná-lo um pólo de atração para os trabalhadores.*[20] Nesse sentido, o aumento do número de associados, o qual era o principal objetivo, acabou tendo um efeito inverso:

> Uma vez que os sindicatos recebiam verbas independentemente da quantidade de filiados que reunissem, tornava-se desnecessário e até pouco interessante aumentar esse número. Esse efeito perverso foi-se afirmando e crescendo com o passar do tempo, tanto por implicações econômicas *stricto sensu*, quanto políticas, pois se tratava de reduzir as margens de competição pelo controle da vida sindical. Mas nos anos 40 estes desdobramentos ainda não eram tão óbvios, embora já se anunciasse com certa clareza.[21]

Gomes explica que o Ministério do Trabalho, já na década de 40, *queria sindicatos e líderes convencidos das qualidades do sistema corporativista, o que não significava necessariamente submissão total. A vivificação do sindicalismo corporativista deveria passar por um esforço eminentemente pedagógico e não*

---
(20) GOMES, Ângela de Castro. *Op. cit.*, p. 249.
(21) *Ibidem*.

fundamentalmente repressivo.[22] Nesse período, o governo estava se empenhando em difundir a ideia da sindicalização, sendo que, só no final do Estado Novo, ou seja, passado o período de autoritarismo, começou a se desenvolver a ideia do corporativismo brasileiro. A Justiça do Trabalho, o imposto sindical e a CLT já haviam sido criados, não havendo falar que tais institutos teriam sido idealizados sob a inspiração totalitária do Estado Novo. Conforme Gomes, o chamado sindicalismo corporativista não foi implementado durante os anos de autoritarismo do Estado Novo, mas sim no período de transição do pós-1942, quando a questão da mobilização de apoios sociais tornou-se uma necessidade inadiável ante a própria transformação do regime. A autora conclui que o aspecto político da implementação do corporativismo no Brasil buscou, na verdade, uma saída do autoritarismo. O objetivo do governo, nos anos pós-1942, era mobilizar e preparar lideranças e não mais exercer a repressão.[23]

Nessa época já se falava na necessidade de desvincular o sindicalismo corporativista de outros regimes totalitários:

> Nosso regime diferenciava-se dos demais corporativismos (alemão, italiano, austríaco e até português e espanhol), já que adotava uma estrutura organizativa eminentemente representativa. O corporativismo brasileiro consagrava o direito de a própria produção organizar-se através de sindicatos, definidos como órgãos coordenados pelo Estado, no exercício de funções delegadas pelo poder público. Esta dimensão oficial era imprescidível a todo o corporativismo moderno, já que por ela se garantiam as próprias tarefas de representação das corporações profissionais.[24]

Concluímos, mais uma vez, que não é correto associar o corporativismo italiano com o corporativismo brasileiro. Tratam-se de ideologias surgidas em realidades históricas específicas, cada uma ambicionando chegar a um resultado político e econômico diferente.

3. Considerações finais

Após o exposto, ainda cabe um último questionamento: é possível afirmar que a suposta influência do movimento fascista italiano sobre a formação do direito trabalhista brasileiro, caso tenha sido determinante, foi um mal? Entendemos ser inviável responder essa questão sem que se tome como referência a ideologia e a posição política preponderante em cada momento histórico, em cada governo, em cada indivíduo.

---

(22) *Ibidem*, p. 250.
(23) Cfr. *Ibidem*, p. 255.
(24) GOMES, Angela de Castro. *Op. cit.*, p. 258.

Quando analisados os fundamentos antropológicos e filosóficos do poder público, parece inevitável concluir que à condição humana são inerentes o altruísmo limitado e o constante conflito de interesses.[25] Diz-se altruísmo limitado por ser o indivíduo, segundo a concepção de estado de natureza hobbesiano — aquele momento pré-estatal em que nenhum poder público está instituído e os homens são os seus próprios senhores e deuses, sendo famoso o aforismo "o homem é o lobo do homem"[26] —, coagido pela sua natureza a buscar assegurar o seu próprio bem antes de considerar o bem comum ou o bem dos outros. E fala-se em conflito de interesses pelo fato de que os indivíduos vivem uma constante e incessante busca de poder e mais poder (*power after power*[27]), de modo que, inevitavelmente, os seus interesses irão colidir com os de outro(s) indivíduo(s).

Cabe aqui esta brevíssima retomada do clássico pensamento de Hobbes para demonstrar que a regulação jurídica por parte do Estado é mais do que uma prerrogativa deste: é uma necessidade imposta pelo indivíduo, após considerar sua própria natureza e perceber que um terceiro imparcial deve ser instituído para regrar e pacificar as relações sociais.

O direito sindical brasileiro, antes da legislação elaborada durante o governo Vargas, preenchia muito — ainda que não todos, obviamente — as características do estado de natureza de Hobbes: trabalhadores e empregadores viviam em uma verdadeira "terra de ninguém" onde tenderia sempre a prevalecer a vontade daquele que fosse o mais forte (via de regra, o empregador). Sem a presença de um terceiro agente, imparcial e soberano, os interesses de trabalhadores e empregadores tenderiam a viver em constante conflito, pois é da natureza humana o altruísmo limitado. Assim, a partir de uma leitura antropológica e filosófico-política, a legislação sindical trabalhista de Vargas foi, respectivamente, uma necessidade e obrigação estabelecida *in abstracto* quando do contrato social.

No que concerne aos apelos por desregulamentação, a experiência internacional não confirma que ela tenha sido adotada pela maioria dos países desenvolvidos e em desenvolvimento. Pode-se dizer, na verdade, que as reformas foram exceções. Para a maioria dos países, a reorganização da regulação pública ocorreu e continua a ocorrer paulatinamente, de modo limitado e de forma descontínua no tempo.[28]

Não queremos desqualificar a necessidade de reorganização da estrutura sindical brasileira. A questão que se coloca é sobre a estratégia a ser adotada para

---

(25) Cfr. TEIXEIRA, Anderson V. *Estado de nações:* hobbes e as relações internacionais no séc. XXI, Porto Alegre: Fabris Editor, 2007. p. 38-39.
(26) HOBBES, Thomas. *Do cidadão*. São Paulo: Martins Fontes, 1998. p. 03.
(27) "... um perpétuo e irrequieto desejo de poder e mais poder (*power after power*), que se encerra apenas com a morte." HOBBES, Thomas. *Leviatã*. São Paulo: Martin Claret, 2003. p. 78.
(28) BIAVASCHI, Magda; e KREIN, José Dari. (org.). *As transformações no mundo do trabalho e os direitos dos trabalhadores.* São Paulo: LTr, 2006. p. 88.

o encaminhamento do processo. Sugerimos que a estratégia de reorganização, independentemente de qual vier a ser adotada, seja estabelecida segundo fases, que contemplem mudanças pontuais, mas importantes para a emergência futura de uma conformação da representação sindical menos fragmentada e aprofunde as relações democráticas das instituições que organizam as relações de trabalho no Brasil, fazendo com que sejam considerados também fatores provenientes dos âmbitos sociais, políticos, econômicos, culturais e formativo-educacionais no processo de reforma da nossa organização e regulamentação trabalhista, uma vez que este processo afetará direta e indiretamente todos aqueles âmbitos.

Uma reforma com esse grau de comprometimento social e, inclusive, humanístico, não permitiria que no período de um governo se realizasse a reforma sindical ou mesmo da legislação trabalhista. O caminho a ser trilhado é mais longo, mas se conduzir a sociedade menos perversa e desigual, certamente valerá a pena.

OS ACIDENTES DE TRABALHO NO PERU

Manuel Martín Pino Estrada[*]

1. Introdução

A proteção do trabalhador dos acidentes de trabalho tem a sua origem no direito fundamental de toda pessoa à vida e integridade física. Isto implica numa tutela pública mediante normas de segurança industrial e de segurança social (assistência médica, reabilitação, subsídios e pensões). Porém, não é suficiente o simples cumprimento disso, pois requer-se o cumprimento da tutela privada, considerando a teoria da responsabilidade civil é a que fundamenta a obrigação de reparar o dano provocado por um acidente de trabalho. Sobre isto não existe uma clareza legislativa nem jurisprudencial.

No Peru os acidentes de trabalho não são eventos do presente, estes vêm do passado, da época da colonização espanhola e que até agora estão praticamente vigentes na relação trabalhador — empregador, claro, não da maneira exata, mas sim na mentalidade de explorar à pessoa, tendo mais relevância o lucro sem ter em conta que pesquisas demonstram de forma inequívoca que um empregado com ótimas condições de trabalho produz muito mais, porém ainda não chegou esse tipo de pensamento, além disso, empresas estrangeiras que vão investir neste país andino, percebendo que não existe uma fiscalização rígida começam a ter condutas que nos países de origem seriam punidos de maneira exemplar.

O presente artigo tenta demonstrar a realidade dos acidentes do trabalho no Peru e dar uma resposta sobre como se originou este tipo de eventos, por esta razão recorre-se aos estudos históricos sobre o trabalho neste país desde a chegada dos espanhóis até agora, mas também dá-se um panorama jurídico atual, dando fundamento legal às tentativas governamentais para proteger o trabalhador.

2. Definição de acidente de trabalho

Conforme o art. 1º, letra "n" da Decisão 584 do Conselho Andino de Ministros de Relações Exteriores da Comunidade Andina de Nações ou também chamado de Instrumento Andino de Segurança e Saúde no Trabalho o acidente de trabalho é

(*) Formado em Direito pela Universidade de São Paulo e mestre em Direito Privado na Universidade Federal do Rio Grande do Sul. Professor universitário no Brasil.

todo evento que acontece de repente devido à execução do trabalho e que produza no trabalhador uma lesão orgânica, uma perturbação funcional, uma invalidez ou morte. É também aquele evento que acontece na execução das ordens do empregador, ou durante a execução de uma labor sob a autoridade deste, ainda que aconteça fora do lugar e horário de trabalho[1].

Segundo a filial da Organização Internacional do Trabalho (OIT) no Peru, realizando estudos na região andina definiu como todo evento anormal, não desejado, não esperado, que implica um risco potencial de danos para as pessoas e/ou coisas. Dois fatores podem provocar um acidente, um referente ao fator humano (atos que realiza o trabalhador fora das normas de segurança), o outro com as condições de trabalho que estão fora das normas de segurança. As condições não seguras onde é desenvolvida a atividade de extração de minério são as principais causas de acidentes de trabalho, pelo fato de não existir limpeza na mina, espaço pequeno, pouca ventilação e maquinária velha e usada. A presença de crianças nos lugares de trabalho fazem aumentar o risco de acidentes, tanto para eles como para os outros trabalhadores, porque são menos conscientes dos perigos e riscos existentes no trabalho e não têm a experiência necessária para julgar corretamente a situação, antecipar o que vai acontecer e decidir o que deve ser feito. Os danos que produzem os acidentes de trabalho são diversos, desde um simples soco, cortes de dedos, amputação de pernas até a morte[2].

Na lei peruana acidente de trabalho é toda lesão corporal produzida no centro de trabalho ou por ocasião do trabalho para o qual o trabalhador foi contratado, provocado por ação imprevista, fortuita ou casual de uma força externa, repentina e violenta, que age sobre a pessoa independente de sua vontade (art. 2º da Lei de Modernização da Saúde — Decreto Supremo 009-97-SA).

3. Panorama histórico dos acidentes de trabalho no Peru

Os acidentes de trabalho no Peru não são eventos recentes, existe toda uma "evolução", que vem desde a época da colonização espanhola onde os índios eram forçados a trabalhar nas mais diversas tarefas, especialmente nas minas onde trabalhavam sem usar um equipamento adequado, pois para os espanhóis um sacerdote índio ou um outro sem nenhum cargo nobre eram iguais e morriam tirando ouro e quem reclamasse era morto com um tiro ou a facadas. Junto com os índios adultos também estavam as crianças que ajudavam os pais nas próprias minas, quer dizer, não existia diferença de idade para o trabalho forçado propiciado

---

(1) <www.comunidadandina.org>.
(2) OIT Publicaciones. Trabajo de menores, minas, aprendizaje, formación por módulos, condiciones difíciles de trabajo. Lima: OIT, Sudamérica, 2005.

pelos colonizadores, sendo que em alguns casos, e até mulheres entravam neste tipo de trabalho mineiro, acontecendo muitos acidentes que terminavam em morte, porque não existia nenhum atendimento médico para os indígenas acidentados, que eram deixados num canto até morrerem.

Claro, os acidentes de trabalho não só aconteciam nas minas; também descobriou-se que a sua existência na agricultura forçada, onde o indígena escravo trabalhava até morrer e era deixado no meio do mato, o mesmo acontecia nas contruções do prédios coloniais e igrejas onde aconteciam muitos destes tipos de eventos que na maioria dos casos eram fatais, isso é comprovado pela diminuição da civilização incaica de 12 milhões para 1 milhão nos primeiros 150 anos de colonização espanhola, pois os índios eram considerados animais ou seres sem alma, cujo território foi invadido usando as bulas papais que eram usadas como ferramentas do Direito Internacional Privado na época.

No âmbito residencial aconteciam também acidentes de trabalho com as índias que trabalhavam como empregadas domésticas, só que neste caso recebiam alguma ajuda pelo fato de cuidarem dos filhos dos colonizadores, só que quando engravidavam eram demitidas e na maioria das vezes tinham filhos destes, pois como é sabido por todos, o mestiço no Peru surgiu produto de estupro. Por esta razão eram considerados bastardos e só em alguns raríssimos casos recebiam atenção por algum espanhol consciente de seus deveres como progenitor.

Depois de um tempo vieram os negros da África, isso foi porque os colonizadores perceberam que os índios não aguentavam tanto trabalho e trouxeram pessoas mais "resistentes" ao trabalho forçado, inclusive resistiam mais aos acidentes de trabalho que os próprios autóctones, afinal na América Indígena morreram 65 milhões de índios nos primeiros 150 anos, já os negros morriam mas numa proporção bem menor que os indígenas, não tendo direito a nada, só a viver enquanto pudessem aguentar.

Percebe-se então, que se o Peru atualmente é um dos piores países para trabalhar pelos acidentes de trabalho que acontecem todos os dias, é porque criou-se uma cultura de desleixo com a vida do trabalhador em si no cumprimento de sua função, ou seja, o mais importante não é a saúde e integridade física da pessoa trabalhadora e sim o lucro que possa produzir e, se sofrer algum evento que danifique a saúde desta, na hora é substituída por outra, tornando-se em seres humanos "descartáveis" cujo Estado Peruano é cúmplice porque sabe que existe e não toma as medidas pertinentes para terminar com isso, afungentando mão de obra qualificada e promovendo a barata e sem qualificação.

É importante salientar que esta cultura de desleixo com a integridade física e moral do trabalhador, como já foi mencionado, veio com os colonizadores europeus que imporam este tipo de tratamento aos indígenas por séculos, acontecendo o mesmo com os africanos levados para terras incaicas, ou seja, o trabalhador é ainda considerado um ser "sem alma", pois em muitos casos não usam equipamento de proteção individual e são muitos os casos em que quando um trabalhador morre num acidente de trabalho o empregador resiste em pagar o enterro dele e nem quer pagar os poucos direitos trabalhistas existentes no Peru em comparação com o Brasil, considerando que está historicamente comprovado o tratamento dado pelos líderes incas ao seus trabalhadores, que em comparação com o dado pelos espanhóis era muito superior, tanto que o regime de trabalho na civilização (não império) inca era duro mas por revessamento e os trabalhadores incaicos tinham seus direitos trabalhistas mediante entrega de terras para cultivar e também tinham atendimento médico, cuja qualidade está comprovada como muito boa por meio de pesquisas arqueológicas e antropológicas[3].

4. Panorama atual dos acidentes de trabalho no Peru

No Peru, os acidentes de trabalho provocam ausências de três dias ou mais e no ano de 2001 superaram o milhão de casos. Para uma jornada de oito horas de trabalho significa que a cada minuto ocorrem 6 acidentes, ou seja a cada 10 segundos acontece um acidente de trabalho no país. Além disso, existem casos fatais, pois só em 2001 foram registrados mil e seiscentas mortes, representando um crescimento de 17 % referente ao ano de 1998.

É importante dizer que com esta perspectiva o Peru é um dos lugares mais arriscados para trabalhar, tanto que nos países andinos tem o mais alto índice de acidentes de trabalho, provocando três dias de descanso e também de acidentes fatais que é de 19 a cada 100 000 trabalhadores, enquanto o Equador tem 18, Chile 17, Colômbia e Venezuela 16. Porque são altos e porque estão crescendo tanto os acidentes de trabalho no Peru? Estudiosos indicam que este é um problema que ainda não se priorizou no passado e continua no presente, além disso, fatores associados à escassa vigilância ou inspeção pelo Estado e a ausência de uma política de proteção social para os trabalhadores não assalariados deve influenciar muito nestes números.

O que fazem os lares de família perante estes riscos? Existe uma predominância das estratégias individuais, embora com algumas variações. Nesta vez a estratégia mais importante éa de pedir empréstimos a familiares ou amigos, que é uma estratégia que vai além do lar e portanto poderia ser considerado um hábito baseada em laços pessoais ou também chamado de "laços fracos". Mas também as famílias fazem um gasto de suas poupanças para resolver este problema. Os pobres vendem bens a baixo custo para este tipo de eventualidade e o que se vende mais é aquilo que tem mais valor, como um eletrodoméstico. Configura-se

---

(3) ROSTOROWSKI, María. Historia del Tawantinsuyu. Instituto de Estudios Peruanos, 1992, Lima — Peru.

aqui um círculo vicioso, pois a aquisição destes bens tomou muito tempo de trabalho, porém a perda deste só tomou um instante. Existe também um mecanismo de seguro, mas normalmente é com pessoas que não são pobres, sendo que a maioria das famílias não faz uso deste tipo de proteção.

E o Estado, o que faz?, bom, o esquema de política basicamente está composto de um mecanismo de seguro (*Seguro Complementario de Riesgos de Trabajo*) e de instituições que operam no caso de acontecer um acidente. Por outro lado, é necessário dizer que outro fator institucional importante é o Ministério do Trabalho, tendo a função de prevenir acidentes de trabalho mediante inspeções e multando as pesssoas que não cumprem com as normas de segurança no trabalho.

O mecanismo mais importante é o *Seguro Complementario de Riesgos de Trabajo* (SCTR). Este seguro, na realidade, veio substituir o antigo *Seguro contra Accidentes de Trabajo* (SAT), que teve vigência entre 1911 e 1997, e o propósito desta mudança foi dar uma maior proteção à saúde do trabalhador independente, dando-lhe cobertura adicional perante os acidentes de trabalho e doenças profissionais, podendo obter inclusive pensões de invalidez temporárias ou permanentes. Infelizmente não parece ter conseguido os resultados esperados. Atualmente, o SCTR tem uma cobertura muito baixa. Embora seja só para passar ao trabalhador assalariado perante uma eventual acidente de trabalho e doença profissional e mais ainda, só considera que é arriscado trabalhar em 23 ramos de atividade, que são: pesca, produção de petróleo e gás natural, extração de minério metálico, extração de outros minerais não metálicos, elaboração de produtos do tabaco, fabricação de produtos têxteis, indústria do couro e afins, indústria da madeira, produtos de madeira e rolha, fabricação de outros produtos químicos, fabricação de substâncias químicas industriais, contrução, refinarias de petróleo, fabricação de produtos derivados do petróleo e carvão, fabricação de produtos plásticos, fabricação de vidro e produtos de vidro, indústria básica de ferro e aço, fabricação de produtos metálicos, construção de maquinarias, eletricidade, gás e vapor, transporte aéreo, serviços odontológicos, sanitários e veterinária.

Infelizmente só um terço dos trabalhadores peruanos têm acesso ao SCRT, ou seja uns 417 mil trabalhadores, o que representa o 3,2 % do total do país e o 35 % de todos os trabalhadores se encontram nos ramos mencionados. Isso acontece apesar de o valor deste seguro não ser alto, pois representa 0,63 % da remuneração mais uma taxa adicional variável, e que associada ao risco de cada atividade pode chegar até 1,8 %. Em termos monetários, custa 20 a 30 soles mensais, que seria 15 a 25 reais brasileiros. Na verdade, custa muito menos que o ESSALUD (INSS no Brasil), que equivale ao 9 % do custo da folha de pagamento para qualquer empresa. Para os trabalhadores autônomos não existem alternativas semelhantes, estes têm que ir para a ESSALUD ou nos mecanismos de saúde pública que existem no país através de serviços do Ministério da Saúde, mas no Peru ainda está atrasado em comparação com a Colômbia e a Venezuela.

Pelo lado preventivo, quase não existe nada, salvo a inspeção laboral do Ministério do Trabalho. Todos os outros instrumentos (incluindo o seguro) operam uma vez acontecido o acidente. Por esta razão, um esquema de prevenção em saúde deve ser impulsionado de maneira mais agressiva no país. Isso pode ser feito em dois estágios. Em primeiro lugar, melhorando a prevenção. O instrumento por definição necessário para a prevenção em matéria de segurança no trabalho é o cumprimento da normatividade ao respeito para o qual requer-se de um rol mais claro do Estado no interior das empresas, supervisionando no sentido de que os acidentes ou doenças profissionais no final das contas é dispendioso para os trabalhadores, mas também para as empresas em termos de menor produtividade. Em segundo lugar, é necessário ampliar a cobertura da proteção perante as doenças e acidentes de trabalho para os trabalhadores em atividade. Não é possível pensar que só 9 % dos trabalhadores peruanos estão expostos por igual a este tipo de riscos e a diferença está em que os lares pobres não contam com instrumentos de administração destes riscos. Por este motivo, inicialmente esta ampliação poderia ser centralizada nos lugares onde existe alta concentração de lares pobres[4].

Na área da construção civil o desafio é evitar os acidentes de trabalho frequentes, mas as condições de trabalho são péssimas. Como exemplo pode ser colocado o fato comum de trabalhadores tirarem um outdoor de uma avenida movimentada sem o uso de equipamento de proteção individual, ou seja, sem o uso de capacete e luvas ainda, parecendo um espetáculo circense a céu aberto. Segundo a OIT (Organização Internacional do Trabalho), os acidentes de trabalho somam 55 mil por ano no mundo e no Peru nada justifica o fato de acontecerem tragédias que poderiam ser evitadas se as empresas neste ramo oferecessem condições mínimas de segurança aos seus trabalhadores e se estes tomassem também medidas de prevenção.

No entanto, o Ministério do Trabalho tem em suas mãos parte da solução do problema, que é a de aprovar rapidamente o regulamento da Lei de Segurança e Saúde no Trabalho que, entre outros avanços, inclui a criação de um sistema de registro de acidentes e estabelece melhores procedimentos de inspeção. Este instrumento legal está sendo realizado por uma comissão formada pela ESSALUD (o INSS no Brasil), representantes dos trabalhadores, dos empregadores e várias Ongs sobre direitos trabalhistas. Além disso, não é possível que as empresas de construção não sejam punidas por negligência, incompetência por não cumprirem as normas básicas de segurança, colocando em risco a vida de seus trabalhadores. Embora exista uma ficha única de contagem de acidentes de trabalho, nem todas as empresas cumprem com entregá-la ao Ministério do Trabalho, dificultando a elaboração de estatísticas e a aplicação de um sistema único de acidentes de trabalho.

---

(4) <www.oit.org.pe/>.

Ná área de extração de minério constatou-se que os acidentes de trabalho provocam também danos ao meio ambiente pelo fato destes provocarem o despejo de resíduos tóxicos nos rios, fazendo que os peixes fiquem contaminados e que estes ao serem consumidos causem às pessoas doenças muito graves, além de diminuirem o poder de defesa do sistema imunológico delas[5].

5. O seguro complementario de trabalho de risco (SCTR) ou seguro complementar de trabalho de risco no Peru

Este seguro pretende dar maior e efetiva segurança àqueles trabalhadores e empregados que trabalham em atividades de alto risco, é uma instituição adicional ao sistema regular pelo qual deveriam estar cobertos todos os trabalhadores assalariados. A inscrição é feita pelas empresas, a despesa é de 0,63 % da remuneração, esta taxa pode aumentar conforme o nível de risco de cada atividade e empresa. Também existem sistemas de descontos segundo o número de trabalhadores inscritos.

O SCTR trata do seguinte:

Cobertura por acidentes de trabalho e doença profissional

Cobertura de saúde

O empregador poderá contratar com ESSALUD (INSS no Brasil)

Pagamentos mínimos

Assistência e assessoramento preventivo promocional em saúde

Atendimento médico, farmacológico, hospitalar e cirúrgico

Reabilitação e readaptação laboral

Aparelhos de prótese e ortopédicos

Cobertura de invalidez e enterro

Pensão de sobrevivência

Pensão de invalidez

O SCRT tem fundamento legal nos seguintes instrumentos legais:

Lei n. 26790 — Lei de modernização da Segurança Social em Saúde (15.05.97)

Decreto Supremo n. 009-97-SA: Regulamento da lei de modernização da Segurança Social em Saúde (09.09.97)

Decreto Supremo n. 003-98-SA: Normas técnicas do Seguro Complementar de Trabalho de Risco (14.04.98)

---

(5) <www.elcomercioperu.com.pe>.

Acordo n. 41-14-ESSALUD-99: Aprovam taxas de aportação e descontos do SCTR (16.07.99)[6].

6. Conclusão

Os acidentes de trabalho provocados em sua maioria pelas más condições de trabalho oferecidos pelos empregadores é uma prática que vem desde a época da colonização espanhola, quando os índios e depois os negros eram explorados até a morte pelos espanhóis com a conivência da Igreja Católica, morrendo principalmente nas minas de ouro e prata, pois não usavam equipamento de proteção individual, caso que ainda se repete no âmbito laboral peruano.

O Peru é o pior país para trabalhar nos países andinos, isso dá um alerta para que as autoridades competentes sejam mais ágeis para tentar resolver este problema, porque não é possível que as vidas de trabalhadores não sejam tomadas em conta e que os empresários não sofram com punições severas, afinal estes são os culpados por não oferecerem equipamento de proteção individual aos seus subordinados, portanto poderia ser enquadrado como crime doloso, porque os empregadores sabem muito bem que sem condições boas de trabalho seus empregados podem morrer.

O Ministério do Trabalho junto com outras entidades governamentais e não governamentais estão analisando formas legais para diminuir o número de acidentes de trabalho e realizar uma inspeção mais agressiva nos locais de trabalho com o intuito de conscientizar os empregadores para que dêem aos seus trabalhadores melhores condições de trabalho e assim evitar tragédias, apesar de existirem normas que tratem sobre o tema, porém não são muito efetivas,

7. Bibliografia

1. <www.comunidadandina.org>. Acessado em: 19.09.2006

2. <www.elcomercioperu.com.pe>. Acessado em: 19.09.2006

3. Herrera, González-Prato, Isabel. La responsabilidad civil patronal por accidentes de trabajo. In

4. Revista Legal da Muniz e Advogados Associados, n. 104, outubro de 2002, Lima — Peru. OIT Publicaciones. Trabajo de menores, minas, aprendizaje, formación por módulos, condiciones difíciles de trabajo. Lima: OIT, Sudamérica, 2005.

5. <www.oit.org.pe>.

6. ROSTOROWSKI, María. Historia del Tawantinsuyu. Instituto de Estudios Peruanos, 1992, Lima — Peru.

---

(6) HERRERA, González-Prato, Isabel. *La responsabilidad civil patronal por accidentes de trabajo*. In: *Revista Legal da Muniz e Advogados Associados*, n. 104, outubro de 2002, Lima — Peru.

TRATAMENTO MAIS FAVORÁVEL. E ART. 4º, N. 1, DO CÓDIGO DO TRABALHO PORTUGUÊS: O FIM DE UM PRINCÍPIO?(*)

João Leal Amado(**)

> "La règle du plus favorable constitue le coeur historique des rapports de la loi et de la convention collective, lorsque ces deux sources sont en concurrence".
>
> Georges Borenfreund e Marie-Armelle Souriac, "Les rapports de la loi et de la convention collective: une mise en perspective".
>
> Droit Social, 2003, n. 1, p. 74.

I. *O princípio do* favor laboratoris

A recente aprovação do Código do Trabalho português, publicado em anexo à Lei n. 99/2003, de 27 de Agosto, representou, como é óbvio, um acontecimento da maior relevância para todos quantos, directa ou indirectamente, têm o seu quotidiano ligado a este ramo do direito — afinal, a maioria da população portuguesa. Ora, se a relevância do Código do Trabalho é, a todos os títulos, inquestionável, poucos duvidarão de que o art. 4º constitui uma norma fundamental, um autêntico preceito-chave, na economia do Código. Este artigo analisa-se mesmo, porventura, na mais importante das suas normas, enquanto símbolo de ruptura com o regime jurídico precedente, mas representa ainda, segundo julgo, o caso mais gritante de "publicidade enganosa" naquele contida, visto que o rótulo do preceito não encontra a devida correspondência no respectivo conteúdo.

Na verdade, o preceito codicístico tem como epígrafe "princípio do tratamento mais favorável", não raras vezes designado pela nossa doutrina como "princípio do *favor laboratoris*". Ora, pode dizer-se que o significado essencial do *favor laboratoris*, enquanto princípio norteador da aplicação das normas juslaborais —

(*) O presente texto serviu de base à comunicação que apresentei nas Jornadas sobre o Código do Trabalho, organizadas pelo Centro de Estudos Judiciários e pela Inspecção-Geral do Trabalho, tendo sido publicado em *A Reforma do Código do Trabalho*, CEJ-IGT, Coimbra Editora, Coimbra, 2004. p. 111-121. Procurando corresponder a uma amável solicitação formulada pelo Senhor Dr. Ricardo Carvalho Fraga, Juiz do Tribunal Regional do Trabalho de Rio Grande do Sul (a quem agradeço vivamente o convite endereçado), republico agora esta breve reflexão em terras brasileiras, tendo aproveitado o ensejo para introduzir pequenas alterações e actualizações no texto original.
(**) Professor da Faculdade de Direito da Universidade de Coimbra.

princípio basilar e clássico do Direito do Trabalho, entre nós consagrado no velho e agora revogado art. 13º/1 da Lei do Contrato de Trabalho (Decreto-Lei n. 49.408, de 24 de Novembro de 1969) —, se desdobra analiticamente nas seguintes proposições nucleares:

i) O Direito do Trabalho consiste num ordenamento de carácter protectivo e compensador da assimetria típica da relação laboral, desempenhando uma função tuitiva relativamente ao trabalhador assalariado;

ii) Esta função tutelar do Direito do Trabalho é cumprida através de normas que, em regra, possuem uma natureza relativamente imperativa (normas imperativas mínimas ou semi-imperativas, normas de ordem pública social);

iii) Daqui decorre que, no tocante às relações entre a lei e a convenção colectiva, o princípio da prevalência hierárquica da lei deve articular-se com o princípio do *favor laboratoris* (assim, e em princípio, o regime convencional poderá afastar-se do regime legal, desde que a alteração se processe *in melius* e não *in pejus*);

iv) O *favor laboratoris* perfila-se, pois, como uma técnica de resolução de conflitos entre lei e convenção colectiva, pressupondo que, em princípio, as normas juslaborais possuem um carácter relativamente imperativo, isto é, participam de uma imperatividade mínima ou de uma "inderrogabilidade unidireccional";[1]

v) Trata-se, afinal, de duas faces da mesma moeda: *favor laboratoris* e imperatividade mínima das normas juslaborais. Como bem escreve Mercader Uguina, "el criterio de favor se relaciona en el ordenamiento laboral con el jerárquico, del que representa una modalización, en el sentido de que la fuente de intensidad más fuerte prevalece sobre la más débil solamente en orden a la garantía de las condiciones mínimas. Por encima del mínimo, se impone la norma inferior que prevea condiciones más favorables para los trabajadores. La regla de ordenación jerárquica de las fuentes del derecho del Trabajo asume, así, un valor relativo: frente al criterio de favor, la norma de regulación superior se comporta como norma dispositiva y, por tanto, cede ante la regulación de rango inferior, la cual, a su vez, cede ante la norma de regulación superior cuando ésta asegura la garantía de las condiciones mínimas".[2]

*

---

(1) A expressão é de Marco Novella, "Considerazioni sul regime giuridico della norma inderogabile nel diritto del lavoro", *Argomenti di Diritto del Lavoro,* 2003, n. 2, p. 518.
(2) "La silenciosa decadencia del principio de norma más favorable", *Revista Española de Derecho del Trabajo*, n. 109, 2002. p. 20. A matéria tem sido abundantemente estudada pela doutrina portuguesa, com particular destaque, no respeitante às relações lei-CCT, para o saudoso José Barros Moura, *A Convenção Colectiva entre as Fontes de Direito do Trabalho*. Almedina: Coimbra, 1984. p. 147-183. Por último, António Monteiro Fernandes, "A convenção colectiva segundo o Código do Trabalho", in *Estudos de Direito do Trabalho em Homenagem ao Professor Manuel Alonso Olea,* Almedina, Coimbra, 2004. p. 77 e ss.

Assim sendo, o art. 13º/1 da Lei do Contrato de Trabalho (LCT) fixava a directriz fundamental em matéria de relacionamento e coordenação entre a lei e a convenção colectiva, ao prescrever que "as fontes de direito superiores prevalecem sempre sobre as fontes inferiores, salvo na parte em que estas, sem oposição daquelas, estabelecem tratamento mais favorável para o trabalhador". E o art. 6º da Lei dos Instrumentos de Regulamentação Colectiva (Decreto-Lei n. 519-C1/79, de 29 de Dezembro) complementava aquele preceito da LCT, ao determinar que as convenções colectivas não poderiam "contrariar normas legais imperativas" (al. *b*) e/ou "incluir qualquer disposição que importe para os trabalhadores tratamento menos favorável do que o estabelecido por lei" (al. *c*).

Ou seja, as normas legais poderiam, como é óbvio, possuir a mais variada natureza (normas supletivas ou imperativas, normas absolutamente imperativas[3] ou relativamente imperativas, etc.), mas o certo é que, nas palavras de Jorge Leite, a norma típica do ordenamento juslaboral era constituída "por uma regra jurídica explícita impositiva e por uma regra jurídica implícita permissiva, vedando aquela qualquer redução dos mínimos legalmente garantidos e facultando esta a fixação de melhores condições de trabalho (proibição de alteração *in pejus* e possibilidade de alteração *in melius*)".[4]

No domínio da concorrência/articulação entre as respectivas fontes, concluía-se, em conformidade, que em Direito do Trabalho a regra era, afinal, a da aplicação da norma que estabelecesse um tratamento mais favorável ao trabalhador, ainda que tal norma se encontrasse contida numa fonte hierarquicamente inferior. A imodificabilidade *in melius* da norma superior (ou seja, a imperatividade absoluta desta), bem como a sua modificabilidade *in pejus* por norma inferior (ou seja, a supletividade daquela), eram excepcionais, pelo que era comum aludir-se à "singular imperatividade" das normas juslaborais, à sua natureza "imperativa-limitativa" ou "imperativa-permissiva", qualquer destas expressões traduzindo a ideia de mínimo de protecção da parte mais débil da relação como traço característico e identitário das normas juslaborais.[5]

---

(3) Normas imperativas absolutas, ou normas imperativas de conteúdo fixo, são aquelas que não admitem qualquer modificação por fonte inferior, quer a alteração seja em sentido mais ou menos favorável para o trabalhador. É o caso, por exemplo, do regime legal dos feriados (art. 210º) ou das disposições relativas aos tipos de faltas e à sua duração (art. 226º). Sobre a tipologia das normas legais quanto à sua (i)modificabilidade, *vd.*, por todos, Barros Moura. *A Convenção Colectiva...*, cit., p. 148-155.
(4) *Direito do Trabalho,* v. I, Serviço de Textos da Universidade de Coimbra, 2003. p. 97.
(5) Note-se, porém, que o princípio do tratamento mais favorável ao trabalhador (*favor laboratoris*) não deve ser confundido com o princípio da interpretação mais favorável ao trabalhador (designado, por vezes, por princípio *in dubio pro laborator* ou *pro operario*): este é um princípio norteador da **interpretação** das normas, da fixação do seu sentido e alcance, nos termos do qual, na dúvida sobre se o preceito significa A ou significa B, o intérprete deveria optar pelo sentido mais vantajoso para o trabalhador; aquele é, como se disse, um princípio sobre a **aplicação** das normas, sobre a qualificação da respectiva natureza, determinando que o preceito, signifique ele A ou B, poderá ser objecto de alteração *in melius* por fonte inferior. Sobre o princípio *in dubio pro operario*

II. O art. 4º, n. 1, do Código do Trabalho

Surge então o art. 4º/1 do Código do Trabalho, preceituando que "as normas deste Código podem, sem prejuízo do disposto no número seguinte[6], ser afastadas por instrumento de regulamentação colectiva de trabalho, salvo quando delas resultar o contrário".

Apesar do disposto na sua epígrafe, o n. 1 deste artigo traduz-se, bem vistas as coisas, num verdadeiro atestado de óbito do *favor laboratoris* relativamente à contratação colectiva, dele se extraindo que, em princípio, o Direito do Trabalho legislado possui um carácter facultativo ou supletivo face à contratação colectiva — ou seja, conclui-se que as normas legais serão, em regra, normas "convénio-dispositivas", isto é, normas livremente afastáveis por convenção colectiva. Destarte, doravante o quadro legal poderá ser alterado *in pejus* pela convenção colectiva, o que implica uma mutação (dir-se-ia: uma revolução) na filosofia básica inspiradora do Direito do Trabalho: de um direito com uma vocação tutelar relativamente às condições de trabalho, imbuído do princípio da norma social mínima, transitamos para uma espécie de direito neutro, em que o Estado recua e abandona a definição das condições de trabalho à autonomia colectiva.

É, pois, um novo Direito do Trabalho aquele que parece resultar do art. 4º do Código, um Direito do Trabalho menos garantístico e mais transaccional, em que aumenta o espaço concedido à autonomia colectiva em virtude do relaxamento da regulação estadual das condições de trabalho — um Direito do Trabalho que, assim, muda de alma (alguns dirão: perde a alma).[7]

Em suma, também neste campo — no campo da concorrência e articulação das fontes juslaborais — estamos perante um Direito do Trabalho mais flexível (palavra mágica dos nossos tempos, por mais imprecisa que seja a respectiva noção no plano jurídico)[8], em que a contratação colectiva já não é concebida como um

---

(afirmando, de resto, a sua profunda convicção de que este não existe), *vd.*, por todos, Desdentado Bonete, "¿Existe realmente el principio *in dubio pro operario*?", *Relaciones Laborales*, 2003, I, p. 605 e ss.
(6) A ressalva aqui efectuada refere-se aos chamados "regulamentos de condições mínimas" (sucessores das antigas portarias de regulamentação do trabalho), os quais não poderão afastar as normas do Código. Trata-se de uma regra introduzida no Código na sequência do Acórdão do Tribunal Constitucional n. 306/2003, de 25 de Junho, de importância prática previsivelmente reduzida, pelo que este ponto não irá constituir objecto das linhas subsequentes. Sobre o regulamento de condições mínimas, *vd.* os arts. 577º a 580º do Código.
(7) Na doutrina portuguesa, o autor que mais denodadamente se tinha manifestado a favor de uma alteração normativa do tipo da introduzida por este art. 4º era, sem dúvida, Bernardo Lobo Xavier. *Vd.*, por exemplo, as considerações tecidas pelo autor sobre o declínio do princípio do tratamento mais favorável nas relações lei/CCT, no seu *Curso de Direito do Trabalho*, Verbo, Lisboa/São Paulo, 1992. p. 257-260.
(8) Sobre o ponto, *vd.*, por todos, J. L. Monereo Pérez, *Introducción al Nuevo Derecho del Trabajo (una reflexión crítica sobre el Derecho flexible del Trabajo)*, Tirant lo Blanch, Valência, 1996. p. 99 e ss.

instrumento vocacionado para melhorar as condições de trabalho relativamente à lei[9], mas antes como um puro mecanismo de adequação da lei às circunstâncias e às conveniências da organização produtiva. Coerentemente, o art. 533º do Código, sucessor do supramencionado art. 6º da Lei dos Instrumentos de Regulamentação Colectiva, continuando embora a prescrever que as convenções colectivas não podem "contrariar as normas legais imperativas", deixa de acrescentar que aquelas também não podem incluir qualquer disposição que importe para os trabalhadores tratamento menos favorável do que o estabelecido por lei.

Registe-se, de todo o modo, que o Anteprojecto de Código do Trabalho apresentado pelo Governo não prenunciava uma alteração, nesta matéria, como aquela que veio a constar do Código aprovado pela Lei n. 99/2003. Com efeito, no art. 4º do Anteprojecto podia ler-se: "Entende-se que as normas deste Código estabelecem um conteúdo mínimo de protecção do trabalhador, sempre que delas não resultar o contrário". Ora, semelhante redacção não exprimia qualquer mudança significativa no tocante ao entendimento tradicional do princípio do *favor laboratoris,* tal como este se encontrava plasmado no art. 13º/1 da LCT. Porém — e algo surpreendentemente —, quando o Anteprojecto deu lugar à Proposta de Lei n. 29/IX, a redacção deste art. 4º surgiu transfigurada, implicando o aludido decesso do *favor laboratoris* no domínio da concorrência entre lei e convenção colectiva.

O que vem de ser dito vale, repete-se, no cotejo entre lei e convenção colectiva. Face ao contrato individual o critério legal é já outro, conforme se extrai do n. 3 do art. 4º: "As normas deste Código só podem ser afastadas por contrato de trabalho quando este estabeleça condições mais favoráveis para o trabalhador e se delas não resultar o contrário". Assim sendo, o art. 4º do Código do Trabalho parece, afinal, traduzir-se numa disposição legal consagrada ao culto de Jano (a conhecida divindade romana das duas caras), perfilando-se as normas do Código como **normas bifrontes ou bidimensionais**, isto é, normas relativamente imperativas face ao contrato de trabalho e normas supletivas face à convenção colectiva de trabalho — as chamadas "normas convénio-dispositivas".[10]

Note-se, porém, que o art. 4º/1 não exclui a existência de normas imperativas — relativa ou absolutamente imperativas — face à convenção colectiva ("salvo quando delas resultar o contrário"), assim como o art. 4º/3 não exclui a existência de normas absolutamente imperativas, ou de normas supletivas, face ao contrato individual ("se delas não resultar o contrário"). Tudo dependerá pois, em última

---

(9) A este propósito, escrevia, duas décadas atrás, José Barros Moura: "A função da contratação colectiva, além de adaptar a lei geral às peculiaridades das categorias abrangidas e de consolidar as conquistas consagradas na lei geral, é, sobretudo, a de melhorar a situação dos trabalhadores" (*A Convenção Colectiva...*, cit., p. 156).
(10) A propósito deste tipo de normas, *vd.* M.ª Rosário Palma Ramalho. *Estudos de Direito do Trabalho.* v. I, Almedina: Coimbra, 2003. p. 36, n. 31.

análise, da interpretação da concreta norma em causa, sendo certo que a directriz hermenêutica, o critério que habilita o intérprete a pronunciar-se em caso de dúvida, é agora bipartido ou dual: a norma codicística será, em princípio, supletiva ou relativamente imperativa, consoante o cotejo se dê com a contratação colectiva ou com o contrato individual de trabalho.

Será o caso, para dar um exemplo, da norma respeitante ao subsídio de Natal. O art. 254º do Código estabelece que o trabalhador tem direito a auferir um subsídio de Natal de valor igual a um mês de retribuição: nestes termos, o valor do subsídio não poderá, decerto, ser reduzido através de cláusula contratual (art. 4º/3), mas já poderá sê-lo através de cláusula convencional (art. 4º/1). O mesmo valerá quanto à norma relativa à violação patronal do direito a férias: nos termos do art. 222º, o trabalhador deverá receber, a título de compensação, o triplo da retribuição correspondente ao período em falta, montante este que, não podendo ser reduzido mediante cláusula contratual, já poderá sê-lo mediante cláusula convencional.[11]

De qualquer modo, e retornando ao objecto precípuo desta breve reflexão — a análise das novidades resultantes do art. 4º/1 do Código —, o certo é que o tratamento mais favorável ao trabalhador, nas palavras de Monteiro Fernandes, "deixa de constituir referencial interpretativo". No Código do Trabalho, sublinha o autor com inteira razão, "o ponto de partida da operação interpretativa-qualificativa incidente sobre a norma legal (para se saber se pode aplicar-se a fonte inferior de conteúdo diferente) já não é a presunção de que essa norma admite variação em sentido mais favorável ao trabalhador, mas a de que admite variação em qualquer dos sentidos. Tal presunção só é afastada se da norma legal resultar inequivocamente que nenhuma variação é legítima, ou que só o será num dos sentidos possíveis".[12]

III. A Constituição da República Portuguesa

Resta saber se, do ponto de vista jurídico-constitucional, não se terá ido longe demais com este art. 4º/1 do Código. Com efeito, a concepção transaccional do Direito do Trabalho que se desprende deste artigo — em que o Estado-legislador dá luz verde para que tudo ou quase tudo seja livremente negociado em sede de contratação colectiva, em benefício ou em detrimento do trabalhador face ao parâmetro legal — parece compatibilizar-se com bastante dificuldade com o nosso "bloco constitucional do trabalho", *maxime* com o disposto no art. 59º/2 da Constituição da República Portuguesa (CRP). Na verdade, de acordo com este preceito, "incumbe ao Estado assegurar as condições de trabalho, retribuição e

---

(11) Em sentido próximo, quanto a este último exemplo, *vd.* José Andrade Mesquita. *Direito do Trabalho*. 2. ed. AAFDL, 2004. p. 269.
(12) *Direito do Trabalho*. 12. ed. Almedina: Coimbra, 2004. p. 121.

repouso a que os trabalhadores têm direito", através, por exemplo, do estabelecimento e actualização do salário mínimo nacional, da fixação dos limites máximos da duração do trabalho, etc.[13] Deste modo, a CRP parece impor que o legislador estabeleça, ele mesmo, um estatuto social mínimo, um patamar legal de protecção dos trabalhadores. Esta é, por força da nossa Constituição, uma tarefa fundamental do Estado-legislador, uma missão de que este se encontra incumbido. Constitucionalmente, tem de haver um mínimo legal intangível, os direitos dos trabalhadores legalmente consagrados deverão situar-se, em princípio, fora do comércio jurídico, não podendo funcionar como simples moeda de troca em sede de contratação colectiva. Ora, com este art. 4º o Estado-legislador retrai-se e parece mesmo demitir-se das suas responsabilidades: a tarefa constitucional não é cumprida, a missão estadual converte-se, afinal, numa autêntica demissão parlamentar/governamental!

Tenho, por conseguinte, sérias dúvidas sobre a conformidade constitucional deste preceito do Código do Trabalho[14]. Note-se que o Tribunal Constitucional português, no Acórdão n. 306/2003, não chegou a abordar esta questão, embora se tenha debruçado sobre outras dimensões problemáticas do art. 4º, designadamente as relativas aos instrumentos de regulamentação colectiva de natureza administrativa (regulamentos de condições mínimas e regulamentos de extensão)[15]. A questão permanece, pois, em aberto. Insisto: **uma coisa é introduzir alguma flexibilidade adicional no nosso Direito do Trabalho** (opção de política legislativa legítima e insusceptível de reparos do ponto de vista constitucional); **outra coisa, porém, será flexibilizar o Direito do Trabalho ao ponto de lhe quebrar a espinha dorsal ou a coluna vertebral** (esta última será uma opção politicamente discutível, mas já, decerto, constitucionalmente censurável).

O que está em causa não é, por conseguinte, a existência de normas legais de carácter supletivo ou "convénio-dispositivo" (figura esta bem conhecida e consagrada, por exemplo, no ordenamento juslaboral germânico)[16]. O que se questiona é que esta seja **a regra**, o que se discute é que este deva ser **o princípio**, isto é, que, à partida, todas as normas do Código possam ser afastadas por convenção colectiva, inclusive em sentido menos favorável ao trabalhador. Perante isto, é caso para

---

(13) Como escrevem Gomes Canotilho e Vital Moreira, "o n. 2 estabelece um conjunto de tarefas (incumbências) dirigidas ao Estado (desde logo ao legislador)". Trata-se, no dizer dos autores, de "direitos positivos dos trabalhadores, a que correspondem obrigações de concretização (através de leis e outras medidas) do Estado" — *Constituição da República Portuguesa Anotada,* 3. ed. Coimbra Editora, Coimbra, 1993. p. 320, n. VIII.
(14) Na esteira, aliás, das considerações a este propósito expendidas por José João Abrantes e Jorge Leite, em textos publicados no n. 22 de *Questões Laborais — vd.,* respectivamente, "O Código do Trabalho e a Constituição", p. 150-153, e "Código do Trabalho — algumas questões de (in)constitucionalidade", p. 270-274.
(15) *Vd.,* sobretudo, os pontos II-*D)* e III-*e)* do Acórdão.
(16) O chamado "tarifdispositives Gesetzesrecht". Por todos, Hans Brox e Bernd Rüthers, *Arbeitsrecht,* 15. ed., Verlag W. Kohlhammer, 2002. p. 45.

perguntar onde ficará, então, o princípio do Estado Social e a incumbência estadual, resultante da Constituição da República Portuguesa, de assegurar as condições de trabalho, retribuição e repouso a que os trabalhadores têm direito...

IV. Nota conclusiva

Entretanto, e pondo a "questão constitucional" entre parêntesis, o certo é que este simbólico preceito significa que a tradicional "grelha de leitura" das normas laborais terá de ser abandonada pelo intérprete: ao pronunciar-se sobre a natureza de cada norma legal, *maxime* sobre a susceptibilidade de esta ser alterada *in pejus* por convenção colectiva, o intérprete deverá substituir os velhos óculos *"favor laboratoris"* (declarados rígidos e caducos) pelos novos óculos "convénio-dispositivos" (mais dinâmicos e maleáveis, mas, quiçá, menos resistentes...).

Estamos, em todo o caso, perante um preceito codicístico que exprime um inegável abrandamento da actuação interventiva e da postura impositiva do Estado neste domínio, concedendo os poderes públicos novos e mais dilatados espaços regulatórios à autonomia colectiva — ainda que deva acrescentar-se (e este é um aspecto que, a meu ver, não poderá ser menosprezado) que, **no campo juslaboral, o reconhecimento da autonomia colectiva não se processou contra a heteronomia estadual, mas sim contra o poder decisório unilateral do empregador**. Com efeito, o Direito do Trabalho afirmou-se historicamente e consolidou-se dogmaticamente com base na conjugação dialéctica de dois fenómenos — legislação estadual regulamentadora das condições de trabalho e normação convencional disciplinadora do conteúdo das relações laborais ao nível da empresa, da profissão ou do sector de actividade —, ambos tendo como escopo central a tutela do contraente débil, a compressão da liberdade contratual e a limitação da concorrência entre os trabalhadores no mercado de trabalho. Deste ponto de vista, **a autonomia colectiva adiciona-se à heteronomia estadual, não se contrapondo e antes aliando-se a esta** em ordem a impedir o arbítrio patronal e a "ditadura contratual" de outro modo imposta pelo contraente mais poderoso.

Através deste preceito visar-se-á outrossim, como alguns afirmam, atribuir um estatuto de maioridade às associações sindicais, rejeitando qualquer concepção das mesmas como sujeitos hipossuficientes e carenciados de tutela. Mas não deixa igualmente de ser curioso verificar que este estatuto de maioridade é concedido aos sindicatos numa época histórica em que tanto se fala na crise estrutural do sindicalismo e, justamente, por parte de um Código que continua a não estabelecer quaisquer exigências de representatividade mínima para que um sindicato possa celebrar uma convenção colectiva de trabalho...[17]

---

(17) Sendo ainda certo que o princípio da filiação (eficácia limitada aos trabalhadores filiados no sindicato, de acordo com o art. 552º) vai continuar a vigorar no tocante ao recorte do âmbito pessoal das

Diminuir a carga injuntiva da lei e conceder, do mesmo passo, espaços regulatórios alargados a interlocutores sindicais débeis poderá assim, a meu ver, revelar-se um caminho contraproducente. Os próximos tempos mostrarão se o *favor laboratoris* no âmbito do relacionamento entre a lei e a contratação colectiva, ainda que sujeito a excepções várias, não terá de ser ressuscitado, enquanto princípio, pelo legislador do trabalho. Aliás, convém não esquecer que o novo paradigma normativo emergente do art. 4º/1 do Código também não deixa de suscitar bastantes problemas no tocante à respectiva articulação com o direito comunitário, dado que, por um lado, o direito comunitário detém primazia hierárquica sobre o direito interno e, por outro, as directivas comunitárias consagram, via de regra, o princípio da norma social mínima.[18]

---

convenções colectivas. Alertando para os "problemas inumeráveis e irresolúveis" resultantes da manutenção do princípio da filiação no novo quadro normativo emergente do art. 4º/1 do Código, *vd.* Bernardo Lobo Xavier, "Contratação colectiva: cláusulas de paz, vigência e sobrevigência", in *Código do Trabalho (alguns aspectos cruciais)*, Principia, Cascais, 2003. p. 131. Aliás, a ultrapassagem da dualidade de estatutos laborais inerente ao princípio da filiação através do recurso ao instrumento administrativo do regulamento de extensão (arts. 573º a 576º do Código) não deixa, também a este nível, de suscitar dificuldades de monta. Com efeito, pergunta-se: será legítimo aplicar, mediante um regulamento de extensão, disposições convencionais menos favoráveis do que as previstas na lei a trabalhadores não filiados no (e, portanto, não representados pelo) sindicato que subscreveu aquela convenção?
(18) Sobre o ponto, *vd.* Liberal Fernandes, "Alguns aspectos da evolução do Direito do Trabalho", *Revista da Faculdade de Direito da Universidade do Porto*, I, 2004. p. 209-210.

INCORPORAÇÃO DOS TRIBUNAIS LABORAIS AO PODER JUDICIÁRIO(*)

Sergio Pallares y Lara(**)

Se, no âmbito jurisdicional se questiona, entre outros pontos, a transferência[1] dos Tribunais do Trabalho para o Poder Judiciário (federal e local), é de se sublinhar que tal mudança na natureza administrativa destes tribunais deve implicar somente uma modificação estrutural, seja do próprio Poder Judiciário, seja também em decorrência de uma desejável transformação da estrutura das atuais Juntas de Conciliação e Arbitragem. Entretanto, de nenhuma maneira, tal alteração deve se traduzir no abandono da filosofia do Direito do Trabalho, nem dos princípios com que o Constituinte de 1917 concebeu as Juntas de Conciliação e Arbitragem como tribunais de consciência, isto é, afastados do rigorismo formal que caracterizam os juízes de direito.

De fato, produto de um conflito social originado pelas extremas condições de desigualdade e exploração que prevaleceram durante a ditadura profirista[2], a Constituição de 1917 em seu art. 123[3] reconheceu os direitos fundamentais em favor dos trabalhadores, tanto individuais como coletivos, reconhecendo-os como integrantes de um grupo social. Por este motivo, a Constituição mexicana foi considerada com a mais avançada em sua época.

Pois bem, a Constituição atual conservou a orientação liberal de sua antecessora no capítulo das garantias individuais, tanto é assim que seguiu prevendo a utilização do juízo de amparo[4] como meio de defesa dos direitos fundamentais da pessoa (liberdade, propriedade, igualdade e segurança jurídica) frente aos atos arbitrários da autoridade. Por outro lado, ao influxo da ideologia social do art. 123 constitucional se permitiu certa restrição a esses direitos, elevados de diversas formas a garantias individuais. Tal limitação se operava através de um

---

(*) Tradução de Luiz Alberto de Vargas.
(**) Magistrado do Décimo Quarto Tribunal Colegiado em Matéria de Trabalho do Primeiro Circuito, México, D.F.
(1) O texto problematiza a proposta de incorporar ao Poder Judiciário as Juntas de Conciliação e Arbitragem que, ainda hoje no México, integram formalmente o Poder Executivo (nota do tradutor).
(2) Refere-se ao Presidente mexicano Porfírio Diaz que governou o país nos anos de 1876-1880 e, especialmente, no período denominado "ditudura porfirista" (1894-1911) (nota do tradutor).
(3) O art. 123 regula o Trabalho e a Previdência Social, contendo uma extensa e abrangente lista de direitos sociais. Para a Constituição mexicana, <http://www.diputados.gob.mx/LeyesBiblio/pdf/1.pdf> (nota do tradutor).
(4) O recurso de amparo é instituto do direito processual mexicano, aproximado ao nosso mandado de segurança, destinado precipuamente à defesa dos direitos fundamentais (nota do tradutor).

intervencionismo estatal que rompia com a conhecida fórmula fisiocrata-liberal do "laissez faire, laissez passer" e que impunha à classe patronal, como garantias sociais constitucionais, diversos direitos laborais protetivos aos trabalhadores (no plano individual) e à classe trabalhadora como grupo social (no plano coletivo).

Assim, restava limitado o paradigma da liberdade liberal, já que, na Constituição, se definiram os direitos mínimos e as obrigações máximas para a contratação de trabalhadores; se limitou, dessa maneira, o direito de propriedade, permitindo que os bens de uma empresa ou de qualquer patrão fossem alcançados pelo resultado de um processo judicial ou de uma greve; se quebrou em mil pedaços o tão apreciado princípio de igualdade dos homens perante à lei, na medida em que toda legislação substantiva e processual do trabalho é claramente protecionista do trabalhador no plano individual — e, ainda que em menor escala, também das organizações sindicais da classe trabalhadora. Além disso, há de se mencionar as vantagens processuais que gozam os trabalhadores que acorrem a um juízo laboral. Esse conjunto de fatores permite colocar entre parênteses uma pretendida "segurança jurídica patronal".

A questão não pára por aí, pois, também no que diz respeito ao juízo de amparo, os trabalhadores e suas organizações sindicais encontram uma proteção especial, através da figura processual da "suplência da postulação"[5], que constitui um ponto nodal e de convergência do Direito do Trabalho — também denominado Direito Social — e o Juízo de Amparo, em que os princípios do primeiro continuam operando em benefício dos destinatários do direito laboral.

O ministro Tena Ramírez[6] destacou a incongruência que decorre do fato de que as garantias de tipo social consagradas pelo art. 123 — que são uma exceção aos princípios individualistas do juízo de amparo, preservem-se por meio de um mecanismo surgido e desenvolvido para garantir o gozo de direitos inerentes à pessoa e que, por sua natureza, costumam estar em oposição aos direitos de classe. Porém, considere-se que, não obstante essa notória contradição, o juízo de amparo, ao estender-se em direção a garantias que superam sua tendência original individualista, mostra sua vocação de garante da ordem constitucional, incluindo em sua evolução a defesa de interesses sociais ou de grupo, matéria que nada tem a ver com a finalidade com que foi criado, em que se sustentava na defesa do indivíduo em sua mais pura concepção.

---

(5) Trata-se da "suplencia de la queja", ou seja, a possibilidade de, em alguns casos, em juízo de amparo, de correção "de ofício" pelo Juiz de algum defeito da inicial ou, mesmo, o conhecimento de algum pedido omitido. Tal ocorre em demandas trabalhistas (em que o autor é um trabalhador), em casos em que a postulação é feita por menor de idade, em questões agrárias, entre outras (nota do tradutor).
(6) El Amparo Mexicano, Medio de Protección de los Derechos Humanos, publicado por la Comisión Nacional para la conmemoración del sesquicentenario de la instalación de la Suprema Corte de Justicia de la Nación, marzo de 1975.

Cabe agregar que isso se dá com a "agravante" de que, no juízo de amparo, em virtude do princípio da suplência da reclamação, se aplicarão normas processuais que tendem a favorecer ao trabalhador, já não em sua pureza individual, mas no âmbito de suas garantias sociais, isto é, enquanto integrante de um grupo social, o que se dará por cima do interesse pessoal típico das garantias individuais. Assim, o regime original de defesa dos direitos fundamentais da pessoa se vê extrapolado ao atender — e de alguma maneira privilegiar — o sistema de garantias sociais no âmbito laboral.

Nessa linha de raciocínio, o projeto de transferência dos tribunais laborais ao Judiciário Federal e aos Judiciários estaduais não deve servir de pretexto para mudar o rumo do Direito do Trabalho, nem a orientação dos órgãos jurisdicionais laborais como tribunais de consciência — não de rigor técnico.

Referindo-se ao art. 123 da Constituição de 1917, Jorge Carpizo assinalou: "A importância deste artigo repousa no fato que ele "rompeu o mito do direito das forças econômicas desenvolver-se livremente, sem considerar a nobreza do trabalho e a dignidade do homem (Mario de la Cueva)[7]. A essência do artigo estriba na idéia de liberdade frente à economia. Nosso artigo, como Minerva, nasceu quebrando, já não apenas a liberdade frente ao Estado, mas a cabeça de um deus (a onipotente economia) e abriu caminho à uma nova idéia de estrutura econômica, em que se espera que não exista a exploração do homem pelo homem; em que este leve uma vida que lhe permita participar dos bens culturais; em que as novas gerações tenham igual número de oportunidades, de forma que o esforço próprio dê ao homem seu lugar na escala social. Nosso art. 123 quer e promete justiça: justiça aos oprimidos, justiça às grandes classes sociais que sofrem, justiça para fazer os homens livres. E somente homens livres podem constituir grandes povos".[8]

A despeito destas belas proclamações de libertação e de igualdade, os trabalhadores mexicanos ficaram esperando que o regime da revolução lhes trouxesse justiça e, no regime que se seguiu, prosseguiu nessa eterna espera, mesmo porque o vento passou a soprar em sentido contrário.

Tais aspectos extrapolam as fronteiras do Poder Judicial Federal, mesmo que venha a se confirmar a incorporação da jurisdição laboral. Avizinha-se, no horizonte, uma reforma laboral cujos alcances e limites serão fixados pelo legislador. É provável que a orientação de tal reforma seja delineada pelo processo mundial de globalização que arrasta as nações dependentes das potências econômicas, criando um campo ideológico em que pontificam as virtudes de individualização e da flexibilização das relações de trabalho. No caso mexicano, tal processo tem sido impulsionado por meio de acordos de cúpula, apresentados como sendo a **"nova cultura**

---
(7) CUEVA, Mario de la. *El nuevo derecho mexicano del trabajo*. México: Editorial Porrúa S.A., 1974. p. 27.
(8) La Constitución mexicana de 1917; Universidad Nacional Autónoma de México; México 1982, p. 105.

laboral"[9] e que, até esse momento, segue formando parte da **"crônica de uma reforma anunciada"**. Reforma que, por diversas razões, não tem conseguido realizar-se, mas que, seguramente, merecerá todo o empenho do atual governo para sua aprovação pela Câmara dos Deputados.[10]

As Juntas de Conciliação e Arbitragem

O art. 123 da Constituição prevê que a solução dos conflitos coletivos trabalhistas às Juntas de Conciliação e Arbitragem, que, ainda que tenham a natureza jurídica de órgãos administrativos ligados ao Poder Executivo Federal e dos Estados realizam uma função jurisdicional que, antes de 1917, encontrava-se incluída na jurisdição geral ordinária que competia a órgãos judiciais.

No Código de Napoleão, sob o influxo do ideário liberal, a prestação de serviços pessoais ficava sujeita ao livre jogo da vontade das partes contratantes e se regulava conforme as normas de contrato de um **"arrendamento de domésticos e trabalhadores"**, que converteu a suposta igualdade perante a lei em um mecanismo de injustiça e desequilíbrio processual[11], como fica evidenciado pelo art. 1.781, que estabeleceu: **"Serão tidas como verdadeiras as afirmações do patrão feitas sob sua palavra quanto ao valor dos salários, os valores pagos durante o ano vencido e quanto à existência de antecipações dos salários do ano seguinte"**.

Em nosso país, o Código Civil de 1870 para o Distrito Federal e o Território da Baixa Califórnia determinou que a prestação de serviços não era equiparável ao arrendamento, porque o homem não era, nem poderia ser tratado como coisa. Não obstante, em seu título décimo terceiro regulou o contrato de obras ou prestação de serviços, incluindo em seus arts. 2.551 a 2.658, o trabalho doméstico, o diarista, o trabalho remunerado por produção, o contratado por obra certa, o de transportadores ou de aprendizagem. Portanto, os conflitos que derivavam destas relações eram resolvidos por juízes civis.

A partir do art. 123, se deu a autonomia da jurisdição laboral no que diz respeito à jurisdição geral ou judicial, já que as Juntas de Conciliação e Arbitragem não fazem parte do Poder Judiciário, ainda que formalmente se vinculem à

---

(9) "La Nueva Cultura Laboral" foi denominado o diálogo social tripartite implementado pelo governo mexicano a partir de 1995 (nota do tradutor).
(10) O projeto de reforma laboral conhecido como "Projeto Abascal" foi apresentado no Congresso Nacional em 15.12.2002, com o apoio do Presidente Vicente Fox ao Congresso Nacional e recebeu duras críticas de amplos setores sociais, por rebaixar históricos direitos dos trabalhadores, especialmente no plano sindical. Tal projeto, ainda que apoiado também pelo governo seguinte (Presidente Felipe Calderón), não foi aprovado, mas, neste ano de 2011, se discute novo projeto de Reforma Laboral apresentado em março de 2010 (nota do tradutor).
(11) CUEVA, Mario de la. *El Nuevo Derecho Mexicano del Trabaj*. México: Editorial Porrúa, S.A., 1974. p. 10.

administração pública por meio da designação de seu Presidente por ato do Executivo. Porém, apesar disso, realizam uma função jurisdicional, emitindo com autonomia suas decisões e, são, portanto, verdadeiros tribunais.

Muitos questionam a evidente influência exercida sobre a jurisdição laboral por funcionários da administração pública, tanto Federal como Estadual, especialmente em assuntos que extrapolam o âmbito jurídico e que tenham uma típica conotação política, própria dos conflitos em que ocorre o enfrentamento aberto capital-trabalho. Nesses assuntos, em geral, o governo não mantém a neutralidade, aliando-se tanto com a classe patronal (com quem tem afinidade e com a qual mantém fortes vínculos econômicos), ou como com as cúpulas sindicais que afinam com os interesses governamentais.

A mencionada separação de jurisdições deu aos órgãos laborais uma natureza especial, de maneira que são tribunais de consciência, característica pela qual se pretendeu afastar dos tecnicismos dos juízes de direito, já que se regem por normas flexíveis sobre valoração de provas (art. 841 da Lei Federal do Trabalho). Tal faculdade, no entanto, não os exime de expressar os motivos e fundamentos legais em que se apóiam suas resoluções, algo que é característico dos tribunais de direito. É precisamente esta última obrigação que faz com que a jurisdição laboral se submeta aos arts. 14 e 16 da Constituição no que diz respeito à vigilância de exata aplicação da lei, o que abre caminho para o controle judicial através do juízo de amparo.

Um papel importantíssimo para o sistema joga a estrutura tripartite dos tribunais, isto é, o sistema corporativo de que se valeu o Estado para lograr o controle sobre a classe trabalhadora e, assim, dos conflitos interclassistas. É precisamente o papel que tem jogado as grandes centrais sindicais obreiras oficialistas, desde a Confederação Regional Obreira Mexicana — que foi o laço de comunhão entre os governos de Álvaro Obregón e Plutarco Elias Calles e o movimento obreiro – até a Confederação dos Trabalhadores de México — aliada incondicional, não apenas dos presidentes oriundos do PRI, mas também do atual Presidente Calderón. Tal conjugação de poderes e interesses fez possível a política de conciliação entre os fatores da produção, que tem sido um lugar-comum dos governantes: "Parece que os trabalhadores são considerados meios para lesar o capital. Nada mais falso. Se eu pudesse envaidecer-se de algo quando deixei a presidência, será ter, indubitavelmente, realizado o ideal que sempre persegui, o da harmonia que deve existir entre todas as nossas classes laboriosas"[12]

Por outro lado, a criação no ano de 1927 da Junta Federal de Conciliação e Arbitragem atendeu, antes de tudo, ao interesse do Presidente Plutarco Elias Calles, de estabelecer um controle político sobre os conflitos interclassistas em áreas

---

(12) ALONSO, Antonio. *El movimiento ferrocarrilero en México*, 1958-1959; Editorial Era, México 1986. p. 27; palabras de Álvaro Obregón.

estratégicas, como a ferroviária, a petroleira, a elétrica e a mineira, entre outras, tal como ocorria em zonas de jurisdição federal. Isso se obtinha, segundo relata Antonio Alonso[13], por meio de um controle sindical pela CROM e pela intervenção da Secretaria de Indústria, Comércio e Trabalho encabeçada pelo líder cromista Morones — que carece de atribuições legais para resolver as demandas e conflitos laborais, ainda que se arrogasse tal atribuição.

No que diz respeito a estes tribunais, o laboralista Néstor de Buen comenta: "as Juntas de Conciliação e Arbitragem são organismos constitucionais, autônomos no exercício de suas funções, mas dependentes dos executivos federais e locais, que funcionam como tribunais de direito e estão capacitados, ainda que com restrições evidentes, a julgar as causas em consciência."[14]

As restrições a que alude o comentário tem a ver com o controle exercido sobre os tribunais do trabalho no intuito de que suas determinações não prejudiquem a relação harmônica que existe entre o capital e o trabalho, nem desnaturem a vocação conciliadora do Estado, como árbitro dos conflitos laborais.

O aqui comentado pode responder a alguns questionamentos sobre a real autonomia dos tribunais do trabalho na proposta de reestruturação.

Se a iniciativa apresentada mantém a figura das Juntas de Conciliação e Arbitragem é pelos compromissos corporativos do Presidente da República com os grupos do poder econômico e sindical, a quem não interessa nem convém uma mudança no destino dos tribunais do trabalho. Ao passar fazer parte do Poder Judiciário, os tribunais do trabalho sairiam do âmbito de influência do governo na arbitragem dos conflitos entre as classes obreira e patronal. Da mesma forma, sairiam do controle que os representantes sindicais de cúpula exercem nas Juntas de Conciliação e Arbitragem, evitando que os conflitos laborais extrapolem ao Estado, sobretudo quando tais conflitos envolvem sindicatos independentes, que lutam pelo respeito aos direitos constitucionais e legais dos trabalhadores. Igualmente se rechaça a conversão das Juntas em juízos laborais, pois os forjadores de tal iniciativa estão conscientes de que a autonomia e a independência dos juízes e magistrados do Poder Judiciário Federal fariam não-manejáveis os conflitos laborais, tanto no âmbito da luta de classes entre trabalhadores e patrões, como nos conflitos intersindicais pela liberdade e pela democracia sindicais.

Ante tais expectativas de mudança de orientação na condução dos conflitos laborais, se privilegia, na proposta de reformas, a decisão de deixar intacta a estrutura dos tribunais de trabalho e, por tanto, os mecanismos de controle que tantos frutos tem brindado aos que sustentam o sistema laboral corporativo, já que, no resto dos países, os tribunais laborais pertencem ao Poder Judiciário.

---

(13) *Ibíd*...., p. 29.
(14) *Derecho procesal del trabajo*, México: Editorial Porrúa, S.A., 1988. p. 149.

JUÍZES E PROFESSORES

Luiz Alberto de Vargas
Ricardo Carvalho Fraga(*)

1. O Direito e a ciência

As relações entre o pensamento acadêmico e a prática científica são complexas. Em poucos campos do conhecimento tais relações são ainda mais problemáticas como no do Direito.[1]

Antes de tudo, pode ocorrer alguma subestimação, ainda que inconsciente, da presença de premissas verdadeiramente científicas nas disciplinas ligadas às chamadas ciências humanas, como se somente tal ocorresse nas disciplinas ligadas às ciências naturais.

Sem dúvida, deve-se a Kelsen boa parte do esforço intelectual pelo qual, hoje, logrou-se desmistificar os dogmas jurídicos como produto da ciência pura (como se tratassem de meras operações lógico-dedutivas), quando, na realidade, toda argumentação jurídica está necessariamente embasada em premissas valorativas. Direito não é matemática e, assim, pode-se dizer que uma das importantes tarefas da ciência jurídica seja justamente a de discernir quais as premissas valorativas subjacentes a todo discurso jurídico (inclusive na decisão judicial). Se não é admissível a simplificação inocente de qualificar o discurso jurídico como "certo" ou "errado" (sob a óptica matemática), tampouco faz qualquer sentido pretender qualificá-lo como "justo" ou "injusto" de um ponto de vista meramente subjetivo, ainda que supostamente "universalizado" ao abrigo de determinada abordagem filosófica (como, por exemplo, o direito natural).

Ocorre que, exorcizado o fantasma do farisaísmo jurídico pelo qual decisões fundadas em escolhas axiológicas (e, assim, de conteúdo político determinável) são apresentadas como inquestionáveis verdades matemáticas, há o risco de se cair no extremo oposto, ou seja, o do voluntarismo judicial. Assim, é igualmente um equívoco se pensar a decisão judicial como produto do exclusivo critério valorativo do magistrado (ou de sua suposta "descoberta" ou "iluminação" estritamente pessoal e, assim, igualmente inquestionável), desligado de qualquer lógica jurídica que, sistematicamente, integre todo o ordenamento jurídico e se componha dentro de um concreto poder judicial.

(*) Juízes do Trabalho no TRT-RS
(1) A Filosofia do Direito se ocupa intensamente do tema, de forma que seria altamente improvável a aventura de, aqui, se buscar lançar luzes sobre tema tão conflituoso.

Assim, se pode ter como pressuposto o fato de que, em todo discurso jurídico, há uma base minimamente científica para a crítica, seja esta dirigida ao seu suporte axiomático, seja à eventual incongruência dentro de um determinado sistema lógico. Entretanto, a quem e onde tal crítica pode ser exercida com maior legitimidade ou proveito para a sociedade toda?

2. *A jurisprudência e a crítica*

Ao assistir determinada palestra sobre julgamentos de "casos difíceis", ocorreu questionar em quais situações haveria um maior interesse e utilidade em conhecer o entendimento da jurisprudência dos Tribunais do que assistir uma aula com professor ou estudioso do tema jurídico em exame e, ao contrário, em quais outras situações a exposição do professor seria mais proveitosa.

Por certo, aqui não se trata de disputar qual a profissão mais relevante para o desenvolvimento do conhecimento ou do aperfeiçoamento social, mas claramente compreendermos qual é o exato e peculiar papel social que juízes e professores desempenham, sendo induvidoso que ambas as atividades são imprescindíveis para a nossa sociedade.

Ocorre que alguma confusão nesse tema pode comprometer o melhor desempenho de tão importantes funções sociais, seja através de juízes que prolatem sentenças com alguma pretensão professoral ou de professores que venham a utilizar a cátedra como instrumento de "parajurisprudência".[2]

Não se pode esquecer, é claro, que a sentença também tem uma função pedagógica, na medida em que, implicitamente, referenda ou penaliza determinados comportamentos sociais. Haveria, aqui, sim, um pequeno espaço para determinado proselitismo judicial, que utilizaria a sentença como veículo privilegiado. Entretanto, é preciso lembrar que tais orientações devem ser extremamente cuidadosas e moderadas, destinando-se precipuamente ao jurisdicionado e à sociedade em geral.[3] Por outro lado, não cabe ao juiz utilizar a sentença, espaço especial de exercício da jurisdição, em uma demonstração da ilustração jurídica individual ou como instrumento de demonstração e justificação de suas convicções pessoais mais profundas.

É preciso reconhecer que existe ainda (infelizmente) muito pouca crítica, no melhor sentido da palavra, a respeito das decisões judiciais. É comum ouvir-se o comentário leigo de que "sentença não se discute". Se a expressão é correta no

---

(2) Permitimo-nos o neologismo para tentar caricaturar eventual comportamento docente que possa ser caracterizado como uma crítica constante e implacável à concreta atividade jurisprudencial dos Tribunais com base em suposto cientificismo acadêmico.
(3) E não ao advogado da parte!

sentido de que "sentença não se discute porque se cumpre", ela é bastante equivocada quando é interpretada como vedação da necessária e salutar crítica da sociedade à atividade jurisdicional.

A opinião da sociedade é fundamental ao aperfeiçoamento do Judiciário e um exercício democrático de cidadania. Maria Fernanda Salcedo Repolês, professora de Filosofia do Direito, diz, em suas "respostas provisórias" sobre o papel a ser desempenhado pelo Supremo Tribunal Federal (o que, sem dúvida, vale para todo o Poder Judiciário): "A sociedade, como parte dos processos judiciais, deve poder sustentar seus pontos de vista morais, políticos, procurando desenvolvê-los autonomamente, sem precisar renunciar a eles em favor do aparato estatal. (...) Ser guardião da Constituição é garantir a inclusão por via da argumentação judicial, capaz de fazer com que a decisão não seja do ministro tal ou qual, mas a sociedade se reconheça na decisão".[4]

Por outro lado, a crítica construtiva não se confunde com a contestação pouco responsável (do ponto de vista democrático) e destrutiva das instituições judiciais, frequentemente destituída de base racional, que pretende, em geral, benefícios políticos de conteúdo demagógico.[5] Em tal contexto, o pensamento acadêmico pode desempenhar um papel precioso, na medida que representa uma manifestação técnica e qualificada, através da qual a sociedade pode instrumentalizar suas críticas ao conteúdo das decisões judiciais.

3. A jurisprudência e a academia

Na atividade jurisprudencial será sempre essencial identificar a "justiça concreta" de uma decisão como expressão de uma operação logicamente consistente de eleição de valores implicitamente identificados, baseados em um sistema legal concreto e que responde à determinada demanda social dentro de uma perspectiva de pacificação dos conflitos e de harmonização da sociedade, com vistas ao seu aperfeiçoamento. A crítica política aos valores escolhidos, bem como a crítica lógico-formal, tem relevante papel a desempenhar na ciência jurídica e, através dela, democraticamente se conjura o risco da pretensão de que a sentença seja fruto exclusivo da suposta onisciência do magistrado. Um dos pontos mais interessantes dessa crítica é justamente apreciar a sentença como parte inserida e integrante do sistema judicial, do qual se espera a consistência interna das mesmas respostas para casos idênticos.

---

(4) REPOLÊS, Maria Fernanda Salcedo. "O papel político do STF e a hermenêutica constitucional", <www.jus.com.br>. Acessado em: julho de 2007.
(5) Exemplo candente é a crítica desarrazoada, especialmente da grande imprensa, que se faz ao Judiciário, o qual supostamente "protege indevidamente os criminosos" ao reconhecer-lhes o direito à vida e à integridade física, como destinatários de normas protetivas de direitos humanos.

Igualmente, ao juiz incumbe a missão de superar as lacunas e imperfeições das normas, adaptando-as ao caso concreto e à mutante realidade cotidiana. Nada pode ser mais inadequado à justiça concreta do que a generalização indiscriminada que elimina a especificidade de casos individuais, como se fosse possível a produção em série da decisão judicial quando a identidade dos problemas é apenas aparente. Nesses casos, a "aplicação impessoal da lei" pode ser profundamente injusta, sendo de se recordar a máxima latina do *"summum ius, suma iniuria"*.

Assim, é indevida a pretensão de criticar em concreto determinada decisão judicial fora da apreciação completa de todos os elementos dos autos e fora do contexto da situação real trazida pelo processo. Aqui, a pretensão onisciente a ser criticada é a de hipotético professor que, afastando-se do adequado papel de crítico sistêmico, aventure-se a se transformar, no mínimo, um voluntarista judicial informal e espontâneo ou, mesmo, em um juiz paralelo, insuficientemente informado dos detalhes do caso em exame, pois baseado apenas em suposições apriorísticas e/ou pré-concebidas.

4. Os casos concretos

As expectativas de Robert Alexy, por exemplo, relativamente a uma teorização sobre os direitos fundamentais, por parte do Tribunal Constitucional Federal, da Alemanha, estão expressas e são bem menos pretensiosas do que se pode imaginar, num primeiro momento. Neste particular, o autor, inicialmente, aponta o terreno mais amplo e *"movedizo de la flisofía política y social"* e inclusive específico de *"cambiantes y diferentes teorías de derechos fundamentales"*. Tentando perceber o contexto mais amplo, antes referido, como bom observador, retorna ao tema e reconhece a existência de "una teoría compleja que contiene más principios iusfundamentales que sólo el principio liberal (libertad jurídica/igualdad jurídica)". Ao final, sintetiza que "no hay que esperar demasiado de una teoría material de los derechos fundamentales. Lo único que puede exigirse de ella es que estructure la argumentación iusfundamental de una manera materialmente aceptable en la mayor medida posible".[6]

Por óbvio, sabe-se que em toda decisão judicial há uma teoria subjacente objetivamente determinável. Na verdade, o texto antes transcrito também e apenas revela a dificuldade de construção de uma teoria sobre o próprio tema em exame, ou seja, os direitos fundamentais. Nesta situação, igualmente e mais ainda, é oportuno verificar o que é desejado e esperado dos juízes e dos professores.

De cada ator social, se pode ter uma ou outra exigência. Do professor, por certo e sem dúvida, se deve esperar o conhecimento mais completo possível,

---

(6) Robert Alexy "Teoria de los Derechos Fundamentales", Madrid: Centro de Estudios Politicos y Constitucionales, 2001. p. 552.

inclusive dos rumos e direção do aperfeiçoamento social. Muito mais do que para as possíveis soluções, provisórias, aos casos singulares, dele se necessita para a descoberta e construção, mais plena e duradoura, de futuras alternativas a todos.

Quanto aos juízes, Mauro Cappelletti salienta a necessidade de uma atuação que respeite os limites do caso, porque nestes limites e apenas nestes, estão os olhos e interesses das partes envolvidas na disputa. Diz que "A verdadeira natureza do processo judicial é altamente participativa, uma vez que o papel dos juízes baseia-se em casos da vida real e somente podem ser exercidos sobre e dentro de limites dos interesses e da controvérsia das partes. Nesse sentido, constata-se uma alta potencialidade de um contínuo contato do Judiciário com os reais problemas, desejos e aspirações da sociedade".[7]

Na verdade, a decisão judicial atende precipuamente ao interesse das partes e da sociedade em determinada situação concreta. As partes desejam e mesmo necessitam que se resolva um concreto conflito de interesses. As partes, até mesmo, podem ter um menor desejo inclusive do próprio aperfeiçoamento das relações sociais, o qual pode estar envolto nas névoas das emoções do caso particular, nem sempre bem conhecidas. Não é fácil fazer a sociedade "reconhecer-se na decisão", como seria esperado.

Também aqui, espera-se da academia que auxilie no devido balizamento do labor do magistrado quanto ao aperfeiçoamento social, mas que não pretenda usurpar o direito exclusivo das partes à "crítica efetiva" quanto à adequação da sentença ao caso concreto e que se expressa no recurso à superior instância.

5. Construção "artesanal" da história

Toda consolidação jurisprudencial em precedentes deve ser feita com redobrada cautela, tendo-se presente seus efeitos sociais (de difícil mensuração), seu impacto negativo sobre a criatividade jurisprudencial e os riscos do embotamento da primordial função judicial de adequação das normas aos casos concretos.

Sabe-se que em Portugal foram abandonados os antigos "assentos", seja com a Constituição de 1982 ou mais adiante em 1996.[8] Em momento mais recente, talvez como substituto, tem-se o "recurso ampliado de revista"(ainda que pouco utilizado), através do qual o Presidente do Tribunal pode levar uma decisão ao plenário da Corte, evitando a decisão de algum órgão fracionário da mesma e

---

(7) Mauro Cappelletti, "Repudiando Montesquieu? A Expansão e a Legitimidade da Justiça Constitucional", Revista Tribunal Regional Federal da 4ª Região, Porto Alegre: n. 40, p. 15/49.
(8) Carlos Manuel Ferreira da Silva, "Breves Notas sobre Uniformização da Jurisprudência Cível em Portugal", *Revista de Processo*: Revista dos Tribunais, ano 29, set/out de 2004, p. 193/202.

buscando a uniformização. Naquele País, já se pode constatar o crescimento dos riscos do engessamento da jurisprudência, com o comprometimento da melhor prestação jurisdicional. Miguel Teixeira de Sousa, diz que "A uniformização jurisprudencial assim obtida apresenta as vantagens da igualdade, da estabilidade e da previsibilidade das decisões dos tribunais, mas também pode contribuir para dificultar, ou até impedir, a decisão justa do caso concreto".[9]

Anteriormente, em dois textos, já se teve a oportunidade de abordar temas semelhantes. Num primeiro, buscou-se ver a diferença entre a função social de uma decisão de primeiro grau e outra, de segundo grau.[10] Num segundo texto, tentou-se ver a diferença entre o significado de um julgamento e de uma súmula.[11] Agora, imagina-se conseguir perceber com maior nitidez o conteúdo central de um julgamento e o de uma aula, repetindo-se que são diversos. Ambos os delineamentos são necessários e o relativo ao papel dos juízes, apesar de não mais relevante, provavelmente seja mais urgente.

Ovídio Baptista da Silva, reconhecendo o papel essencial da doutrina na construção do Direito, chega a indicar que *"os grandes doutrinadores do common law são em geral magistrados, ao passo que, no sistema continental europeu, a doutrina é basicamente obra de teóricos e professores universitários"*.[12] O ilustre advogado e professor recorda que "O Direito Romano que chegou até nós é formado realmente pela solução de casos concretos dada porém, não pelos juízes, mas pelos jurisconsultos, na forma de pareceres. Diz Fritz Schulz que a maneira 'quase matemática' de expressarem-se os juristas romanos, dando ao problema jurídico a impressão de que estavam a tratar de um 'direito natural'".

Mais adiante, já tratando da atualidade, o mesmo atento professor, advogado com larga militância, expressa, com aguda percepção, a preocupação com os riscos da massificação da prestação jurisdicional. Diz, comentando as nossas limitações e imperfeições do momento, que convivemos uma ideologia autoritária "incapaz de lidar com a diferença, com a riqueza do individual e, consequentemente, com os casos concretos".

Conclui Ovídio Baptista da Silva que *"apreende-se o fato histórico na sua individualidade, não pelos métodos das ciências experimentais e menos através de mensurações, como na física, que nos permitam formular regras universalmente*

---

(9) SOUSA, Miguel Teixeira de. *Estudos sobre o Novo Processo Civil*. Lisboa: Lex, 1997. p. 394.
(10) VARGAS, Luiz Alberto de; FRAGA, Ricardo Carvalho. *Fatos e jurisprudência*, in *Direito do trabalho necessário*. Coordenadora Maria Madalena Telesca, Porto Alegre: Livraria do Advogado, 2002. Este texto, igualmente, foi divulgado em mais de uma Revista e Portais Jurídicos.
(11) VARGAS, Luiz Alberto de; FRAGA, Ricardo Carvalho. *Quais súmulas?*, in *Avanços e possibilidades do direito do trabalho*, Coordenadores os mesmos, São Paulo: LTr, 2005. Este texto, igualmente, foi divulgado em mais de uma Revista e Portais Jurídicos.
(12) SILVA, Ovídio Baptista da. *Processo e ideologia* — o paradigma racionalista. Rio de Janeiro: Forense, 2004. p. 35.

válidas. A compreensão dos fenômenos históricos decorre da capacidade que temos de comparar coisas semelhantes, situações análogas, surpreendendo o que, em cada uma delas, expresse a respectiva singularidade que a torne diferente". Acertadamente, propõe que ao juiz deve interessar "o individual, as diferenças, não as regras. Aqui, torna-se imperiosa a distinção entre ciências da descoberta e lógica da argumentação, ou da compreensão".[13]

Não se desconhece que todo magistrado, em seu trabalho cotidiano, constrói sua "teoria" — e esse fato não é pouco expressivo.[14] Este ímpeto individual há de ser reconhecido e respeitado, mas imprescindível será a explicitação, na decisão, das teses adotadas pelo juiz, as quais se submete à crítica social e ao inconformismo das partes no processo através dos recursos previstos em lei. O centro de tais críticas, independentemente das boas intenções do magistrado e das excelência das teses doutrinárias adotadas, será sempre a adequação ou não da decisão judicial ao caso concreto.

6. Descobertas Coletivas e Construção Individual

Francisco Rossal de Araújo já percebeu que "a força da criação jurisprudencial é tão forte que não se deixou influenciar pela tendência da codificação, predominante no sistema romano-germânico".[15] Dito de outro modo, adentrando mais ainda no tema, cada juiz, até mesmo pela sua condição de ser humano, necessita verificar, na prática, o acerto de seus conhecimentos teóricos. De construir a sua coerência, bem como registrá-la, tanto quanto possível, na decisão.[16]

O reconhecido até aqui, nas linhas anteriores, não pode afastar a exata percepção sobre os limites do poder delegado ao juiz, ou seja, resolver os casos

---

(13) SILVA, Ovídio Baptista da. Ob. cit., p. 266. O mesmo autor prossegue no exame do tema em posterior texto "Fundamentação das Sentenças como garantia constitucional", *Revista Magíster*, Porto Alegre: v. 10, jan/fev de 2006 p. 6-29 e também Revista Instituto Hermenêutica Jurídica, Porto Alegre: n. 4, 2006, p. 323-352.
(14) Ao contrário de alguns animais, não temos o instinto de emprestar nossa força individual a qualquer trabalho ou atuação mais dedicada. Talvez, até mesmo, tenhamos o instinto de não nos entregarmos a tarefas que demandem esforço pessoal, sem alguma promessa de recompensa ou resultado útil. Harry Braverman noticia experiência com certo pássaro tecelão da África do Sul que constrói seus ninhos apenas por instinto, eis que isolados após gerações, refazem a mesma construção. *Trabalho e capital monopolista*. Rio de Janeiro: Guanabara, 1987. p. 50.
(15) ARAÚJO, Francisco Rossal de. "O Efeito Vinculante das Súmulas. Um Perigo para a Democracia?", *Revista da Anamatra*, Brasília: n. 26, p. 43/44.
(16) Apenas a "parte submersa do iceberg" é que aparece, na observação do Professor José Maria Rosa Tesheiner, "Princípio da Motivação", site pessoal <www.tex.pro.br>. Acessado em: julho de 2007. Maria Thereza Gonçalves Pero salienta inclusive a insuficiente definição legal do que sejam os necessários fundamentos mínimos que devam constar na decisão judicial, in "A Motivação da Sentença Civil", São Paulo: Saraiva, 2001.

um a um. As exceções, de uniformização da jurisprudência, por exemplo, têm regras legais e constitucionais próprias Tampouco se percebe como possa uma jurisprudência ser "uniformizada" antes de chegarem aos tribunais as variadas controvérsias de um número razoável de casos semelhantes.[17]

Ponto especialmente delicado é o das situações de soluções coletivas, ainda que possam/devam ser aperfeiçoadas e alargadas.[18] Acaso fossemos examinar a realidade dos processos nos Estados Unidos, maior proveito haveria no estudo das "class action", e suas regras bem detalhadas, as quais certamente nos serviriam em algum aprimoramento processual para as diversas ações coletivas. Evitaríamos, provavelmente, de reforçar a crença, demasiadamente exagerada, sobre a autoridade dos "precedentes" naquele País.

A "teoria", na área do Direito, é construída por muitos atores e não somente pelos profissionais desta área, tendo as partes jurisdicionadas um papel relevante.[19]

Sabe-se que o próprio ritmo da história torna-se mais intenso em determinados momentos. Talvez seja incumbência de todos a percepção de tais alterações e possibilidades. Tal constatação, de qualquer modo, não pode servir para nos afastar da vivência das questões colocadas pelo cotidiano e suas necessidades mais urgentes.[20]

Quanto melhores definidos estiverem os papéis dos juízes e dos professores, um e outro melhor poderão cumprir suas importantes missões sociais. Os desacertos de uns e outros re-alimentam-se. Os acertos, ainda que não tão visíveis, tem um potencial imensamente maior.

---

(17) Provavelmente, as alterações de redação da Orientação Jurisprudencial 244 do TST, sobre "expurgos" inflacionários nas contas do FGTS, decorrem menos da modificações de entendimento e muito mais da ocorrência de situações diversas e inicialmente desconhecidas, a exigir novos posicionamentos.
(18) Sobre Processos Coletivos, registra-se a existência do ante-projeto em exame e noticiado no site do Instituto Brasileiro de Processo Civil, <www.direitoprocessual.org.br>. Acessado em: julho de 2007.
(19) Tampouco pode-se esquecer as próprias testemunhas, que retratam alguns fatos e "escondem" outros.
(20) O relato de Oliver Sacks é expressivo ao dizer "como médico, sou forçado sempre a lidar com o particular. O paciente diz: "Olhe para mim. Não sou uma síndrome, sou uma pessoa específica, vivendo a minha vida nestas condições". Mas, igualmente, sinto-me atraído pela teoria", in "Maravilhosa Obra do Acaso", Wim Kayzer, Rio de Janeiro: Nova Fronteira, 1998. p. 243.

CHILE: A ALEGRIA DO RESGATE E DÚVIDAS PARA O FUTURO(*)

Álvaro Flores Monardes(**)

"— Vocês são os mineradores da Alta, não é?

— Sim, senhor, responderam os interpelados.

— Sinto muito em dizer-lhes que vocês estão desempregados. Recebi a ordem de diminuir o pessoal dessa mina.

Os trabalhadores não responderam e houve por um instante um profundo silêncio.

Por fim o mais velho disse:

— Mas... vão nos empregar em outro lugar?

O indivíduo fechou o livro com força e jogando-se para trás na cadeira com tom sério respondeu:

— Acho difícil, temos gente de sobra em todos os postos.

O operário insistiu:

— Aceitamos qualquer trabalho, seremos torneiros, colocaremos as tábuas nas paredes das minas, o que senhor quiser.

O capataz movia a cabeça negativamente.

— Já disse, tem gente de sobra e se os pedidos de carvão não aumentarem, teremos que diminuir também a exploração em outras minas.

Um amargo e irônico sorriso contraiu os lábios do minerador e ele exclamou:

— Seja franco, seu Pedro, e nos diga de uma vez por todas, o que realmente o senhor quer é nos obrigar a trabalhar no Chiflón del Diablo.(1)

(*) Tradução de Eva Maria Fayos Garcia e colaboração de Maria Madalena Telesca
(**)Juiz Laboral no Chile
(1) N. T.: O Chiflón del Diablo é uma mina chilena localizada en Lota, Chile.

O empregado se levantou da cadeira e protestou indignado:

— Aqui ninguém obriga ninguém. Assim como vocês são livres para negar o trabalho que não lhes agrade, a Companhia, por sua vez, está no seu direito para tomar as medidas que mais convenham a seus interesses.

Durante aquele sermão, os operários com os olhos baixos escutavam em silêncio e ao ver seu humilde público a voz do capataz se suavizou.

— Mas, ainda que as ordens que tenho são definitivas, agregou, quero ajudar vocês a sair desta situação. Há no Chiflón Nuevo ou do Diablo, como vocês o chamam, duas vagas para mineradores, podem ocupá-las agora mesmo, porque amanhã já será tarde.

Os operários trocaram olhares. Eles conheciam a tática e sabiam de antemão o resultado daquela escaramuça. Além disso, eles já estavam resolvidos a seguir seu destino. Não havia como fugir. Entre morrer de fome ou esmagados por um desabamento, era preferível o último: tinha a vantagem da rapidez. E para onde ir? O inverno, o implacável inimigo dos desamparados, como um credor que cai sobre os bens do insolvente sem dar-lhes trégua nem tempo, tinha despojado a natureza de todas suas vestes. O raio morno do sol, o esmaltado verdor dos campos, as alvoradas de rosa e ouro, o manto azul dos céus, tudo tinha sido arrebatado por aquele agiota inexorável que, carregando na mão o seu imenso saco ia recolhendo nele os tesouros de cor e de luz que encontrava no caminho sobre a face da terra."

Subterra (1904), Baldomero Lillo.

A poucas horas do resgate dos mineradores de Copiapó, não é surpresa nenhuma a expectativa planetária que o fato provocou. É, sobretudo, uma grande história de sobrevivência, que — se nada inesperado ocorre — terá um final feliz e que chegará em detalhes aos quatro cantos da terra, no marco de histórias pessoais de miséria e sacrifício, de um avanço tecnológico e de uma capacidade humana que não deixou nada ao acaso, com características de uma nova épica catártica para um país no qual as feridas deixadas por um terremoto e um maremoto ainda fazem sentir sua marca destrutiva.

Os meios de comunicação, em uma transmissão de uma ladainha litúrgica, nos mostraram com profusão de detalhes, um processo, que diferentemente de outros exemplos de sobrevivência extrema (como não lembrar dos rugbistas uruguaios na Cordilheira) exibe um extenso adágio, que veio interpretado entre a notícia da sobrevivência e o momento do resgate.

Neste longo movimento, fomos conhecendo em detalhes o plano de resgate. Aprendemos a reconhecer a imagem implacável da T 130 quebrando a rocha com seus martelos intimidantes. Vimos ministros de Estado subir uma e outra vez na cápsula Fênix nos seus testes de funcionamento; vimos içar-se o artefato, no mesmo ritmo que aumentava a popularidade dos funcionários. Apreciamos os preparativos para receber aos trabalhadores; recebemos especialistas da NASA e especialistas transumantes em perfurações mineiras. Soubemos dos padecimentos de saúde dos mineradores: desde as complicações de uma dor de dentes, até síndromes de abstinência, passando por inquietantes depressões. De lideranças, de organização na incerteza dos primeiros dias, quando só sabiam que estavam sepultados em vida; de destrezas e habilidades médicas indispensáveis para a assistência dos demais...

Suas imagens nos refrescaram a solidariedade e o bom humor característicos dos trabalhadores chilenos, antídoto e conjuro para uma vida dura, onde o trabalho não assegura romper a rocha impenetrável da pobreza.

Vimos isso e muito mais. Demasiado, talvez. Cenas dessas que não deveriam ultrapassar os limites da intimidade, desrespeitadas pela voracidade midiática.

Como era previsível, as prioridades dos meios de comunicação e as vergonhas políticas, privilegiaram a epopeia do resgate ao da realidade menos atraente das precárias medidas de segurança que marcam o dia a dia de milhares de trabalhadores chilenos, e que o caso dos trabalhadores da Mina San José, veio a revelar, tanto a ineficácia dos órgãos técnicos (a Diretora do Trabalho da época, declarou que não pôde fechar a mina no ano 2001 por "pressões do setor mineiro", aproveitando para confessar sua própria fragilidade no cumprimento de um dever essencial de sua responsabilidade) quanto a de uma classe política, que apesar de 20 anos de reformas do Chile democrático, pôde alterar apenas parcialmente o modelo de direito individual do trabalho, fracassando rotundamente com relação ao direito coletivo, legado pela união do autoritarismo político da ditadura militar e a concepção econômica neoliberal de seus assessores, que por volta de 1979, reagrupou as relações jurídicas do trabalho, estrangulando a liberdade sindical, impedindo a associação a mais de 90 % dos trabalhadores e deixando-os entregues a sua (in) capacidade negociadora individual, aquela que entronca com o discurso tão histórico como cínico de "aqui ninguém obriga ninguém". Tudo, em um cenário marcado por uma pulsão empresarial agressiva, que não cede um milímetro de poder social, que se reforça soberba, uma e outra vez nos relatos dos ganhos macroeconômicos, negando o processo de inequidade progressiva que originou o modelo econômico e fazendo vista grossa em amplíssimas áreas da produção ao dever legal e moral de prover segurança aos trabalhadores.

Preparados para o grande *allegretto* do resgate, imersos na satisfação do final feliz que nos há de comover a todos, sem exceção, cabem dúvidas sobre se a experiência da Mina San José que estremeceu o mundo, servirá para perfurar a rigidez de um sistema de relações laborais que antepõem a produtividade sem controles, igual a um dogma de fé, por sobre o valor da vida humana e a retribuição justa do fruto do trabalho.

Produção Gráfica e Editoração Eletrônica: RLUX
Projeto de Capa: FÁBIO GIGLIO
Impressão: COMETA GRÁFICA E EDITORA

LTr
Loja Virtual
www.ltr.com.br

LTr
Biblioteca Digital
www.ltrdigital.com.br